通用经济文书写作精编

阎　杰　高鸿雁　杨　旭　编著

气象出版社
China Meteorological Press

内 容 简 介

经济文书是处理经济工作的重要工具。本书概述经济文书的基本框架，具体讲解经济计划、经济总结、经济调查报告、经济预测报告、经济决策报告、经济活动分析报告、合同、商业广告文案、经济纠纷诉状、经济新闻、经济论文等通用经济文书的写作规范，并提供大量最新范文，对经济文书写作有很强的指导性。本书适用于经济管理部门和企业的有关人员以及其他需要掌握经济文书写作知识与方法的人士，也可作为各类普通高校、职业技术学院、中等职业技术学校有关专业的教材和学习参考书。

图书在版编目(CIP)数据

通用经济文书写作精编/阎杰，高鸿雁，杨旭编著.
—北京:气象出版社，2014.12
ISBN 978-7-5029-6060-5

Ⅰ.①通… Ⅱ.①阎… ②高… ③杨… Ⅲ.①经济-应用文-写作 Ⅳ.①H152.3

中国版本图书馆 CIP 数据核字(2014)第 279452 号

出版发行:气象出版社

地　　址:北京市海淀区中关村南大街 46 号	**邮政编码**:100081
总 编 室:010-68407112	**发 行 部**:010-68409198
网　　址:http://www.qxcbs.com	**E-mail**: qxcbs@cma.gov.cn
责任编辑:蔺学东	**终　　审**:周诗健
封面设计:博雅思企划	**责任技编**:吴庭芳
印　　刷:北京京科印刷有限公司	
开　　本:720 mm×960 mm　1/16	**印　　张**:15.5
字　　数:300 千字	
版　　次:2015 年 1 月第 1 版	**印　　次**:2015 年 1 月第 1 次印刷
定　　价:38.00 元	

前　言

经济文书是处理经济工作的重要工具，适用范围十分广泛，发挥着规范、管理、凭据的作用。

为提高有关人员经济文书的写作能力、适应处理经济事务的需要，本书概述经济文书的基本框架，具体讲解经济计划、经济总结、经济调查报告、经济预测报告、经济决策报告、经济活动分析报告、合同、商业广告文案、经济纠纷诉状、经济新闻、经济论文等通用经济文书的写作规范，并提供很多范文。

概括起来，本书的特点是“通用”和“精编”。

“通用”，即适用于各方面的经济工作。在现代社会，经济工作的范围极广，使用大量文书。从横向看，不仅经济管理部门和企业有许多通用文书，而且工交、农林、财税等行业各有专用文书；从纵向看，调研、计划、实施、评估的每个阶段都有很多文书。本书综观经济工作，介绍通用文书的写作知识，以扩大适用面。

“精编”，即着力提高编写质量，力求少而精。主要有三点：一是精简。经济文书的文体繁多，无法囊括，本书只就适用范围最广、使用频率最高的11种文体集中介绍。二是精要。有关写作知识涉及诸多方面，不能泛泛而述。在编写中以相关最新法律、法规、规章为依据，借鉴最近研究成果，用精练的语言对名称解释、主要特征、种类划分、基本结构、注意事项加以说明，以求精当切要。三是精选。经济文书浩如烟海，本书从不同的角度精心挑选时文、短文、佳文，为读者提供范例。

本书在编写过程中得到李忠明教授、金榜教授的热心指导；此外，还参考了经济学、写作学、文书学的著作、教材以及经济文书例文资料，未一一注明，在此一并致以衷心的感谢。

由于水平和时间有限，内容难免有不足之处，敬请专家和读者不吝赐教。

编著者

2014年7月20日

目　录

第一章　经济文书写作概说

第一节　经济文书的含义与特征

一、经济文书的含义

经济文书，又称经济应用文，有的称为财经文书、财经应用文，有广义、狭义之分。广义经济文书，是国家、区域、地区、行业、组织、部门及个人在经济工作中所使用的各种具有惯用格式和实用价值的文书统称，既涵盖经济专业文书，也包括各行业通用文书；狭义经济文书，特指只用于经济工作的专业文书。本书所述的是广义经济文书。

经济文书写作是应用写作的一个重要分支，是一种研究经济文书写作特点、规律、过程、方法的理论。

作为一种理论，经济文书写作直接、具体、有效地体现着借助语言等手段进行思维并且描述思维成果、传递各种经济信息、处理经济事务的功能，因而被广泛运用。

二、经济文书的特征

（一）政策性

政策是党和国家为实现一定时期的路线，以权威形式规定应该达到的奋斗目标、遵循的行动原则、完成的相关任务、使用的工作方式、采取的主要步骤和具体措施。经济文书写作的目的在于解决经济工作中各种实际问题，必然直接体现党和国家的经济政策。其中，有的专门为制定和宣传经济政策而作，如《关于全面深化农村改革加快推进农业现代化的若干意见》《全国老工业基地调整改造规划(2013—2022 年)》《关于规范船舶进口有关税收政策问题的通知》；有的则反映相关政策的贯彻执行情况，如《辽宁省落实财政支农政策的调研报告》《2011—2012 年中国民营经济简要分析报告》《贯彻落实党的十八大精神 全面推进财政发展改革》。可以说，政策性是经济文书写作的灵魂，也是衡量其质量高低的最重要标准。

（二）专业性

经济、司法、教育、科技、军事、外交等各类文书都带有鲜明的专业性。概括起来，经济文书的专业性主要表现在如下三点：第一，有特定内容。它承担着全面记述和正确评价经济工作的重任，涉及工业、农业、商务、财政、金融、审计等众多领域，贯穿于经济工作的整个过程。第二，大量运用数据。从事经济工作整天与数字打交道，不仅心中有“数”，还把它写入文书，对数据指标的变化情况进行分析，从而发现矛盾并找出解决的办法。数据用得恰当，可以充分表现主旨，令人信服。第三，使用经济术语。经济术语具有单一性。随着社会分工愈加细密、经济活动不断开展，经济术语也日趋丰富。比如，会计专业的凭证、账簿、核算、报表，财政专业的预算、决算、收入、支出，税务专业的税种、税目、税率、税源，金融专业的货币、赤字、通货、信贷。这些术语大量用于经济文书，应该正确选用，如有必要可以加注释。

（三）准确性

准确性，是指作者以科学的态度对经济工作进行实事求是的分析，用恰当的语言反映其本来面目。一是符合经济规律。经济规律反映社会经济发展过程中不以人们意志为转移的客观、内在、本质的必然联系，按经济规律办事是经济工作的一个基本原则，因此经济文书写作的一个重要前提就是揭示经济规律。二是材料真实。经济文书在材料处理上不允许进行艺术加工，要求绝对真实，比如验资报告务必客观公正、商业广告不得含有虚假的内容。要深入调研，认真核实材料，保证确凿无误。三是语言确切。经济文书的语言要恰如其分地表达内容，做到遣词贴切、句子成分齐全、语序符合规范或者习惯、关联词语搭配得当；概念明确、判断恰当、推理合乎逻辑规律；正确使用文字和标点符号。

（四）程式性

程式性，是指经济文书有惯用的模式，便于写作、阅读和处理。其中，有些来自于法律、法规、规章以及国家、行业标准的有关规定，有些则是约定俗成。它是促进经济文书规范化、科学化的一个重要措施。具体说来，许多文体或者文种名称是特定的，如拍卖公告、招股说明书，不得随意更换；有些用纸带有专用性，如公文用 A4 型纸，其成品幅面尺寸为 210 mm×297 mm，必须按规定使用；有固定的格式，其中公文、合同示范文本等格式是法定的，调查报告、信件等依据沿用的习惯布局；语言有经济文书专用词语和经济术语，如由于财务报表存在重大错报而发表否定意见的审计报告写“我们认为，由于‘（×）导致否定意见的事项’段所述事项的重要性，×××公司的合并财务报表没有在所有重大方面按照企业会计准则的规定编制，未能公允反映×××公司及其子公司 20××年 12 月 31 日的财务状况以及 20××年度的经营成果和现金流量”；许多文体或者文种在办理程序上有特定要求，如介绍信包括用信申请、领导审批、登记、填写、核对、用印等环节，要循序而行。

(五)时效性

经济文书的撰写时间有定期和不定期两种。前者具有日、周、旬、月份、季度、半年、年度的周期性,如综合经济总结、全面分析报告;后者则根据某种需要临时写作,如调查报告、商业广告。不过,总的看来,它们的时间要求和实际效果都非常明显。一方面,要写得快、发得快、办得快,见效也快,就是说,及时写作,不能"批阅十载,增删五次";快速发送,不能延误;限时办理,不得拖而不办;立即显效,不能办而无果。另一方面,有些文章在一定时间内有效,时过境迁也就失去其效用,转化为档案资料。

第二节　经济文书的分类与作用

一、经济文书的分类

经济文书是一个大"家族",有明显的综合性,从各种不同的角度或者依照不同的标准,可以划分很多类,而且很多文体或者文种出现交叉的现象。因此,这里只作如下几种分类。

(一)按适用范围分类

1.通用文书

这类文书在各行业的工作中通用,可分为如下两大类:

一是公文。即法定公文。包括党政、人大、军队、人民法院、人民检察院、政协公文,其中与经济工作联系最密切的是党政公文。根据《党政机关公文处理工作条例》的规定,党政公文包括决议、决定、命令(令)、公报、公告、通告、意见、通知、通报、报告、请示、批复、议案、函、纪要,共计15种。

二是事务文书。即虽未列入法定公文但在处理事务时经常使用的文书,在经济工作中也用到。比如计划、总结、简报、调查报告、讲话稿、演讲词、会议记录、大事记、组织沿革、年鉴、公示、信件、电报、启事等。

2.专用文书

专用文书,又称专业文书,是指只用于经济工作而且极具经济特色的文书。由于经济工作分工细密,因此经济专用文书的种类很多。

(二)按行业分类

根据《国民经济行业分类》(GB/4754—2011)的规定,国民经济共分20类,每类都有专用文书。

1.农、林、牧、渔业文书

如土地承包合同、林地保护利用规划、水产养殖分析报告。

2. 采矿业文书

如矿产资源开发利用方案、矿产权交易规则、矿业集团(公司)章程。

3. 制造业文书

如厂史、生产经营计划、工业行业标准。

4. 电力、热力、燃气及水生产和供应业文书

如供用电、水、气、热力合同;电力设施设计规范;热力生产和供应项目可行性研究报告。

5. 建筑业文书

如城乡建设方案、建设工程合同、建设工程施工许可证申请表。

6. 批发和零售业文书

如批发市场管理制度、零售行业分析报告、市场营销决策方案。

7. 交通运输、仓储和邮政业文书

如运输合同、仓储管理制度、物流调查报告。

8. 住宿和餐饮业文书

如宾馆员工守则、入住须知、餐饮行业投资分析报告。

9. 信息传输、软件和信息技术服务业文书

如信息传输、软件和信息技术服务业规划;信息传输、软件和信息技术服务行业标准;互联网电子公告。

10. 金融业文书

如金融统计数据报告、招股说明书、保险合同。

11. 房地产业文书

如房地产开发计划书、房地产销售分析报告、物业管理制度。

12. 租赁和商务服务业文书

如租赁合同、社会经济咨询报告、会展策划书。

13. 科学研究和技术服务业文书

如开题报告、科技成果鉴定申请表、技术合同。

14. 水利、环境和公共设施管理业文书

如防汛抗旱简报、环境污染防治方案、导游词。

15. 居民服务、修理和其他服务业文书

如家政服务培训计划、服务公约、家用电器维修手册。

16. 教育文书

如校训、教学计划、教学日志。

17. 卫生和社会工作文书

如医嘱、疾病防控应急预案、护理工作制度。

18. 文化、体育和娱乐业文书

如电视文案、体育竞赛规程、设立文艺表演团体申请表。

19. 公共管理、社会保障和社会组织文书

如章程、公约、稽查报告。

20. 国际组织文书

如协议书、备忘录、声明。

（三）按功能分类

1. 指导性文书

即做出经济决策、部署经济工作，如决议、决定、经济决策报告。

2. 知照性文书

即公布重要经济事项、告知有关情况，如公报、通告、通报。

3. 调研性文书

即在分析有关经济现象或者经济问题调查的基础上做出相应的结论，如调查报告、经济活动分析报告、可行性分析报告。

4. 预测性文书

即根据经济工作的历史和现状推测发展趋势，如市场预测报告、财务预测报告、盈利预测报告。

5. 安排性文书

即明确经济任务指标并提出相应的措施和步骤，如规划、方案、应急预案。

6. 规定性文书

即规定经济工作的原则和行为规范，如章程、办法、制度。

7. 新闻性文书

即在组织内外反映经济信息，如简报、消息、商业广告。

8. 沟通性文书

即在组织内外就经济工作进行联系与协调，如请示、批复、信件。

9. 凭据性文书

即作为经济事项的凭证和依据，如借据、合同书、意向书。

10. 诉讼性文书

即用来处理经济纠纷，如起诉状、上诉状、答辩状。

11. 考评性文书

即总结评估经济工作，如总结、纳税检查报告、资产评估报告。

12. 科研性文书

即在经济学以及相关学科领域内进行学术研究，如学术论文、科学技术报告、设计说明书。

此外,还有记录性文书、说明性文书等,这里不加赘述。

二、经济文书的作用

(一)规范

目前我国的经济工作正处在加快完善社会主义市场经济体制、加快转变经济发展方式的新时期,"规范"二字非常重要。党和政府经常通过公文、计划、讲话稿、新闻等制定和宣传经济方针和政策,要求有关组织及人员贯彻执行。同时,法、条例、规定、办法、细则等经济法律、法规、规章是经济工作的法制保障,一经权力机关、行政机关以及其他部门依照法定程序通过,以命令(令)、公告等文种颁布,就产生法定的权威,有关组织及人员必须自觉遵守。此外,通知、通告要求执行或者遵守,合同当事人必须履行义务,都产生很强的约束力。可以说,这种令行禁止的规范作用是经济文书的特殊功能。

(二)管理

经济文书从产生之日起就担负着管理经济的基本职能,如今它在现代经济管理中发挥重要功效。上级机关通过决定、决议、通知、批复、计划等阐明原则、下达任务、作出部署、提出要求,都起着指挥作用,下级机关必须遵照或者参照执行,以确保各项工作统一步调,有条不紊地进行;下级机关的报告、请示、总结、可行性研究报告也为上级机关制定方针政策、及时指导工作提供了充分依据。同级组织、不相隶属组织之间以及组织内外可以通过简报、信件等互通信息,开展合作。还需指出,经济管理说到底是一种控制活动,有严密的程序和严格的要求,因此经济文书就成为有效管理的一把锐器。以审计工作为例,审计准备阶段要写审计任务书、审计通知书、审计工作方案,实施阶段要制作审计工作记录、审计工作底稿,终结阶段要编写审计报告、审计意见书、审计决定、审计结果公告,可见它贯穿于审计的整个过程,是加强审计管理、提高审计效果的保证。

(三)凭据

作为一种实录的工具,经济文书是开展经济工作的依据、保存查考的凭证。比如,请示与批复是一组往来公文,请示是上级机关撰写批复的依据,批复是下级机关处理请示事项的凭证;财政预算报告是编制财政决算报告的依据,财政决算报告是检查财政收支情况的凭证;毕业论文任务书是撰写毕业论文的依据,毕业论文是考查毕业论文任务书完成情况的凭证。而验资报告、资产评估报告本身就具有公证性。合同是当事人之间设立、变更、终止民事权利义务关系的协议,其依据、凭证作用尤为明显。像经济预测报告、经济决策报告可以作为决策的依据,介绍信、证明信可以作为凭证等。此外,由于经济文书的时效性,某些文章失去现实效用后被立卷归档,作为文献资料供人们查考,也起着凭证作用。

第二章　经济计划

第一节　经济计划概述

一、写作要点

（一）名称解释

经济计划，是为做好一定时期内的经济工作或者完成某项经济任务，根据党和国家的有关方针政策以及上级指示，结合自身实际，确定任务和指标，提出相应措施和步骤而写成的文书。

（二）主要特征

1. 前瞻性

经济计划是事先的打算，科学预见就成为经济计划的必要前提。它凭借超前思维对发展趋势作分析和预测，既要把握方针政策的导向，又要深入调研，立足全局，富有远见，力求恰当而严谨，以达到预期目的。

2. 针对性

经济计划着眼于经济工作或者经济任务，针对特定的主体、时间、事由等具体情况，综合考虑相关其他因素，进行周密筹划。

3. 可行性

经济计划一经制订就要付诸实施，因此任务指标要与实际能力相适应，措施要得力，步骤要明确，使其按时、保质、高效地完成。

（三）种类划分

1. 按名称分

有纲要、规划、方案、应急预案、安排、要点等。

2. 按主体分

有国家计划、区域计划、地区计划、行业计划、组织计划、部门计划等。

3. 按管理形式分

有指令性计划、指导性计划、自主性计划。

4. 按内容分

有经济战略计划、经济管理计划、经济业务计划。

5. 按对象分

有人力资源管理计划、生产计划、财务计划、成本计划、销售计划、运输计划、财政计划、税收计划、金融计划等。

6. 按性质分

有综合计划、专项计划。

7. 按时间分

有长期计划、中期计划、短期计划。

8. 按写法分

有文章式计划、条文式计划、图表式计划、综合式计划。

(四)基本结构

1. 标题

大多是单标题。主要有四种写法：一是国家、区域、地区、行业、组织、部门名称或者适用范围加期限、事由、文种，如《2012 年南阳市外贸工作要点》《金源商厦 2014 年工作计划》；二是国家、区域、地区、行业、组织、部门名称或者适用范围加事由、文种，如《神骏农机制造有限公司职业技能竞赛活动安排》《全国生态环境保护纲要》；三是期限、事由、文种，如《2014 年金融工作计划》；四是事由、文种，如《中央国家机关及有关单位对口支援赣南等原中央苏区实施方案》。此外，期限可以写在标题后并加圆括号，如《全国资源型城市可持续发展规划(2013—2020 年)》；图表式计划的标题除了上述写法外，还常写成“……计划表”“……编制说明”的形式；如果计划尚未成熟，常在标题后或者标题正下方加圆括号注明“草案”“初稿”“讨论稿”“征求意见稿”“修改稿”“送审稿”等字样。

2. 正文

(1)内容。完整的经济计划包括如下几项：

目的。回答为什么做的问题。往往在第一段用“为”或者“为了”领起。

依据。回答根据什么做的问题。包括重要意义、指导思想、上级指示、时代背景、现状等，分析要全面、透彻，但未必都写入文章，如写也要文笔洗练。

任务。回答做什么的问题。有总任务和具体任务，要逐项说明。一般在前言交代总任务，主体中结合每个事项写具体任务；也可以将总任务和具体任务作为主体的一个部分。

指标。又称目标，回答做到什么程度的问题。有总指标和分指标，要从母项到子项逐一分解，并作定性和定量的表述。总任务和具体任务大多与总指标和分指标互相对应处理。

措施。回答怎么做的问题。规定将要采取的具体方法，包括思想工作、人员调配、工作机构、方式手段、人力物力财力的安排以及政策保障等。

步骤。回答分几个阶段做以及先后顺序的问题。要把进程的每个环节和时序安排得科学合理，便于操作。

其他事项。一是补充事项。即前文未提及需要强调或者其他附带说明的情况，如有关政策界限。二是要求。对实施经济计划发出号召或者表示决心。三是检查及修订。说明相关的组织或者部门、时间和原则。四是附件。如需加有关图表、数据等资料，应当标明附件的顺序号和名称。

(2)结构。有以下几个部分：

前言。一般交代目的、依据，有时还概括总任务或者总目标。过渡语是“制定本……”“为此，现将……工作安排如下”“为此，要抓好以下几项工作”等。

主体。这是经济计划的核心。在层次上，或者将任务、目标、措施、步骤等模块组合，或者按几项工作、几个措施等项目逐一叙写。

结尾。一般说明补充事项、要求、检查及修订等。有时不设结尾。

(3)写法：概括起来，有四种写法：

篇章式或者章节式。有些经济计划涉及面较广，内容多，篇幅长，分若干篇、章或者章、节，每篇、章、节加序数和小标题。

条文式。把有关内容归类，然后分条用文字依次表述。层次语言标志是序数、序数加小标题、序数加段首主旨句、段首主旨句，显得条理清晰、重点突出。

图表式。把内容划分成若干项目，制成统计图、统计表，依项填写。这种写法多用于经济业务计划。一般只画图表，有时附加简短的文字说明。

综合式。把上述几种写法融为一体，既分条列项，又穿插图表，如有必要还设篇章或者章节。

3.署名

大多写在正文右下方，有时写在标题正下方或者封面。随公文批转、转发、发布、印发的经济计划，制定者已写在公文，可以不再单独署名。

4.日期

写在正文右下方或者正文后署名下方或者封面。随公文批转、转发、发布、印发的经济计划，日期已写在公文上，可以省略此项。

5.印章

上报或者下达的经济计划，有时加盖印章。

6.附件

如有附件，按顺序编排在正文后。

此外，篇幅较长的经济计划有封面和目录。

（五）注意事项

1. 实事求是

这是制订经济计划的首要原则。具体地说，要注意两点：一是吃透“两头”，就是了解上头和下头。既要掌握党和国家的方针政策以及上级机关的指示，又要了解自身及基层的实际情况。二是把准“高低”，就是目标不能过高、过低。经济计划应该体现时代精神，有一定的开拓性，但盲目“拔高”也事与愿违。所以，既要先进积极，反对保守；又要切实可行，反对冒进。

2. 把握全局

要正确处理局部与全局的关系，以求整体优化。一方面，要统筹兼顾，善于协调，使各个局部搭配合理，达到全局的综合平衡；另一方面，坚持局部服从全局的原则，当下级计划与上级计划、中短期计划与长期计划、专项计划与综合计划发生冲突时前者必须服从后者，克服本位主义，考虑全局利益。

3. 表达明确

制订经济计划要解决根据什么做、做什么、做到什么程度、怎么做、分几个阶段做等问题。如果泛泛而谈或者含糊其辞，就会出现依据模糊、任务笼统、指标不清、措施不细、步骤不明等情形，让人无所适从，甚至造成工作上的失误。这就要求事项具体，条理分明，语言精当。

二、范文阅读

▲条文式经济计划

中国食物与营养发展纲要（2014—2020 年）

近年来，我国农产品综合生产能力稳步提高，食物供需基本平衡，食品安全状况总体稳定向好，居民营养健康状况明显改善，食物与营养发展成效显著。但是，我国食物生产还不能适应营养需求，居民营养不足与过剩并存，营养与健康知识缺乏，必须引起高度重视。为保障食物有效供给，优化食物结构，强化居民营养改善，特制定本纲要。

一、总体要求

（一）指导思想

以邓小平理论、“三个代表”重要思想、科学发展观为指导，顺应各族人民过上更好生活的新期待，把保障食物有效供给、促进营养均衡发展、统筹协调生产与消费作为主要任务，把重点产品、重点区域、重点人群作为突破口，着力推动食物与营养发展方式转变，着力营造厉行节约、反对浪费的良好社会风尚，着力提升人民健康水平，为全面建成小康社会提供重要支撑。

（二）基本原则

坚持食物数量与质量并重。实施以我为主、立足国内、确保产能、适度进口、科技支撑的国家粮食安全战略。在重视食物数量的同时，更加注重品质和质量安全，加强优质专用新品种的研发与推广，提高优质食物比重，实现食物生产数量与结构、质量与效益相统一。

坚持生产与消费协调发展。充分发挥市场机制的作用，以现代营养理念引导食物合理消费，逐步形成以营养需求为导向的现代食物产业体系，促进生产、消费、营养、健康协调发展。

坚持传承与创新有机统一。传承以植物性食物为主、动物性食物为辅的优良膳食传统，保护具有地域特色的膳食方式，创新繁荣中华饮食文化，合理汲取国外膳食结构的优点，全面提升膳食营养科技支撑水平。

坚持引导与干预有效结合。普及公众营养知识，引导科学合理膳食，预防和控制营养性疾病；针对不同区域、不同人群的食物与营养需求，采取差别化的干预措施，改善食物与营养结构。

（三）发展目标

食物生产量目标。确保谷物基本自给、口粮绝对安全，全面提升食物质量，优化品种结构，稳步增强食物供给能力。到2020年，全国粮食产量稳定在5.5亿吨以上，油料、肉类、蛋类、奶类、水产品等生产稳定发展。

食品工业发展目标。加快建设产业特色明显、集群优势突出、结构布局合理的现代食品加工产业体系，形成一批品牌信誉好、产品质量高、核心竞争力强的大中型食品加工及配送企业。到2020年，传统食品加工程度大幅提高，食品加工技术水平明显提升，全国食品工业增加值年均增长速度保持在10%以上。

食物消费量目标。推广膳食结构多样化的健康消费模式，控制食用油和盐的消费量。到2020年，全国人均全年口粮消费135公斤、食用植物油12公斤、豆类13公斤、肉类29公斤、蛋类16公斤、奶类36公斤、水产品18公斤、蔬菜140公斤、水果60公斤。

营养素摄入量目标。保障充足的能量和蛋白质摄入量，控制脂肪摄入量，保持适量的维生素和矿物质摄入量。到2020年，全国人均每日摄入能量2200～2300千卡，其中，谷类食物供能比不低于50%、脂肪供能比不高于30%；人均每日蛋白质摄入量78克，其中优质蛋白质比例占45%以上；维生素和矿物质等微量营养素摄入量基本达到居民健康需求。

营养性疾病控制目标。基本消除营养不良现象，控制营养性疾病增长。到2020年，全国5岁以下儿童生长迟缓率控制在7%以下；全人群贫血率控制在10%以下，其中孕产妇贫血率控制在17%以下、老年人贫血率控制在15%以下、5岁以下儿童贫血率控制在12%以下；居民超重、肥胖和血脂异常率的增长速度明显下降。

二、主要任务

（一）构建供给稳定、运转高效、监控有力的食物数量保障体系。稳定耕地面积，加快高标准农田建设，积极调整农业结构，提高粮食等重要农产品综合生产能力。大力发展畜牧业，提高牛肉、羊肉、禽肉供给比重。大力发展海洋经济，保障水产品供应。广辟食物资源，因地制宜发展杂粮、木本粮油等生产。大力发展农产品储藏、保鲜等产地初加工。积极推进物联网等信息技术应用，加强市场网络和配送服务体系建设，加快形成安全卫生、布局合理的现代食物市场流通体系。加强农产品数量安全智能分析与监测预警，健全中央、地方和企业三级食用农产品收储体系，增强宏观调控能力。更加积极地利用国际农产品市场和农业资源，有效调剂和补充国内食物供给。

（二）构建标准健全、体系完备、监管到位的食物质量保障体系。建立最严格的覆盖全过程的食物安全监管制度，健全各类食物标准，落实地方政府属地管理和生产经营主体责任，规范食物生产、加工和销售行为。加快推进原料标准化基地建设，集中创建一批园艺作物标准园、畜禽养殖标准化示范场、水产标准化健康养殖示范场和农业标准化示范县。完善投入品管理制度，加强农产品质量安全监管，推进农产品质量安全监管示范县创建活动。推进食物生产、加工和流通企业诚信制度建设，加大对失信企业惩处力度，增强企业诚信经营意识。加强食物安全信息共享与公共管理体系建设，健全快速反应机制，加强应急处置，强化舆论监督和引导。

（三）构建定期监测、分类指导、引导消费的居民营养改善体系。建立健全居民食物与营养监测管理制度，加强监测和信息分析。对重点区域、重点人群实施营养干预，重视解决微量营养素缺乏、部分人群油脂摄入过多等问题。开展多种形式的营养教育，引导居民形成科学的膳食习惯，推进健康饮食文化建设。

三、发展重点

（一）重点产品

1. 优质食用农产品……

2. 方便营养加工食品……

3. 奶类与大豆食品……

（二）重点区域

1. 贫困地区……

2. 农村地区……

3. 流动人群集中及新型城镇化地区……

（三）重点人群

1. 孕产妇与婴幼儿……

2. 儿童青少年……

3. 老年人……

四、政策措施

（一）全面普及膳食营养和健康知识……

（二）加强食物生产与供给……

（三）加大营养监测与干预……

（四）推进食物与营养法制化管理……

（五）加快食物与营养科技创新……

（六）加强组织领导和咨询指导……

▲表格式经济计划

××县农村财会人员财政支农政策培训计划

时 间		内 容	主讲人
×月××日（星期三）	8:30—11:00	财政支农政策宣讲	×　×
	14:30—17:30	财政支农政策宣讲	×××
×月××日（星期四）	8:30—11:30	农村综合改革政策宣讲	×　×
	14:30—17:30	集体经济组织会计实务	×××
×月××日（星期五）	8:30—10:30	财政涉农法律法规	×　×
	10:30—11:30	廉政制度建设	×××
	13:30—14:40	财政支农政策培训工作座谈	×××
	15:00—16:30	考 试	

第二节　经济规划

一、写作要点

（一）名称解释

经济规划，是国家、区域、地区、行业、组织对较长时期内经济工作的目标、原则、任务、措施、步骤进行战略性部署的文书。

（二）主要特征

1. 整体性

经济规划着眼于全局，对某些基本性的经济工作进行通盘思考，设计一整套行动计划。

2. 长期性

经济规划立足长远，一般短则五年、长则几十年，对促进经济工作持续健康发展和社会全面进步具有重要的指导意义。

（三）种类划分

1. 按主体分

有国家经济规划、区域经济规划、地区经济规划、行业经济规划、组织经济规划。

2. 按内容分

有国民经济和社会发展规划、城乡建设规划、农业规划、林业规划、工业规划、交通规划等。

3. 按性质分

有总体经济规划、专项经济规划。

（四）基本结构

1. 标题

主要有三种写法：一是国家、区域、地区、行业、组织名称或者适用范围加期限、事由、文种，如《广东省人力资源和社会保障事业发展"十二五"规划》《全国农业和农村经济发展第十二个五年规划》；二是国家、区域、地区、行业、组织名称或者适用范围加事由、文种，如《生物产业发展规划》；三是事由、期限、文种，如《节能减排"十二五"规划》。这里说明四点：一是可以把期限放在标题后并外加圆括号，如《松阳茶产业发展规划（2014—2020年）》；二是有时在文种前标明"总体""战略"等字样，如《宁德城市总体规划（2009—2030）》《广西五洲交通股份有限公司发展战略规划》；三是有些覆盖面广、内容重要、文字精练的经济规划在文种后加"纲要"二字，如《中国旅游业"十二五"发展规划纲要》；四是尚未成熟的经济规划在标题后或者标题正下方注明"草案"等字样，如《南通神农高科农业示范园规划（草案）》。

2. 正文

前言。交代编制规划的目的、依据、适用范围、主要内容。有时用"制定本规划"过渡。

主体。一般包括重要意义、现状分析、指导思想、基本原则、发展目标、主要任务、重点项目、保障措施等。在实际写作中，每个经济规划都各有侧重。例如，城市规划的主体由以下项目构成：(1)基本对策概述。(2)市（县）域城镇发展。包括城镇发展战略及总体目标；预测城市化水平；城镇职能分工、发展规模等级、空间布局，重点发展城镇；区域性交通设施、基础设施、环境保护、风景旅游区的总体布局；有关城镇发展的技术政策。(3)城市性质，城市规划期限，城市规划区范围，城市发展方针与战略，城市人口现状及发展规模。(4)城市土地利用和空间布局。包括确定人均用地和其他有关技术经济指标，注明现状建成区面积，确定规划建设用地范围和面积，列出用地平衡表；城市各类用地的布局，不同区位土地使用原则及地价等级的划分，市、区级中心及主要公共服务设施的布局；重要地段的高度控制，文物古迹、历史地段、风景名胜的保护，城市风貌和特色；旧区改建原则，用地结构调整及环境综合整治；郊区主要乡镇企业、村镇居民点以及农地和副食基地的布局，禁止建设的绿色空间控制范围。(5)城市环境质量建议指标，改善或者保护环境的措施。(6)各项专业规划。(7)3～5年内的近期建设规划，包括基础设施建设、土地开发投放、住宅建设等。(8)实施规划的措施。主体的写法有三种：一是篇章式或者章节式，用于篇幅较长的经济规划。二是条文式，用于篇幅较短的经济规划。三是综合式，根据需要在篇章、章节以及条文中把文字与图表结合，比如列若干专栏依次说明具体的项目、措施、步骤。

结尾。展望前景，提出要求，说明检查及修订等事项。有时不设结尾。

3.署名

写在标题正下方或者正文右下方或者封面。随公文批转、转发、发布、印发的经济规划可以不单独署名。

4.日期

写在正文右下方或者正文后署名下方或者封面，有时不设此项。

5.附件

一些经济规划有总体经济规划说明书、名词解释、统计图、统计表等附件。此外，篇幅长的经济规划加封面、列目录。

(五)注意事项

1.有综观意识

制定经济规划要胸有全局，统一筹划，既要把准经济工作的发展趋势，又要兼顾各个阶段的衔接和各个项目的协调。

2.有概括能力

经济规划是属于粗线条的计划，覆盖面广而且期限长，应该力求事项简括、语言精练。

二、范文阅读

▲专项经济规划

物联网"十二五"发展规划

物联网已成为当前世界新一轮经济和科技发展的战略制高点之一，发展物联网对于促进经济发展和社会进步具有重要的现实意义。为抓住机遇，明确方向，突出重点，加快培育和壮大物联网，根据我国《国民经济和社会发展第十二个五年规划纲要》

和《国务院关于加快培育和发展战略性新兴产业的决定》，特制定本规划，规划期为2011—2015 年。

一、现状及形势

(一)发展现状

目前，我国物联网发展与全球同处于起步阶段，初步具备了一定的技术、产业和应用基础，呈现出良好的发展态势。

产业发展初具基础……

技术研发和标准研制取得突破……

应用推广初见成效……

尽管我国物联网在产业发展、技术研发、标准研制和应用拓展等领域已经取得了一些进展，但应清醒地认识到我国物联网发展还存在一系列瓶颈和制约因素。主要表现在以下几个方面：核心技术和高端产品与国外差距较大，高端综合集成服务能力不强，缺乏骨干龙头企业，应用水平较低，且规模化应用少，信息安全方面存在隐患等。

(二)面临形势

“十二五”时期是我国物联网由起步发展进入规模发展的阶段，机遇与挑战并存。

国际竞争日趋激烈……

创新驱动日益明显……

应用需求不断拓宽……

产业环境持续优化……

二、指导思想、发展原则、发展目标

(一)指导思想

以邓小平理论和“三个代表”重要思想为指导，深入贯彻落实科学发展观，把握世界新科技革命和产业革命的历史机遇，抓住我国加快培育和发展战略性新兴产业的契机，加强统筹规划，促进协同发展；加强自主创新，注重应用牵引；加强监督管理，保障信息安全；加强政策扶持，优化发展环境。重点突破核心技术，研制关键标准，拓展规模应用，构建产业体系，为我国物联网的全面发展并在新一轮国际竞争中占据有利位置奠定坚实基础。

(二)发展原则

1. 坚持市场导向与政府引导相结合……

2. 坚持全国统筹与区域发展相结合……

3. 坚持技术创新与培育产业相结合……

4. 坚持示范带动与全面推进相结合……

(三)发展目标

到 2015 年，我国要在核心技术研发与产业化、关键标准研究与制定、产业链条建立与完善、重大应用示范与推广等方面取得显著成效，初步形成创新驱动、应用牵引、协同发展、安全可控的物联网发展格局。

技术创新能力显著增强……

初步完成产业体系构建……

应用规模与水平显著提升……

三、主要任务

（一）大力攻克核心技术

集中多方资源，协同开展重大技术攻关和应用集成创新，尽快突破核心关键技术，形成完善的物联网技术体系。

1. 提升感知技术水平……

2. 推进传输技术突破……

3. 加强处理技术研究……

4. 巩固共性技术基础……

（二）加快构建标准体系

按照统筹规划、分工协作、保障重点、急用先行的原则，建立高效的标准协调机制，积极推动自主技术标准的国际化，逐步完善物联网标准体系。

1. 加速完成标准体系框架的建设……

2. 积极推进共性和关键技术标准的研制……

3. 大力开展重点行业应用标准的研制……

（三）协调推进产业发展

以形成和完善物联网产业链为目标，引入多元化的竞争机制，协调发展与物联网紧密相关的制造业、通信业与应用服务业。重点突破感知制造业发展瓶颈，推进物联网通信业发展，加快培育应用服务业，形成产业链上下游联动、协调可持续的发展格局。

1. 重点发展物联网感知制造业……

2. 积极支持物联网通信业……

3. 着力培育物联网服务业……

（四）着力培育骨干企业

重点培育一批影响力大、带动性强的大企业；营造企业发展环境，采取灵活多样的模式，做好一批“专、精、特、新”中小企业的孵化和扶持工作；加强产业联盟建设，逐步形成门类齐全、协同发展、影响力强的产业体系。

引导企业间通过联合并购、品牌经营、虚拟经营等方式形成大型的物联网企业或企业联合体，提高产业集中度。在传感器、核心芯片、传感节点、操作系统、数据库软件、中间件、应用软件、嵌入式软件、系统集成、传感器网关及信息通信网、信息服务、智能控制等各领域打造一批品牌企业。

（五）积极开展应用示范

面向经济社会发展的重大战略需求，以重点行业和重点领域的先导应用为引领，注重自主技术和产品的应用，开展应用模式的创新，攻克一批关键技术，形成通用、标准、自主可控的应用平台，加快形成市场化运作机制，促进应用、技术、产业的协调发展。

1. 开展经济运行中重点行业应用示范……

2. 开展面向基础设施和安全保障领域的应用示范……

3. 开展面向社会管理和民生服务领域的应用示范……

（六）合理规划区域布局

充分尊重市场规律，加强宏观指导，结合现有开发区、园区的基础和优势，突出发展重点，按照有利于促进资源共享和优势互补、有利于以点带面推进产业长期发展、有利于土地资源节约集约利用的原则，初步完成我国物联网区域布局，防止同质化竞争，杜绝盲目投资和重复建设。

加快推进无锡国家传感网创新示范区建设，积累经验，以点带面，辐射带动物联网产业在全国范围内的发展。充分考虑技术、人才、产业、区位、经济发展、国际合作等基础因素，在东、中、西部地区，以重点城市或城市群为依托，高起点培育一批物联网综合产业集聚区；以推进物联网应用技术进步及物联网服务业为导向，以特色农业、汽车生产、电力设施、石油化工、光学制造、家居照明、海洋港口等一批特色产业基地为依托，打造一批具有物联网特色产业聚集区，促进物联网产业与已有特色产业的深度融合。

（七）加强信息安全保障

建立信息安全保障体系，做好物联网信息安全顶层设计，加强物联网信息安全技术的研究开发，有效保障信息采集、传输、处理等各个环节的安全可靠。加强监督管理，做好物联网重大项目的安全评测和风险评估，构建有效的预警和管理机制，大力提升信息安全保障能力。

1. 加强物联网安全技术研发……

2. 建立并完善物联网安全保障体系……

3. 加强网络基础设施安全防护建设……

（八）提升公共服务能力

积极利用现有存量资源，采取多种措施鼓励社会资源投入，支持物联网公共服务平台建设和运营，提升物联网技术、产业、应用公共服务能力，形成资源共享、优势互补的物联网公共支撑服务体系。积极探索物联网公共服务与运营机制，确保形成良性、高效的发展机制。

1.加强专业化公共服务平台建设……

2.加快公共支撑机构建设……

3.整合公共服务资源……

四、重点工程

(一)关键技术创新工程

充分发挥企业主体作用,积极利用高校和研究所实验室的现有研究成果,在信息感知和信息处理技术领域追赶国际先进水平,在信息传输技术领域达到国际领先水平,增强信息安全保障能力,力争尽快突破关键核心技术,形成较为完备的物联网技术体系并实现产业化。

专栏1 关键技术创新工程(略)

(二)标准化推进工程

以构建物联网标准化体系为目标,依托各领域标准化组织、行业协会和产业联盟,重点支持共性关键技术标准和行业应用标准的研制,完善标准信息服务、认证、检测体系,推动一批具有自主知识产权的标准成为国际标准。

专栏2 标准化推进工程(略)

(三)"十区百企"产业发展工程

重点培育10个产业聚集区和100个骨干企业,形成以产业聚集区为载体,以骨干企业为引领,专业特色鲜明、品牌形象突出、服务平台完备的现代产业集群。

专栏3"十区百企"产业发展工程(略)

(四)重点领域应用示范工程

在重点领域开展应用示范工程,探索应用模式,积累应用部署和推广的经验及方法,形成一系列成熟的可复制推广的应用模板,为物联网应用在全社会、全行业的规模化推广做准备。经济领域应用示范以行业主管部门或典型大企业为主导,民生领域应用示范以地方政府为主导,联合物联网关键技术、关键产业和重要标准机构共同参与,形成优秀解决方案并进行部署、改进、完善,最终形成示范应用牵引产业发展的良好态势。

专栏4 重点领域应用示范工程(略)

(五)公共服务平台建设工程

在国家和各级地方政府主管部门的政策引导和资金扶持下,充分发挥园区、企业、科研院所等责任主体的作用,实现平台的多方共建,充分整合现有资源,建立资源共享优势互补的公共服务平台。

专栏5 公共服务平台建设工程(略)

五、保障措施

(一)建立统筹协调机制……

（二）营造政策法规环境……

（三）加大财税支持力度……

（四）注重国际技术合作……

（五）加强人才队伍建设……

第三节　经济方案

一、写作要点

（一）名称解释

经济方案，是对某一方面经济工作或者某项经济任务做出比较详细的最佳安排的文书。

（二）主要特征

1. 单一性

经济方案把目标集中于某一方面经济工作或者某项经济任务，主旨单一，针对性很强。

2. 具体性

经济方案的内容详尽，具体说明为什么做、做什么、由谁来做、如何做、何时做等事项，便于实际操作。

（三）种类划分

1. 按内容分

有建议性经济方案、实施性经济方案。

2. 按性质分

有总体经济方案、专项经济方案。

（四）基本结构

1. 标题

主要有四种写法：一是国家、区域、地区、行业、组织、部门名称或者适用范围加期限、事由、文种，如《四川省 2013 年最低工资标准调整方案》《全国统考 2013 年人力资源管理师考核方案》；二是国家、区域、地区、行业、组织、部门名称或者适用范围加事由、文种，如《徐州市基本农田划定工作方案》；三是事由、期限、文种，如《2014 年铁路春运方案》；四是事由、文种，如《注册资本登记制度改革方案》。有的经济方案在文种前标明“总体”“实施”等字样，如《第七届江苏省园艺博览会总体方案》《船舶工业加快结构调整促进转型升级实施方案（2013—2015 年）》。尚未成熟的经济方案常在标题后或者标题正下方加圆括号写“草案”等字样，如《虹达照明工程有限公司组建方案（草案）》。

2.正文

前言。大多说明制定目的、依据，有时简介背景和总目标。第一段常用“为（或者‘为了’）……，根据（或者‘依据’）……，结合……，制定本方案”“为（或者‘为了’）……，制定本方案”“根据（或者‘依据’）……，结合……，制定本方案”等句式。

主体。说明工作的意义、总任务和具体任务、总指标和分指标、基本原则、具体步骤、实施办法、组织领导、政策保障等事项。例如，机构改革方案包括机构改革的任务、原则，机构的调整和设置，审查和批准的机关等；活动方案包括活动的主旨、时间、地点、组织机构、人员配置、事项、过程、传播方式、经费预算、效果预测等。具体写法有章节式、条文式、图表式、综合式。

结尾。补充有关事项或者提出要求。有的经济方案不设结尾。

3.署名

一般写在标题正下方或者正文右下方，也可以省略此项。

4.日期

写在正文右下方或者正文后署名下方，有时省略此项。

5.附件

包括日程安排表、预算表等，根据实际需要安排。

（五）注意事项

1.贵在创造

经济方案的编制就是一次成功的策划，关键在于创意。因此，要有开拓意识，勇于提出工作的新思路、新举措。

2.工于周密

经济方案一经通过就要付诸实施，编制时要把准工作诸要素的联系，恰当处理各环节的衔接，做到项目齐全、布局合理。

二、范文阅读

▲试验区方案

中国（上海）自由贸易试验区总体方案

建立中国（上海）自由贸易试验区（以下简称试验区）是党中央、国务院做出的重大决策，是深入贯彻党的十八大精神，在新形势下推进改革开放的重大举措。为全面有效推进试验区工作，制定本方案。

一、总体要求

试验区肩负着我国在新时期加快政府职能转变、积极探索管理模式创新、促进贸易和投资便利化，为全面深化改革和扩大开放探索新途径、积累新经验的重要使命，是国家战略需要。

（一）指导思想

高举中国特色社会主义伟大旗帜，以邓小平理论、“三个代表”重要思想、科学发展观为指导，紧紧围绕国家战略，进一步解放思想，坚持先行先试，以开放促改革、促发展，率先建立符合国际化和法治化要求的跨境投资和贸易规则体系，使试验区成为我国进一步融入经济全球化的重要载体，打造中国经济升级版，为实现中华民族伟大复兴的中国梦做出贡献。

（二）总体目标

经过两至三年的改革试验，加快转变政府职能，积极推进服务业扩大开放和外商投资管理体制改革，大力发展总部经济和新型贸易业态，加快探索资本项目可兑换和金融服务业全面开放，探索建立货物状态分类监管模式，努力形成促进投资和创新的政策支持体系，着力培育国际化和法治化的营商环境，力争建设成为具有国际水准的投资贸易便利、货币兑换自由、监管高效便捷、法制环境规范的自由贸易试验区，为我国扩大开放和深化改革探索新思路和新途径，更好地为全国服务。

（三）实施范围

试验区的范围涵盖上海外高桥保税区、上海外高桥保税物流园区、洋山保税港区和上海浦东机场综合保税区等4个海关特殊监管区域，并根据先行先试推进情况以及产业发展和辐射带动需要，逐步拓展实施范围和试点政策范围，形成与上海国际经济、金融、贸易、航运中心建设的联动机制。

二、主要任务和措施

紧紧围绕面向世界、服务全国的战略要求和上海“四个中心”建设的战略任务，按照先行先试、风险可控、分步推进、逐步完善的方式，把扩大开放与体制改革相结合、把培育功能与政策创新相结合，形成与国际投资、贸易通行规则相衔接的基本制度框架。

（一）加快政府职能转变

1.深化行政管理体制改革……

（二）扩大投资领域的开放

2.扩大服务业开放……

3.探索建立负面清单管理模式……

4.构筑对外投资服务促进体系……

（三）推进贸易发展方式转变

5.推动贸易转型升级……

6.提升国际航运服务能级……

（四）深化金融领域的开放创新

7. 加快金融制度创新……

8. 增强金融服务功能……

（五）完善法制领域的制度保障

9. 完善法制保障……

三、营造相应的监管和税收制度环境

适应建立国际高水平投资和贸易服务体系的需要，创新监管模式，促进试验区内货物、服务等各类要素自由流动，推动服务业扩大开放和货物贸易深入发展，形成公开、透明的管理制度。同时，在维护现行税制公平、统一、规范的前提下，以培育功能为导向，完善相关政策。

（一）创新监管服务模式

1. 推进实施“一线放开”……

2. 坚决实施“二线安全高效管住”……

3. 进一步强化监管协作……

（二）探索与试验区相配套的税收政策

4. 实施促进投资的税收政策……

5. 实施促进贸易的税收政策……

四、扎实做好组织实施

国务院统筹领导和协调试验区推进工作。上海市要精心组织实施，完善工作机制，落实工作责任，根据本方案明确的目标定位和先行先试任务，按照“成熟的可先做，再逐步完善”的要求，形成可操作的具体计划，抓紧推进实施，并在推进过程中认真研究新情况、解决新问题，重大问题要及时向国务院请示报告。各有关部门要大力支持，积极做好协调配合、指导评估等工作，共同推进相关体制机制和政策创新，把试验区建设好、管理好。

附件：中国（上海）自由贸易试验区服务业扩大开放措施（略）

▲展览方案

2014年（乌克兰）中国商品、技术与服务展方案

一、举办背景

乌克兰位于欧洲东部，是欧盟与俄罗斯、独联体国家地缘的交叉点，地理位置十分重要，也是欧洲除俄罗斯外面积最大的国家。乌克兰基础工业实力较强，主要产业有航空、航天、冶金、机械制造、造船、化工，与我国产业有较强互补性。从中国主要进口机电产品、车辆及配件、家具家居、轻纺产品等。基于其优越的地理位置，对周边的独联体和东欧国家有一定的辐射作用。乌克兰是具有发展潜力的新兴市场国家。

近年来，两国高层互访频繁，双方签署了一系列经济技术合作协议，合作方式也由单一项目发展到产业园区，双边经贸快速发展。据中国海关统计，2012 年中乌双边贸易额 103.6 亿美元，其中我国对乌克兰出口 73.2 亿美元。乌克兰在我国对外贸易中排名第 48，在独联体中排名第 4。

为积极引导中国企业开拓新兴市场，进一步促进中国与乌克兰经贸合作，商务部××××××局将于 2014 年 6 月在乌克兰首都基辅举办(乌克兰)中国商品、技术与服务展。……

二、展会概况

名称：2014 年(乌克兰)中国商品、技术与服务展

(Ukraine) China Commodities, Technology & Services Expo

时间：2014 年 6 月 11—13 日

布展：2014 年 6 月 9—10 日

撤展：2014 年 6 月 13 日(18:00 以后)

地点：乌克兰基辅国际会展中心

展会规模：3000 平方米

展会内容：机械设备、电机电气、汽车及配件、建材五金、消费类电子、家用电器、礼品、日用消费品、节能产品、旅游服务等。

三、组织机构

主办单位：商务部××××××局

承办单位：新疆××国际商务咨询有限公司

协办单位：乌克兰工商会

四、收费标准

室内标准展位费(3 m×3 m)：25000 元人民币

室内光地(最少 18 m^2)：2500 元人民币/m^2

标准展位基本配置：3 面展板、地毯、俄文(或英文)楣板、1 张洽谈桌、3 把椅子、射灯、1 个纸篓、一个电源插座。如租用光地，由参展企业自行特装，特装高度不超过 5 m。

五、客商邀请

在乌克兰电台、报纸、杂志及户外刊做广告，全面宣传推广。

与乌克兰工商、贸易、行业机构合作邀请采购商。

以电子邮件、传真、直邮等方式向乌克兰目标买家、进口商等发放展会宣传资料和邀请函。

建立展会专门网站，宣传推广展会。

六、展会服务

统一免费办理参展企业境外邀请函(2人/每摊位或每9 m^2)。参展企业信息免费会刊登录。

在展会期间,设立展会服务和咨询处,为展团和参展企业提供现场服务。

推荐展品运输、特装、旅行安排的服务单位,由组团单位自行选择。

七、组展

邀请省、市商务主管部门、商协会和展览机构组织企业参展。组团具体事项另行议定。2014年3月31日结束招展。

联系方式:

1.新疆××国际商务咨询有限公司

联系人:×××　　电话:××××－×××××××××

传　真:××××－×××××××××　邮箱:×××××××××@×××××china.com

2.商务部××××××局

联系人:×××　　电话:×××－×××××××××

传真:×××－×××××××××　　邮箱:××× ××@163.com

第四节　经济安排

一、写作要点

(一)名称解释

经济安排,是对近期某一经济工作或者某项经济活动进行具体筹划的文书。

(二)主要特征

1.集中性

经济安排往往针对某一经济工作或者某项经济活动制定,虽然有时涉及多件事,但也围绕中心工作或者同类工作,因此主旨单一、笔墨集中。

2.可操作性

经济安排侧重于措施和步骤,具体解决如何做、分几个阶段做的问题,为有效实施创造良好条件。

(三)种类划分

1.按内容分

有展览安排、竞赛安排、考察安排、会议安排、值班安排、放假安排等。

2.按时间分

有例行安排、临时安排。

3.按写法分

有条文式安排、图表式安排、综合式安排。

(四)基本结构

1.标题

主要有四种写法:一是国家、区域、地区、行业、组织、部门名称或者适用范围加期限、事由、文种,如《常兴机械厂 2014 年 6 月销售工作安排》;二是国家、区域、地区、行业、组织、部门名称或者适用范围加事由、文种,如《全国旅游标准化示范试点工作安排》;三是期限、事由、文种,如《2013 年食品安全重点工作安排》;四是事由、文种,如《关于开展新技能竞赛活动的安排》。表格式安排常在文种后加"表",如《晋江市创建安全发展城市阶段工作推进和督查安排表》。

2.正文

条文式安排一般包括目的、依据、原则、目标、任务、时间、地点、组织机构、参与者、具体事项、步骤、要求等。第一句常用"为(或者'为了')……,根据(或者'依据')……,现将(或者'现就')……安排如下""根据(或者'依据')……,现就……做出以下(或者'如下')安排""……,特作如下安排"等句式。在写法上,条文式安排有前言+条陈、前言+条陈+结尾式、通篇条陈式三种方式。

图表式安排大多由一个或者多个统计图、统计表组成,如有必要在相关图表后附加简短的文字说明,根据实际情况确定。例如,值班安排由时间、地点、部门、值班人、带班人、电话号码、备注等组成;活动安排由序号、项目、时间、地点、主办单位或者部门等组成。

综合式以条文为主,根据需要穿插若干图表。

3.署名

大多写在正文右下方,有时写在标题正下方。可以不单设此项。

4.日期

写在正文右下方或者正文后署名下方,有时省略此项。

5.附件

多用于条文式安排,把日程表等统计图、统计表放在正文后。

(五)注意事项

1.合理

在内容上,经济安排要恰当处理重点与一般、整体与局部、分工与合作等方面的关系,确保科学性。

2. 有序

在层次上，无论是主要措施还是基本步骤都要体现逻辑关系和时间推移，做到主次分明、先后有序。

二、范文阅读

▲条文式经济安排

××市第三次全国经济普查工作进度安排

一、普查准备阶段（2012—2013 年）

1. 将经济普查经费列入财政预算（2012 年 12 月）

将第三次经济普查经费列入年度财政预算，经费项目包括工作经费、两员补贴、设备购置、奖励经费、试点经费和统计电子地理信息系统建设等。未列入常年预算项目或预算不足的，需及时足额编制预算追加，全面落实普查经费保障。

2. 政府专题研究普查工作（2013 年 3—4 月）

根据关于做好第三次全国经济普查通知的精神，市、县两级政府专题研究一次经济普查工作。

3. 下发文件，组建机构，落实责任（2013 年 4—6 月）

市、县（市、区）、乡镇（街道）三级分别下发做好第三次全国经济普查工作的通知，成立第三次经济普查领导小组及办公室；召开第三次经济普查动员会议，签订经济普查目标责任状；明确下发各成员单位和办公室组成部门的工作职责。市、县两级按时召开普查领导小组成员及办公室人员会议，研究全市经济普查有关事项，明确工作目标和具体措施，落实和细化工作责任。要求各县（市、区）在 5 月底，各乡镇（街道）在 6 月底前完成此项工作。市经普办将对普查工作责任落实情况进行督查。

4. 各级经普办制定工作制度，开展各项准备工作（2013 年 6 月）

各级经普办要制定普查责任包干、“两员”选聘、普查区划分、普查信息报送、普查进度安排等系列工作制度，正式开展各项准备工作。

5. 开展普查综合试点（2013 年 5—7 月）

5 月底前开展普查综合试点前期调研工作，组建试点领导机构，完成普查“两员”选聘等相关准备工作。6 月上旬，研究制定《××市第三次经济普查综合试点（国家级）工作方案》，召开试点动员大会；下发试点软件，发放 PDA 设备，进行普查业务培训。6 月中旬至 7 月中旬，完成普查入户登记和普查数据处理。7 月底前，完成普查试点工作总结。试点期间，市、县两级经普办有关人员将全程参与国家综合试点工作。各县（市、区）也要有针对性地安排组织普查试点工作。

6. 划分普查区（普查小区）（2013 年 6 月）

根据普查要求，各县（市、区）经普办组织划分普查区和普查小区，形成普查区（普查小区)底册并上报市经普办。

7.选调普查员和普查指导员(2013 年 7 月)

市经普办下发普查“两员”选聘实施细则,各县(市、区)经普办根据普查区划分情况,从部门、乡镇(街道)、村(居)委会和社会抽调和选聘普查员与普查指导员,形成普查“两员”底册并上报市经普办。同时按照“定岗、定职、定酬”要求,强化“两员”管理。

8.开展普查对象基础工作整顿(2013 年 8 月)

按市经普办统一部署,以普查区为单位,成立普查基础工作整顿小组,通过清点单位、清查证照摸清底子,搞好统计名录资料与部门行政记录比对,形成分普查区的单位底册。

9.开展经济普查专项督查(2013 年 8—9 月)

市政府组织督查组对各县(市、区)开展专项督促检查。

10.开展普查区(普查小区)电子地图绘制(2013 年 9 月)

开展市级普查业务培训,根据国家经普办统一下发的地域电子地图,现场核实普查区(普查小区)边界,标注建筑物和街道,修正电子地图内容,形成区域普查区(普查小区)电子地图,合并和审核区域各普查区电子地图并上报市经普办。

11.制定普查实施方案、数据处理方案和数据质量控制方案(2013 年 9 月)

根据国家、省经普办下发的经济普查方案,结合综合试点和××实际,研究制定××市第三次经济普查实施方案、数据处理方案和数据质量控制方案。各县(市、区)经普办根据有关要求制定辖区经济普查实施方案和质量控制方案。

12.开展业务技术培训工作(2013 年 10—11 月)

开展市、县(市、区)、乡镇(街道)三级经普办人员、联网直报单位、普查员和普查指导员等多层面的业务技术培训工作。

13.装配相关普查设备(2013 年 11—12 月)

装配普查相关设备并造册登记(PDA、数据处理设备、网络传输设备等)。各县(市、区)普查办将电子地图、单位底册等资料统一加载 PDA,下发普查登记用资料工具。

14.形成普查数据台账(2013 年 11—12 月)

根据单位基础底册,按普查区逐家上门将普查告知书、普查登记样表和上门登记预约书等材料一并分发各普查单位,形成企业的普查数据台账,收集好“四上”企业申报材料。

15.开展普查宣传月活动(2013 年 12 月)

利用多种宣传载体,开展普查宣传月活动,全面宣传普查工作,启动普查登记工作。

二、普查填报阶段(2014年)

16.普查现场登记(2014年1—3月)

各普查区普查“两员”开展普查现场登记和数据采集,并上传普查数据。

17.个体户抽样调查工作(2014年4月)

市经普办下发个体户抽样调查方案,根据普查登记形成的个体工商户名单,按抽样调查方案要求上门开展个体户抽样调查工作。

18.普查数据质量抽查与数据评估(2014年5—6月)

根据普查数据质量控制方案要求,对各县(市、区)选择部分普查区的普查数据质量进行质量抽查,形成质量抽查报告并上报市经普办。

19.汇总发布普查结果(2014年6—8月)

汇总全市普查初步结果,发布经济普查主要数据公报。

三、普查总结开发应用阶段(2014年9月—2015年)

20.开展经济普查总结表彰工作(2014年9—12月)

市、县(市、区)、乡镇(街道)组织开展经普工作总结,经普先进评选工作。

21.普查资料开发应用(2014年9月—2015年12月)

制定普查资料开发应用方案,编印普查年鉴和单位名录资料,组织课题研究和统计分析,更新基本单位名录库,建设统计地理信息系统等。

22.普查资料归档工作(2015年6—12月)

普查文件、资料整理归档,普查设备管理等后续工作。

▲表格式经济安排

××省2013年度经济专业技术资格考试安排表

时 间	事 项
2013年6月10—20日	全省考生进行网上统一报名。
6月24—25日	新报考人员到所属报名点现场进行资格审核。 (2012年度曾报名且报考级别、专业不变的考生免审)
6月10日至7月5日	网上缴费。 (新报考人员须通过现场资格审核,方可网上缴费)
8月10日前	省人事考试中心将报考人员信息以ftp方式发送给有关考区,请及时接收。
9月中旬	各考区将确定的考点、考场上报省人事考试中心。

续表

时 间	事 项
10月上旬	省人事考试中心将准考证号以ftp方式下达给各考区，请及时接收。
10月18日起 （考前15天起）	网上下载打印准考证。
10月底	召开考务工作会议并领取试卷。
11月2日（星期六）	考试： 上午9:00—11:30 专业知识与实务（初、中级） 下午2:00—4:30 经济基础知识（初、中级）
11月4日	试卷送回省人事考试中心。
2014年1月中旬	公布考试成绩。 可通过××××××××××按2号键查询或WWW. ××PTA. COM下载成绩单。
2月下旬	发放合格人员证书。

第三章　经济总结

第一节　经济总结概述

一、写作要点

（一）名称解释

经济总结，是对某一时期经济工作或者某项经济活动进行回顾与评价，从中找出经验教训，用以指导今后实践的文书。

（二）主要特征

1. 自我性

经济总结是本国、本区域、本地区、本行业、本组织、本部门、本人经济实践的产物，大多使用第一人称。

2. 客观性

经济总结的任务在于对已经完成的经济工作或者经济活动进行回顾和评价，它以有关事例和数据为基本依据，并强调绝对真实。

3. 理论性

经济总结的目的在于找出经验和教训，指导今后实践。它在正确理论的指导下，对有关材料进行分析，从而把零散、肤浅的感性认识升华为系统化并能体现经济规律的理性认识。

（三）种类划分

1. 按主体分

有国家总结、区域总结、地区总结、行业总结、组织总结、部门总结、个人总结。

2. 按范围分

有宏观经济总结、微观经济总结。

3. 按对象分

有人力资源管理总结、生产总结、财务总结、成本总结、销售总结、运输总结、财政总结、税收总结、金融总结等。

4.按功能分

有汇报性经济总结、介绍性经济总结、评估性经济总结等。

5.按性质分

有综合经济总结、专题经济总结。

6.按时间分

有跨年度总结、年度总结、半年总结、季度总结、月份总结、周总结、阶段性总结等。

(四)基本结构

1.标题

单标题。主要有四种写法:一是公文式。其中,完全式标题由国家、区域、地区、行业、组织、部门名称加期限、事由、文种组成,如《金城乡 2013 年度工作总结》;省略式标题有国家、区域、地区、行业、组织、部门名称加事由、文种和期限、事由、文种以及事由、文种等形式,如《2013 年度财务工作总结》。二是主旨式。揭示全文主旨,如《股份制使企业走上成功之路》。三是事由式。概括对象、范围或者内容,如《"长沙路径"是这样走出来的》。四是提问式。提出问题,如《锦鸿酒店是怎样开展优质服务的》。

双标题。正标题揭示主旨、意义或者概括事实,副标题交代区域、地区、行业、组织、部门名称以及期限、事由、文种,如《建立纳税服务新机制 促进国税工作上台阶——沙洋县国税局 2010 年纳税服务工作总结》。

2.正文

(1)内容。完整的经济总结有如下几项:

概况。包括对象、时间、地点、背景、内容、经过、结果、评价,但未必都写入文章,要考虑主旨、文种等因素,做到简明扼要。

具体情况。这是经济总结的重点。用典型事例和数据具体说明做了什么、怎么做的、做的结果如何。既可以总体介绍,也可以分项说明,力求成效明显,特色鲜明。

主要经验。这是经济总结的核心。要把做法、措施等上升到理性认识,分析取得成绩的根本原因。由于经济总结多是第一人称,大多以谈体会的方式介绍经验。

教训。对存在的问题作客观陈述和理性思考,从中找出教训,以便改进。

今后努力的方向。提出今后工作的基本思路和主要措施,有一定的前瞻性和激励性。

(2)结构。正文有如下三种形式:

一是文章式。

前言。大多交代背景、勾勒概貌、突出成效,根据具体情况安排。

主体。这是经济总结的重心。层次安排有四种:一是组合式。把"情况—成绩—主要经验—存在问题"或者"做法—效果—体会"等模块组合起来。二是并列式。按几项工作、几种做法、几个体会等逐项叙写。三是阶段式。按时间顺序分成几个阶段,逐一说明每个阶段的成绩、经验和教训。四是综合式。把以上三种写法结合运用,适用于篇幅较长的经济总结。

结尾。通过归纳上文来突显成效、升华主旨,或者对今后的发展作预测并提出设想。有时不单设结尾。

二是图表式。

把有关情况分为若干项目进行整理,依次填入统计图、统计表。

三是综合式。

既有完整的文章形式,又穿插图表,定性与定量结合。

3.署名

大多写在正文右下方,有时写在标题正下方。

4.日期

在正文右下方或者正文后署名下方标明年月日。有时不设此项。

(五)注意事项

1.坚持实事求是

经济总结必须符合实际。说成绩,不能夸大其词、弄虚作假;有问题,不能隐瞒,报喜不报忧;写经验教训,要以事实为依据并且就事论理,概括精当,不能主观臆断、无中生有。

2.力求独具特色

经济总结是回顾自身的经济实践,对成功经验或者失败教训进行分析研究,做出恰当评价,得出正确结论。所以,要在揭示经济规律的前提下,着力彰显自身特色。

3.把握叙议分寸

总结要以叙述、说明为主,同时辅以议论。一般在交代工作过程、列举典型事例和数据时,以叙述说明为主;而在分析经验教训、指明努力方向时,用精当的议论实现理性升华。

二、范文阅读

▲文章式总结

在翱翔中成就梦想

近年来,中国××航空集团公司以改革创新精神推动发展方式转变,努力促进企业转型升级。目前,×航运营各类飞机510多架,航线660多条,年旅客运输量8600多万人次,至2012年9月连续安全飞行突破1000万小时,已经成为国内机队规模最大、航线网络最丰富、年旅客运输量最多、安全业绩最好的航空公司。

以世界眼光战略思维积极转变发展理念。面对国内外航空市场更趋激烈复杂的竞争，×航发展方式粗放、大而不强、大而不优的问题日益凸显。集团党组认为，要实现公司科学发展，就必须在转变发展方式上下功夫。2009 年起，×航全力推进以枢纽建设和国际化为主要内容的战略转型，把发展的重心转移到优化结构、科学管理、品牌建设和队伍素质上来。2012 年总资产比 2009 年净增 500 亿元，国有资本保值增值率达到 354%。

着力调整优化结构，不断提升竞争优势。在航线结构上，实现了从“点对点”到枢纽化的转变，就是把“点对点”飞行的航线运营模式改变为先向一点集中再进行中转的模式，精心打造××核心枢纽、××重要枢纽、××××西部门户枢纽、××国内转高原季节性枢纽，航班集中度大幅提高，枢纽效应初步显现。在市场结构上，×航先后开通了××至布里斯班、温哥华、阿姆斯特丹、奥克兰等国际大线。率先加入国际航空联盟，大力提升×航在国际航空市场的影响力和话语权。截至 2012 年底，×航国际业务占比已达 28.4%，国际化网络型航空公司的格局初步形成。在产业结构上，努力实现从单一主业向以航空运输业为核心、相关产业协同发展的转变。

对准国际一流水平，努力打造服务品牌。×航秉承“一切从顾客感受出发，珍惜每一次服务机会”的服务理念，着力打造“中国最好、亚洲一流、全球知名”服务品牌。围绕与旅客关系密切的购票、值机、行李等 27 个接触点，理顺服务流程，提升服务水平，特别是加强与机场、空管等部门合作，努力降低航班延误率。2011 年，×航被国际航空权威评级机构 Skytrax 评为四星级航空公司。2012 年，×航旅客投诉率为万分之 0.033，比行业平均值低 21%。

以培养专业化、国际化人才为重点加强人才队伍建设。集团始终坚持把“人才强企”作为公司的核心战略，努力化解战略转型和国际化进程中的人才瓶颈。坚持严管与厚爱相结合、技术训练与作风养成相结合、解决思想问题与解决实际问题相结合，切实加强飞行员队伍这一航空公司核心资源的建设。近 3 年已有 30 多名优秀干部通过公开竞聘走上公司高管岗位。分批选送 200 名高管到清华大学攻读 EMBA，选派 100 名管理人员到国际先进航空公司挂职锻炼，选送 1000 名优秀基层班组长到清华大学培训，在日、韩、法、荷、澳等国招收飞行员、乘务员和经营管理人员，着力培养具有国际化眼光和较高综合素质的人才。

×航的积极探索，取得了成效，为建设世界一流航空企业凝聚了共识，增强了信心，积累了经验。

坚持稳中求进，在提高发展软实力上下功夫。我们深知，×航与国际先进航企的差距，体现为“硬实力不硬，软实力太软”，既有服务设施、信息化等硬件方面的差距，更主要的是管理水平、运行效率、品牌形象等软实力的差距。在当前我国民航运力不断增加、高铁冲击越来越大、民航客货运量增速逐渐放缓的背景下，主要依赖规模和速度的粗放式发展模式将难以为继。业内竞争正由表面上的价格竞争转向发展战略、盈利模式、服务品牌、体制机制和人才队伍之间的深层次竞争。这就要求我们必须转换发展理念，创新发展思路和模式，更加注重发展的质量和效益。作为航空公司，在考虑规模和速度时，必须首先考虑以何种方式购进飞机，购进了飞机能否经营好，飞机来了往哪飞、谁来飞等一系列问题。在保持一定规模和适度增长的前提下，树立"好"字当头、以优求强的理念，坚定不移地走以质取胜和以效益促增长之路，更加注重结构优化和科学管理，不断强化改革创新能力、资源配置能力、风险管控能力、队伍建设能力，努力建设安全业绩好、盈利能力强、品牌形象优的国际化航空公司。

坚持创新驱动，在打造竞争优势上求突破。×航多年的实践表明，创新驱动是企业保持基业长青的根本所在。面对当前和未来更加激烈、更为复杂、更高层次、更加国际化的航空市场竞争，我们积极倡导并坚持践行"持续创新"的核心理念，以敢于啃硬骨头、敢于涉险滩的勇气，实施创新驱动、促进转型升级、提高发展质量。积极营造激励创新、宽容失败的良好氛围；坚持建设学习型组织，着力培养创新型员工，倡导终身学习、全员学习，增强全员创新能力；坚持围绕越来越普遍化、大众化的航空市场，围绕越来越多元化、个性化的旅客需求，不断创新服务方式和手段，坚持以最先进的服务理念、最贴心的服务产品、最真诚的服务态度来赢得顾客信赖、赢得市场竞争，将服务创新成果转化为公司的品牌优势和竞争实力。

坚持以人为本，在激发队伍活力上做文章。员工是企业的主人，企业转型发展必须与员工自身成长相协调。多年来，集团秉承务实、包容、团结的理念，推动战略转型，促进科学发展，打造竞争优势，致力于建设和谐发展型企业。各级领导班子努力营造干事创业、开拓进取、风清气正、团结奋进的良好氛围，保持了党政关系和谐、领导班子与职工群众和谐、企业与员工和谐、企业与社会之间和谐的好局面。我们始终坚持以人为本，加强对员工的人文关怀和心理疏导，通过连续 7 年举办总经理、书记与员工网上交流等方式，深入了解员工诉求，切实改善基层一线生产生活条件，最大限度增加和谐因素，激发正能量，不断增强员工队伍的创造活力。同时，坚持"绿色飞行、绿色服务、绿色消费、绿色创新"理念，自觉履行社会责任，加强节能减排，确保企业的绿色发展。

▲表格式总结

2013 年全国主要工业产品产量及其增长速度

产品名称	单 位	产 量	比上年增长(%)
纱	万吨	3200.0	7.2
布	亿米	882.7	4.0
化学纤维	万吨	4121.9	7.4
成品糖	万吨	1589.7	12.8

续表

产品名称	单　位	产　量	比上年增长(%)
卷　烟	亿支	25604.0	1.8
彩色电视机	万台	12776.1	－0.4
其中:液晶电视机	万台	12290.3	4.5
家用电冰箱	万台	9261.0	9.9
房间空气调节器	万台	13057.2	5.3
一次能源生产总量	亿吨标准煤	34.0	2.4
原　煤	亿吨	36.8	0.8
原　油	亿吨	2.09	1.8
天然气[12]	亿立方米	1170.5	9.4
发电量	亿千瓦小时	53975.9	7.5
其中:火电	亿千瓦小时	42358.7	7.0
水　电	亿千瓦小时	9116.4	5.6
核　电	亿千瓦小时	1106.3	13.6
粗　钢	万吨	77904.1	7.6
钢材[13]	万吨	106762.2	11.7
十种有色金属	万吨	4054.9	9.7
其中:精炼铜(电解铜)	万吨	649.0	12.7
原铝(电解铝)	万吨	2205.9	9.2
氧化铝	万吨	4437.2	17.7
水　泥	亿吨	24.2	9.3
硫酸(折100%)	万吨	8122.6	3.1
纯　碱	万吨	2434.9	1.6
烧碱(折100%)	万吨	2859.0	6.0
乙　烯	万吨	1622.6	9.1
化肥(折100%)	万吨	7037.0	3.0
发电机组(发电设备)	万千瓦	12572.8	－3.3
汽　车	万辆	2211.7	14.7

续表

产品名称	单　位	产　量	比上年增长(%)
其中:基本型乘用车(轿车)	万辆	1210.4	12.4
大中型拖拉机	万台	58.7	11.4
集成电路	亿块	866.5	11.2
程控交换机	万线	3115.7	10.1
移动通信手持机	万台	145561.0	23.2
微型计算机设备	万台	33661.0	5.8

第二节　综合经济总结

一、写作要点

(一)名称解释

综合经济总结,又称全面经济总结,是对某一时期经济工作或者经济活动进行总的回顾和评价而写成的文书。

(二)主要特征

1.全面性

这种总结涉及面广,时间跨度较长,内容较详细,能反映有关国家、区域、地区、行业、组织、部门或者个人在一定时间内经济实践的全貌。

2.专业性

这种总结针对经济领域内各个实践而作,它的主旨、材料、结构、表达方式、表现技法、语言等要素体现鲜明的专业特色。

(三)种类划分

1.按主体分

有国家综合总结、区域综合总结、地区综合总结、行业综合总结、组织综合总结、部门综合总结、个人综合总结。

2.按功能分

有汇报性综合总结、介绍性综合总结、评估性综合总结等。

3.按时间分

有跨年度综合总结、年度综合总结、半年综合总结、季度综合总结、阶段性总结等。

（四）基本结构

1. 标题

单标题。大多采用公文式写法，如《金城矿山机械厂 2013 年工作总结》。

双标题。由正标题和副标题组成，如《适应新形势　努力做好物流工作——通达物流公司 2012 年工作总结》。

2. 正文

前言。具体写法有：概述式，概括介绍基本情况，简要交代工作背景、时间、地点、条件、主要成绩；提问式，提出问题，点明总结的重点以引起人们的关注；结论式，对有关工作或者活动做总体评价；比较式，通过自身前后或者其他国家、区域、地区、行业、组织、部门相关情况的对比和类比，显示变化。有时用“现将……总结（或者‘汇报’）如下”“我们主要抓了以下几个方面工作”等语句过渡。

主体。在内容上，一般包括具体情况、经验、教训三个模块。先说明做了哪些工作或者开展了哪些活动、做法如何、效果怎样，接着归纳具有理论深度和鲜明特色的经验，最后指出存在的问题并分析原因。在写作上可以有所侧重。比如，如果着重写成绩，侧重于过程、做法、成效、经验，然后概述存在问题；如果问题较多，可以在说明成绩之后具体写问题的表现、原因以及应吸取的教训。在层次安排上，主要有四种：一是把“情况—成绩—主要经验—存在问题”或者“做法—效果—体会”等模块组合；二是从工作、做法、成效中择一作为母项再细分若干子项并列分述；三是按工作的阶段或者活动的进程循序说明；四是把以上三种写法交叉运用。

结尾。大多提出今后工作的思路，如无必要可以不单设结尾。

3. 署名

在标题正下方或者正文右下方标明组织、部门名称或者个人姓名。

4. 日期

写在正文右下方或正文后署名下方，有时不设此项。

（五）注意事项

1. 有广度

要统观全局，着眼于“面”上的主要工作或者活动，广泛搜集、恰当选取、合理安排材料，体现出应有的广度。

2. 有力度

要细察局部，捕捉“点”上有代表性和说服力的事例和数据，并作精当分析，使文章具有一定的力度。

二、范文阅读

▲模块组合式综合经济总结

×××县经济商务局2013年工作总结

2013年，我县认真贯彻落实省委、省政府提出的"产业发展年、项目落地年、基层服务年"要求，坚定不移地实施工业强县战略，努力克服市场有效需求不足、企业投资意愿不强等不利因素的影响，狠抓工业发展和商贸流通工作落实，各项工作稳步推进。

一、工作成效

(一)工业经济快速增长。2013年完成全部工业总产值370711万元，同比增长32.3%；完成全部工业增加值140943万元，同比增长23.3%，占全县地区生产总值的34.1%；规模以上工业企业10户，实现主营业务收入215384万元，同比增长19.8%；完成规模以上工业增加值101000万元，同比增长26.2%；完成规模以上利税总额39044万元，同比下降17.2%；完成规模以上利润总额19036万元，同比下降25.1%。

(二)民营经济稳步发展。全县民营经济达5252户，同比增长3.5%。其中，私营企业392户，个体工商户4860户；从业人员1.8万人，同比增长4.6%；实现民营经济增加值19.8亿元，同比增长10.4%，占全县GDP的48%；实现税收2.7亿元，同比增长35%，占全县税收的41.5%。民营经济已成为全县经济发展的主要支撑。

(三)节能降耗实现预期目标。通过采取落实责任、推进结构调整、淘汰落后产能、实施技改工程和推广先进节能技术及产品等措施狠抓节能降耗工作，2013年单位GDP能耗下降2.6%。

(四)商贸流通市场繁荣活跃。2013年实现社会消费品零售总额14.2亿元，同比增长13.9%；完成批发业商品销售额12亿元，同比增长18.3%；零售业商品销售额14.7亿元，同比增长16.7%；住宿业营业额1518万元，同比增长13.7%；餐饮业营业额32338万元，同比增长15.8 %。

(五)招商引资工作取得新突破。2013年，我县共实施国内经济合作项目34个，同比增加9.6%；协议总投资132.46亿元，同比上升69%；实际到位资金33.09亿元，同比上升25%。其中，新增项目16个，项目总投资63.2亿元，实际到位资金18亿元；上年结转及续建项目18个，项目总投资69.26亿元，实际到位资金15亿元。引进利用外资201万美元，占任务数200万美元的100.05%。

(六)中心工作圆满完成。一是扶贫挂钩帮扶工作。局领导先后10余次深入挂钩帮扶点——××乡××村委会了解群众生产生活及经济发展情况，帮助群众解决实际困难。二是烤烟生产挂钩工作。2013年，我局挂钩××镇××村小组的烤烟生产。为切实抓好落实，我局帮助解决抗旱资金2000元，抽调干部职工20余人/次，帮助烟农理墒、大田移栽、分级交售等，圆满完成了烤烟生产任务。

二、采取的主要措施

（一）加强领导，把工业经济发展作为全县经济工作的重中之重。为切实加强对全县工业经济发展工作的组织领导，7月，县委、县人民政府成立了由县长为组长、县委副书记和分管工业的副县长为副组长、有关部门主要领导为成员的推动工业跨越发展的工作领导小组，研究全县工业经济产业结构、投资导向、产业发展思路和制定相关配套政策，指导、协调和服务工业企业发展。同时，实行重点企业县级领导挂钩联系制度，由县级领导分别挂钩联系全县18家重点企业，对企业经营发展和项目建设进行跟踪督办，切实帮助企业解决发展中遇到的问题，确保重点企业平稳发展。

（二）抓重点项目，增强工业经济发展后劲。2013年，我县组织实施工业重点项目7个，累计完成投资11.3亿元，推动全县实现固定资产投资达25.1亿元。其中，××××年产10千吨电解镍项目场平已完成，进入施工阶段。年产60万吨硫铁矿制酸项目一期工程已进入设备安装阶段。开工至今累计完成投资10.7亿元；××年产8万吨电解锰项目，职工宿舍办公区项目已基本完成，生产车间和相关配套设施稳步推进，项目累计完成投资11.1亿元；××石材年产200万平方米板材项目已经完成选址和征迁工作。采矿权已于12月中旬进行了招、拍、挂，项目业主已经取得采矿权。截至目前，项目已累计完成投资1270万元。

（三）制定政策措施，促进工业经济持续增长。我县工业经济主要以矿电为主，近年来受国内外有色金属价格下跌影响，企业利润下降，生产积极性受挫。为鼓励企业克服困难，稳定生产，县委、县政府制定了《×××县企业纳税奖励办法》《×××县实施电价奖补促进县域经济持续增长实施方案》等一系列措施，有效推动了全县工业经济持续稳定发展。8月以来，全县冶炼企业满负荷生产，全县冶炼产业实现产值66392万元，同比增长118.9%。

（四）抓园区规划建设，拓展工业经济发展空间。×××（××）边境贸易加工工业园区规划文本已经通过省工信委备案，规划面积15.2平方公里，基础设施建设总投资30.8亿元，到2015年，园区总产值将达到35亿元，并将实现税收5亿元；到2020年，园区工业总产值将超过60亿元，将实现税收15亿元。目前，××—××沿线轻工业、商贸物流产业片区高原农特产品加工园项目已启动，项目预计2015年建成，计划总投资6亿元，国内知名民营企业××××国药有望入园。

三、存在问题和困难

（一）产业结构单一，生产指标受限，工业经济发展潜力下降。我县的工业经济矿电冶占到了70%以上，由于受资源量的限制，无法扩大再生产，加上主要工业产品钨受国家配额指标限制和国家节能减排的压力，致使工业增长后劲不足。

(二)由于产能过剩,有色金属产品价格持续走低,拉动县域经济增长乏力。钨精矿全年平均价格每吨一直在9～11万元之间波动,比去年每吨下降了2万元,影响产值近7000万元。铁合金全年平均价格在6100～6300元/吨之间,平均每吨下降1000元,共影响产值近4000万元。

(三)由于土地资源有限,交通基础设施差,工业项目投资成本大,引进项目难。

(四)由于主要工业产业均为资源型、高能耗产业,争取国家政策资金支持难度大。

(五)由于市场容量小,"三产"发展缓慢。

四、2014年工作思路和措施

2014年的主要工作任务是深入贯彻落实党的十八大精神和县委十二届三次全会精神,坚持工业强县不动摇,扎实推进各项工作任务的落实。实现全部工业总产值增长30%,达到48亿元;全部工业增加值增长14%,达到16亿元;规模以上工业增加值增长8.8%,达到11亿元;规模以上主营业务收入增长6.8%,达到23亿元;规模以上利税总额增长2.4%,达到4亿元;规模以上利润总额增长15.6%,达到2.2亿元;社会消费品零售总额增长16%,达到16.36亿元;引进国内到位资金30亿元以上;实际利用外资200万美元以上。

围绕上述目标,2014年主要抓好以下几方面的工作:

(一)继续抓好重点项目建设,推动工业经济持续发展……

(二)完善政策措施,支持重点企业重点项目发展……

(三)加大工业园区建设力度,促进工业经济多元化发展……

(四)扩大商贸流通,加快市场繁荣稳定……

(五)抓好招商引资,增强地区后发优势……

▲并列分述式综合经济总结

×××市乡镇财政管理局2012年工作总结

2012年,我局在市委、市政府的正确领导下,在上级财政部门的大力支持下,深入贯彻落实科学发展观,围绕自治区、自治州提出的2012年工作要点,提高基层财政干部素质,加强规范化财政所建设,不断强化资金监管和为农服务职能,各项工作顺利推进并取得了较好的成绩。现将全年工作总结如下:

一、规范化财政所建设情况

(一)积极开展培训,不断提升乡财政干部素质。根据今年工作要点我局制订了培训计划,上半年组织开展乡财政系统内部培训班两期,对乡镇财政管理、财务核算、各类涉农补贴政策、微机操作、资金监管台账等业务知识进行系统培训,培训人次50余人,参学率达100%,并制定了严格的培训考勤制度,达到了预期的培训效果。

（二）规范管理，提高效率。今年年初，根据×××市下发的机关效能建设文件精神，结合我局实际成立了机关效能建设领导小组，制定考评办法。统一制定了财务管理及人员管理制度30余项，所内制度建设健全，并统一规范上墙，各类基础资料整理规范，统一入档。干部均戴牌上岗，做到优质服务、文明办公。年初根据工作需要，对六名乡财政所所长进行了合理轮岗，对部分工作人员进行了调整。通过乡镇财政人员竞争上岗、正常流动机制，调动了乡镇财政管理所干部的积极性。

（三）多方筹措资金，改善办公条件。通过财政预算安排、争取上级资金，有计划地组织实施乡镇财政所建设，着力改善办公场所条件。今年新建了××、×××乡镇财政管理所2个，累计投入资金200万余元，新建面积1000.72平方米；投入资金20余万元，为各乡财政所购置了数码相机，更新了电脑、打印机等办公设备。

（四）加强信息建设，不断提高信息报送质量。信息宣传工作可以展示乡镇财政的工作成果和工作亮点，也是各级领导和社会各界了解工作开展的一扇窗口。今年以来我局高度重视信息工作，安排专人做好信息的撰写和报送工作，并将各乡财政所信息报送纳入了年终综合评估。制定了信息报送制度，每所每月不得低于两篇信息，截至目前局机关共报送了50篇信息，乡财政所合计报送了250余篇。同时，保质保量地完成了2011年乡镇基本情况统计表上报工作。

（五）加强内部管理。一是建立健全各项管理制度，规范工作行为。近年来，根据工作职责制定了会计管理制度、会计人员岗位责任制、稽核制度等，约束从业人员行为。二是加强档案管理。统一制定了档案管理、调阅、销毁等制度，并安排专人到市档案局学习，对档案进行分类管理，并进行统一装订、立卷、归档，确保档案安全、完整。三是加强效能建设及廉政建设。对乡财政所工作人员的工作态度、办事效率、考勤等进行每月至少抽查一次。同时各乡镇聘请行风评议员，每月对乡镇站所进行评议打分，乡财政所评议结果均居前列。四是开展职业道德教育和廉政警示教育。今年8月组织全体职工60余人到×××市党风廉政教育基地参观学习，教育职工树立正确的世界观，做到为政清廉、秉公理财。五是积极创新服务方式，设立惠农资金补贴窗口、村财乡管窗口及群众来访窗口，对农牧民申请办理涉农政策咨询、补贴资金发放等服务事项实行“一站式”办结，努力为农牧民群众提供优质、便捷、高效的服务。

（六）积极申报自治区规范化财政所创建工作。按照自治区规范化财政所创建工作要求，我局及时成立了工作领导小组，认真开展了规范化财政所申报工作，××镇、××乡2个财政所成功地创建了自治区规范化财政所。

二、乡镇财政资金监管情况

（一）加强组织领导，明确职责任务。我市高度重视乡镇财政监管工作，先后调整了以常务副市长为组长、乡镇财政管理局局长为办公室主任的乡镇财政资金监管工作领导小组，各乡（镇）也相应组建了由单位行政正职负总责，聘请各站（所）长、村委会主任等相关人员参与监督,乡财政所人员具体抓落实的专项工作领导机构,确保对乡镇财政资金监管工作有力的组织领导。制定资金监管工作实施方案,明确各项资金监管工作制度,同时定期召开资金监管专项工作会议,对实施乡镇财政资金监管过程中遇到的问题进行分析研究,明确今后监管的重点,并以通知的形式将上级指示转发到各乡(镇),并将资金监管工作纳入年度工作目标考核,从而推进了我市乡镇财政资金监管工作的顺利实施,确保监管工作落实到位。

(二)畅通信息渠道,完善资金监管环节。信息通达是落实乡镇财政资金监管工作的关键。市财政局业务科室在下达各乡镇资金通知时,也给乡财局下达一份,乡财局根据实际情况设置检查通知单,对资金实行监管。涉农(牧)资金采取专户专账管理,拨入资金统一进入涉农(牧)资金专户,做到专款专用,杜绝了资金截留、挪用等现象发生。为进一步规范农(牧)资综合直补资金兑付程序,维护农(牧)户的利益,使农(牧)户得实惠,为农(牧)民进行申报补贴制定了农(牧)户申报表,由农(牧)户自行填制并签字,经相关部门审核后,交由所属乡镇财政管理所复核作为补贴兑付依据,经过七天的张榜公示后,乡财所通过"一卡通"形式兑付到农(牧)户手中。同时为了了解财政为农(牧)民服务效率及资金到户情况,所里每月至少安排一次,组织人员,深入村组,倾听民声,详察民意,并将群众反映的问题及时给予解决,尽量做到工作有始有终,确保政策落到实处。

(三)及时开展抽查巡查。抽查巡查是落实乡镇财政资金监管工作的重要手段,对监管实施效果起到重要督导作用,我局积极协调,大力配合,组织实施定期、不定期地抽查巡查,及时发现监管工作中存在的问题并进行纠正,有效防止了违法乱纪现象的发生。一是开展市、乡两级相关部门组成工作组,以电话访问或入户走访等多种形式开展抽查巡查,如实记录抽查巡查情况,并将工作底稿规范入档。二是对各类补助资金的补助对象、补贴面积、兑付金额等相关信息进行抽查巡查,特别是对变动性较大的五保户供养人数、低保户人数、农业补贴面积等,通过不定期抽查巡查方式进行核实。今年5月,我市11个乡镇通过实地丈量、入户调查、张榜公示等形式对小麦种植面积开展了的核查,确保了良种的补贴数据真实有效。截至目前,兑付监管的补助类资金达633个、24667.99万元,抽查巡查补助性资金166个、149次、5881.81万元,兑付监管的项目类资金达194个、16177.96万元,抽查巡查项目类资金68个、92次、7233.27万元。投入村级阵地建设资金1000万元,新建了10个村委会,投资1200万元新建了两个村容村貌亮化工程。

(四)涉农(牧)补贴发放情况。根据国家相关政策及我市的实际情况,涉农(牧)补贴资金统一采取"一卡通"发放制度,保证补助资金及时、安全、便捷地落实到户。截至目前,共计兑付涉农(牧)补贴20项、6986.9万元,其中兑付退耕还林补贴资金1307.07万元、家电下乡补贴资金2672万元、其他涉农(牧)补贴资金3007.83万元。

第三节　专题经济总结

一、写作要点

（一）名称解释

专题经济总结，又称专项经济总结，是对某项经济工作或者经济活动进行专门回顾和评价而写成的文书。

（二）主要特征

1. 单一性

与综合经济总结相比，专题经济总结只针对某项经济工作或者经济活动的过程、成效、经验，内容单一，针对性强。

2. 规律性

专题经济总结着重抓规律，旨在揭示经济实践本质和内在联系的规律性认识，也就是总结经验，因而显得更深刻。

（三）种类划分

1. 按主体分

有国家专题总结、区域专题总结、地区专题总结、行业经济总结、组织专题总结、部门专题总结、个人专题总结。

2. 按内容分

有专题工作总结、专项活动总结。

3. 按功能分

有汇报性专题总结、介绍性专题总结、评估性专题总结等。

4. 按时间分

有定期专题经济总结、不定期专题经济总结。

（四）基本结构

1. 标题

单标题。有四种写法：一是公文式，如《阜城商厦 2013 年财务工作总结》。二是主旨式，如《从落实责任入手　加强企业管理的基础工作》。三是事由式，如《探索企业经营模式创新之路》。四是提问式，如《我们是如何做好售后服务的》。

双标题。由正标题和副标题组成，如《健全管理机制　强化内部监督——长虹灯具厂 2013 年财务检查工作总结》。

2. 正文

前言。写法有交代背景、说明目的和根据、概述情况及成绩、揭示主旨、提出问题等。过渡语常用“现将(或者‘现就’)……总结(或者‘汇报’)如下”“……的主要做法(或者‘体会’)是”等。

主体。各项经济工作或者经济活动都有特定的内容,要根据实际情况确定主旨、选择材料。层次安排主要有:一是把过程、做法、经验、成效等模块组合。二是从认识、做法、经验中确定一个特定角度然后分列几点叙说。三是把该项经济工作或者经济活动划分为几个阶段依次表述。四是按认识的由表及里、由浅入深、由内到外、由分而总或者由总而分的顺序来安排。也可以把以上几种形式综合运用。

结尾。大多指出缺点、表示决心、表达谢意。有时不设结尾。

3.署名

写在标题正下方或者正文右下方。

4.日期

写在正文右下方或者正文后署名下方。可以不设此项。

(五)注意事项

1.创新

每个时期的经济政策各有特点,经济领域内的专题工作和专项活动也各有个性,要把握时代的脉搏,从自身经济实践中发现独具特色的新思路、新做法、新经验、新成效。

2.求深

要运用哲学、经济学等理论对亲历的经济实践进行深入分析,从大量材料中归纳出规律性的东西,总结出具有指导意义和推广价值的典型经验。

二、范文阅读

▲生态建设总结

走绿色发展之路

×××

承德市是毗邻京津的一座美丽山城,因拥有世界文化遗产避暑山庄而闻名,又因生态环境良好而被誉为“华北绿肺”。这里的生态状况,不仅关系当地人民群众的生存和发展,也关系京津水源地的保护和安全。多年来,我们牢固树立尊重自然、顺应自然、保护自然的生态文明理念,坚持打生态牌、走特色路,积极寻求保护生态、发展经济、富裕百姓的结合点,走出一条生产发展、生活富裕、生态良好的绿色发展之路。

一、提高森林覆盖率,筑牢美丽承德之基

美丽承德,绿色是本,发展林业是实现山川秀美的重要途径。承德市地处滦河、潮白河、大凌河、辽河“四河之源”,年均向密云水库提供地表径流3.1亿立方米;向潘家口、大黑汀水库提供地表径流16.3亿立方米，是京津地区的重要水源地。同时，承德市又处于内蒙古科尔沁和浑善达克沙区前沿，是阻挡风沙南侵、保护首都生态安全的重要屏障。多年来，我们坚持以库区周边、风沙前沿、河流源头、荒山荒滩、城镇周围等生态脆弱区、敏感区为重点，精心组织实施退耕还林、京津风沙源治理等生态工程，大力开展人工造林、机械造林、飞播造林、封山育林和全民义务植树造林活动，建成了滦潮河上游水源涵养林、沿边沿坝防风固沙林、低山丘陵水保经济林等五大防护林。2012年全市林地面积达3310万亩，森林覆盖率为55.8%，比1978年增长了32.5个百分点；各县城环境空气质量保持国家二级标准，市区空气质量二级或二级以上天数达350天。为此，承德市荣获国家园林城市、全国绿色城市等多项桂冠，并被列为全国生态文明建设试点。党的十八大提出建设美丽中国的战略目标，承德市围绕着力构建坝上防风固沙林、北部水源涵养林、中部水保经济林、南部经济林的总体目标，科学编制《承德生态文明建设规划》，确定生态治理、生态工业、生态农业、生态旅游、生态文化五大类256项重点工程，力争在"十二五"末森林覆盖率提升到60%以上，为建设美丽承德打牢坚实基础。

二、提高绿色产出率，抓住美丽承德之要

建设美丽中国，不仅要看城市里有多少公园、田野里有多少绿地，更要把生态文明的理念融入经济、政治、文化、社会建设之中，着力提高绿色产出率，实现改善民生、发展经济和保护生态共赢。承德市水资源丰沛，四季分明，昼夜温差大，北方大部分适宜树种均能在这里生长；水土无污染，所产干鲜果品、农副产品品质较好。为此，我们把发展"经济林"确立为农民增收的一项重要产业、建设美丽承德的重要途径。坚持行政推动，将发展壮大经济林果业作为各级党委、政府兴市富民的重要任务，通过制定鼓励政策、无偿提供苗木、给予资金补贴、提供技术保障等手段，全方位进行扶持引导。坚持因地制宜，科学合理布局，优化品种结构，提高综合效益。坚持基础先行，整合林业、水利、扶贫、农业开发等各类资金和项目，大力实施配套服务设施建设。坚持龙头带动，扶持龙头企业和专业合作组织，大力培育林果加工、生态旅游、园林绿化、林下经济等产业，构建山楂、苹果、板栗、杏扁、沙棘、时令水果等生产加工基地，推广林果、林苗、林药、林草间作套种和林下养殖等生态经济模式，真正为农民群众栽下发家致富的"摇钱树"。目前，承德市林地面积和蓄积量已占河北省一半，人均10亩林，其中1亩为果。同时，发展农业标准化基地255万亩，占全市耕地面积50.6%。其中，绿色有机食品基地面积达144.8万亩，建立了农产品质量可追溯体系，打造绿色有机农产品品牌。

三、提高资源利用率，打造美丽承德之本

党的十八大报告明确指出："节约资源是保护生态环境的根本之策。"提高资源利用效率和效益是节约资源的根本途径；加快产业升级、转变发展方式、优化产业布局是节约集约利用资源的必然要求。为此,我们在努力促进优质资源高效转化中打造美丽承德。

生态旅游资源丰富是承德市最大的资源优势,但过去旅游内容单调,项目分散,资源开发组合不好,相互之间缺乏协调配合,导致生态资源利用效率和效益不高。为用足、用好、用透优势资源,提升、放大资源的整体效应,我们将良好的山水、草原、冰雪等生态资源开发与山庄外庙、金山岭长城等世界文化遗产保护融合一起,与皇家、佛教、民俗文化开发融合一起,用现代的、休闲的配套项目包装承德避暑山庄及外八庙、金山岭长城、坝上草原等旅游资源,将现代健康产业、高端休闲项目融入高山、森林、草原、温泉等生态资源,加快建设滦平金山岭长城、避暑山庄及周围寺庙、隆化温泉、木兰围场、丰宁京北草原等五大精品旅游区,丰富冬季型、参与型、休闲型旅游项目内容,推动一季游向四季游转变。2012 年共接待境内外游客 2010 万人次,旅游总收入 162 亿元,分别比上一年增长了 18.2%和 28.6%。

承德市拥有金、银、钒、钛等大量稀缺、战略资源,其中钒钛磁铁矿资源居全国首位。为高效合理开发矿产资源,我们大力推进矿产资源整合,组建成立 50 个铁矿集团(公司),积极推进提钒、提钛、提磷技术改造,加强钒电池、钛合金等高端产品技术研发,着力建设以钒钛磁铁矿资源为基础的综合利用与高端深加工产业体系以及京北清洁能源基地,不断提高各类资源的综合利用水平,努力打造绿色矿山。

在农业方面,我们通过农业废弃物资源化再利用,大幅降低资源能源消耗强度,形成了"刺槐林—食用菌原料—食用菌—食用菌废弃物—畜禽养殖—畜禽粪便—沼气池—沼渣、沼液—还田做肥料"的绿色产业链,极大地提高了农业、农村的资源利用率,美化、净化了农村生态环境。

四、提高生态文明普及率,放大美丽承德之效

建设美丽承德,不仅仅是植树种草,最终目的是促进人与自然协调发展、共生共荣,其中一个重要方面是人民群众生态理念的养成和文明素养的提升。为此,我们把提高公众科学文化素养和生态文明意识纳入道德建设体系,以创建全国生态文明城市为契机,广泛开展各种形式的宣传教育活动。把人民群众对生态环境和美好生活的新要求和新期待作为推进美丽承德建设的根本出发点和落脚点,不断提升教育、文化、卫生等社会事业水平。在全市组织开展城乡环境综合整治,广泛利用农村地区丰富的秸秆和枝柴资源,发展"木煤"加工项目,推广太阳能、生物质能等绿色能源应用,改变传统落后生产方式。引导公众自觉抵制奢侈消费、铺张浪费行为,逐步形成人人热爱生态环境、人人参与生态建设、人人维护生态成果的浓厚氛围,不断增强全社会绿色消费意识。

(本文引自《求是》2013 年第 20 期)

▲信贷工作总结

金融为创业者撑起一片蓝天

——中国人民银行××市中心支行小额担保贷款工作总结

小额担保贷款是一项促进全民创业、惠及亿万百姓的民生工程。近年来，在上级领导的关心下，我行认真履行基层“央行”职责，始终坚持“金融扶弱”的理念，积极探索创新小额担保贷款工作，持之以恒建机制、搭平台、强管理、抓服务，推动创业促进就业取得实效。小额担保贷款工作一直走在全省前列，实现跨越式发展，形成独具特色的民生金融“品牌”。

一、做法

(一)把握“三个环节”

一是政策引路。针对社会就业、创业难的严峻形势，主动会同人社、财政、妇联等相关部门，先后出台了《××市促进就业小额贷款工作方案》《××市小额担保贷款操作细则》《××市小额担保贷款财政贴息资金管理办法》等一系列规范性文件，全力优化民生金融政策环境。

二是活动领路。把民生金融与中心支行新一届党委班子以“金融走进经济、机关走进基层、领导走进人心”为主要内容的“三走进”主题活动相结合，全面启动“小额贷款进村入社区”“民生信贷基层行”“创业富民金融创新”三大工程。今年4月6日，在××举办了大规模的妇女创业小额担保贷款启动仪式，采取女子骑行队、现场签约、产品推介等形式，与群众面对面谈话、心贴心交流，实打实地为群众解决创业融资难题。

三是调研铺路。结合辖区创业意愿十分强烈但启动资金普遍不足的现状，依托中心支行“七网平台”建设，以日常监测、问卷调查、QQ群、座谈会等渠道方式，加大对城乡创业人员金融服务调查摸底力度，深入了解全民创业资金需求状况。按照当前“稳增长、调结构、惠民生”的迫切要求，确定了全年小额担保贷款“保四争五”的目标，即新增贷款4亿元、力争发放5亿元。

(二)创新“三项机制”

一是促联动，创新工作机制。建立人行、人社、财政等多部门联席会议制度，推动人社、财政联署办公，严格人社、财政、经办行“三堂会审”，加大对小额担保贷款的管理、监督、审核和发放力度，充分调动各方面的积极性和主动性，形成合力。

二是抓绩效，创新考核机制。联合人社、财政部门对经办行推行目标管理考核，此举开创了全省先河。重点考核贷款发放时效、到期贷款回收率、工作责任心、基础台账等方面，按月监测、按季通报、按年总结。同时，严格落实半年回访制度，着力强化激励约束作用，努力防范和控制信贷资金风险……

三是求特色，创新投入机制。强化信贷政策导向效果评估，对支持“创富”成效突出的地方法人金融机构，优先给予信贷规划定向支持，通过再贷款、再贴现、差别存款准备金政策提供流动性支持。我行加大对本市民生金融领域信贷规划的倾斜力度，增加指标专门用于拓展小额担保贷款……

（三）确保“三个到位”

一是组织保障到位。中心支行成立了由“一把手”××任组长，分管副行长×××任副组长，货币信贷科、办公室、金管办、调统科等部门主要负责人为成员的民生金融工作领导小组，办公室设货币信贷科，负责小额担保贷款日常管理工作。选拔一名优秀女干部到辖内××支行任职，驻点督办、专职推动××妇女创业贷款工作。

二是舆论宣传到位。利用政府门户网站、现场会、报纸、电视、银行网点、街头公益灯箱等有效载体，加大业务宣传和扶持力度，扩大覆盖面和影响面，推动富民政策深入人心。以创建全省首批创业型城市为契机，联合人社局在《××日报》开辟“小额担保贷款、成就创业梦想”专栏，采取“每周一星”方式，重点推介了35个扶持成功的创业典型。随着“培树”活动的不断深入，辖区金融支持全民创业的氛围正日益浓厚。

三是业务培训到位。认真落实国家创业富民战略部署，采取集中培训、办班学习等形式，持续推动对经办行的政策辅导、业务指导和金融服务。会同人社、财政、妇联多次成功举办小额担保贷款及再就业政策培训班，开通“创业培训直通车”，确保各级各部门工作人员“吃透政策”“学会操作”，激发广大劳动者的创业热情。据统计，近年来全辖区共轮训相关人员达××人次，受到广泛好评。

二、成效

（一）创业惠民，迸发“活力”

截至8月末，全市累计发放小额贷款突破××亿元大关，成功扶持近万人创业，带动或稳定近××万人就业；贷款余额××亿元，总量居全省第二……

（二）金融创新，推进“内力”

小额担保贷款扶持创业、促进就业，助推金融创新高潮迭起。各经办行普遍设立了小额贷款中心，采取优先审批、优先发放、优先提款“三优”政策，开辟信贷“绿色通道”。积极推动金融产品和金融服务创新，探索推出“信用社区＋创业培训＋小额担保”“小额担保贷款＋油茶林种植”“妇女创业＋小额担保＋林权抵押＋油茶林”“富民创业＋小额联保贷”“事业顺”等信贷模式和信贷品种，发放“闪耀青春”青年创业贷款，推动农村青年信用示范户建设，为辖区城乡居民和小微企业、个体工商户提供优质高效的金融服务，实现了多赢效应。

（三）助推经济，彰显“动力”

在小额担保贷款政策的倾情引导和大力扶持下，辖区创业致富呈现出铺天盖地之势，为推进“四化两型”建设注入了勃勃生机，财政收入、工业纳税销售等主要经济指标三年翻番，文化、油茶等朝阳产业逐步成为当地促进经济转型的突破口，拉动社会上百亿的投资，带动了人民生活水平的大幅度提高。目前我市综合实力跃居全省第一方阵，GDP连续3年保持××%以上的增速，人均纯收入年增幅达到××%以上。全民创业最为活跃的××、××县2011年入选全省20个经济强县市。

三、启示

启示一：全民创业——核心是落实，关键在实干

如何发挥小额担保贷款促进全民创业的最大效益，是我们一直认真思考的重要课题。通过实践，我们深刻体会到用心血和汗水践行“金融扶弱”理念，在实干中落实，在苦干中发展，在巧干中创新，小额贷款“保四争五”的目标才能早日实现，打造创业之城、推进创业富民的美好蓝图才能成为现实。明确目标把关键，真抓实干促民生。当前，要紧扣××市创建全省首批创业型城市的目标，着重在提高自身履职能力上下功夫，在整合民生金融资源上下功夫，在增强干部队伍素质上下功夫，抓难点、攻难关、破难点，鼓励和引导金融支持全民创业，切实解决创业者资金瓶颈，努力打造扶持创业、促进就业“××模式”，更大限度地惠及城乡创业人群，更大程度地推动金融支持创业、促进就业，打造魅力“×城”一张崭新的“名片”。

启示二：民生推进——担保要到位，政策促发展

小额担保贷款，顾名思义要抓好担保，完善财政支持创业再就业机制，有效放大小额担保贷款拉动就业的“倍增效应”，才能让更多的群众受益，确保小额担保贷款真正成为“民心工程”。近年来，为缓解担保基金规模小、小额担保贷款需求大的矛盾，我们提请市委、市政府以文件形式明确小额担保基金扩贷倍数，按“存一贷十、风险七三分担”的原则，严格落实部门责权利对等责任制度，对促进民生金融政策的落实发挥了“定海神针”的作用……

启示三：金融助力——创新求突破，同心出机构

××县开展金融综合服务创新改革试点，为破解当地烟农种植、农民创业、乡镇小微企业贷款难做出有益尝试。对于创业者而言，要尽最大努力在困难中寻找机遇，谋求最大发展，成为推动“四化两型”建设的主力军，争当科学发展的排头兵。

小额担保贷款工作是全社会的一项福祉工程，功在当代、利在千秋。今后，我们要认真贯彻落实党和国家关于民生金融的方针政策，学习借鉴兄弟单位的先进经验，进一步转变思想观念，进一步增强民生意识、突出金融创新、提升履职成效，完善机制，强化措施，树立形象，促进和谐，继续做大做强做优小额担保贷款工作，不断掀起全民创业新热潮，努力开创××跨越式发展新局面。

中国人民银行××市中心支行

201×年×月×日

第四章　经济调查报告

第一节　经济调查报告概述

一、写作要点

（一）名称解释

经济调查报告，又称经济调研报告，是就某一经济情况或者某个经济问题进行深入调查，对所得材料认真分析后写成的文书。

（二）主要特征

1.针对性

经济调查报告是为提出或者回答人们所关注的经济情况及问题而撰写的，有关组织、部门和人员展开调查研究，然后加以具体叙说、深刻阐述，显得目标明确、内容充实、文笔有力。

2.规律性

经济调查报告的写作目的在于以点带面，指导经济工作。它对大量事实进行分析综合，从而揭示经济规律，这些规律具有普遍的指导意义。

3.新闻性

经济调查报告有很强的新闻特点，及时反映经济工作中的新情况、新动向、新经验、新问题，并对亟待解决的各种问题提出相应对策。

（三）种类划分

1.按范围分

有宏观经济调查报告、微观经济调查报告。

2.按内容分

有经济概况调查报告、经济管理调查报告、经济业务调查报告等。

3.按性质分

有综合调查报告、专题调查报告。

4.按写法分

有文章式调查报告、图表式调查报告、综合式调查报告。

(四)基本结构

1.标题

单标题。主要有四种写法:一是公文式。包括作者、事由、文种;对象、事由、文种;事由、文种;对象、文种等。如《2012年中国农村状况调查报告》《关于构建和谐城管的调研报告》。二是主旨式。揭示全文主旨,如《生活中的辐射并不可怕》。三是事由式。概括主要内容,如《"百年长安"的艰难蜕变之路》。四是提问式。提出某个问题,如《古城镇,收费知多少?》。

双标题。大多是正标题和副标题,其中正标题揭示主旨、意义或者提出问题,副标题说明调查的对象、内容和文种,如《从木头经济到生态经济——福建省建宁县生态建设调查》。近年来也出现引题和正标题的写法,其中引题说明背景和意义,正标题揭示主旨或者事由,如《减少现金交易,推广网络发票,压缩虚开金额的空间　发虚的发票实起来》。

2.正文

一般由以下几个部分构成:

前言。主要有下列写法:一是概述式。简介调查本身的情况,如调查的目的、时间、地点、单位或者人员、对象、方法;概说调查对象的情况,如自然条件、基本情况。二是提问式。提出一个人们普遍关心的问题,引起读者的兴趣和思考。三是结论式。交代结论,以总提下文。无论采取哪种写法,都要力求简要、新颖。

主体。对有关事实进行具体叙说和深入分析。层次安排有以下几种方式:一是纵式结构。可以按事情的发生、发展的先后顺序组织材料,线索单一,脉络分明;可以按调查的过程逐一叙写,显得完整清晰;还可以按提出问题—分析问题—解决问题的认识过程安排材料,由浅入深,推出结论。二是横式结构。按照事实内部或者外部的联系,进行分别归类,把材料分成一个问题的若干方面或者并列的若干问题,从不同的角度去叙说。从内容上看,这些并列的项目大多是各项工作、各类看法或者意见、各种因素或者规律、各方面经验和教训;此外还有对比式的特例,即把截然对立的两种事物放在一起进行对比,先正后反或者先反后正,泾渭分明,效果突出。从形式上看,上述内容大多先提炼出一个观点作小标题或者段首主旨句,有时还标出序数。这样,从内容到形式都显出条理性。三是纵横交错式结构。把上述两种结构方式交叉运用,既有纵的时间或者层递顺序,又有横向的分门别类安排,形成纵横穿插的多向结构,它用于内容丰富、篇幅较长的经济调查报告。

结尾。常见的写法有:归纳主旨,以卒章显志;括应全篇,给人一个总括的印象;展望未来,预示发展前景;提出新问题,启发读者思考;提出建议,有利于进一步做好工作；补充事项，使内容更加完整。在表达上，或者概述，或者条陈。当然，有时不单设结尾。

3. 署名

大多在标题正下方写组织、部门、调查组名称或者个人姓名，有时放在正文右下方或者封面。以组织、部门、调查组名义发表的调查报告，可以把相关名称写在标题正下方、把执笔人姓名写在正文后。

4. 日期

多数经济调查报告不写日期。如写，把它置于正文右下方或者正文后署名下方或者封面上。

5. 附件

包括有关统计图、统计表等，放在文章后。

此外，篇幅较长的经济调查报告加封面、列目录。

（五）注意事项

1. 调查要深入

调查是经济调查报告写作的基础。要在基层单位和资料室、实验室进行一番艰苦细致的调查，采取普遍调查、非普遍调查的方法以及观察法、访问法、问卷法、文献法、实验法等具体方式，从而获得丰富、新颖、生动的材料。

2. 研究要认真

要对所得材料进行认真分析，从中找出规律性的东西。研究方法包括以统计分析为主的数学方法以及比较与分类、归纳与演绎、分析与综合、抽象与具体、证明与反驳等逻辑方法，应该灵活运用。

3. 表达要恰当

通过先叙后议、先议后叙、夹叙夹议等表达方式的使用，做到观点与材料的和谐统一；运用通俗易懂、生动活泼的大众语言，增强平易性和感染力。

二、范文阅读

▲新生事物调查报告

盖房子，不见灰尘滚滚

××

只见高楼起，不闻轰鸣声

6月5日，在沈阳×××××住宅项目施工现场，只见工人们借助大型机械，熟练地将“配件”装配房屋；以往的现场水泥搅拌、灰尘滚滚，几乎都不见了踪影。

2011年1月31日，住房城乡建设部批复沈阳市为全国首个国家现代建筑产业化试点城市，×××××项目即为沈阳住宅产业化示范项目。这些现代建筑咋建的？

发展现状如何？请看记者调查。

工厂造零件　工地搞安装

把建筑需要的墙体、叠合板等预制构件，在企业车间按标准生产好，将预制件在施工现场装配；像造汽车一样造住宅“零部件”；像安装积木一样安装房子；生产工地变为“总装车间”——这就是住宅工业化。

楼房如何从工厂里走出来？

××集团沈阳××建筑工业有限公司是目前沈阳最大的现代建筑企业。6月6日，在公司车间里，记者看到，混凝土被灌制在固定有钢筋、保温板的模具中。在混凝土凝固前贴好瓷砖，一段时间后再拆解模具，就这样按设计标准，一个个柱、梁、楼板、阳台、楼梯的预制件丝毫不差地从生产线上产出。然后运出车间，由大型龙门装到车上，驶往一个个建筑工地。

公司常务副总经理××介绍，“这种方式攻克了以往东北冬季不能施工的弱点。此外，预制墙体在生产时直接把保温层夹在了中间，不像传统施工把保温材料贴在墙体外面，从而避免了外墙燃烧引发的火灾。”

×××××项目是沈阳第一个住宅工业化的示范点。公司总经理××介绍，建筑由培训过的工人进行吊装拼接，造房子所需部件大部分在工厂里完成，砌砖、抹灰等传统步骤大幅减少，没有了传统施工的噪声和灰尘。现代建筑模式能减少80%建筑垃圾，节省80%的劳动力，节约水电60%。

××说，传统建筑的连接处多是薄弱环节，而这种装配的房屋，连接处多用套筒、钢筋咬合等方式，成为受力增强处，因而抗震性好。而且，由于全部是标准化生产，以往窗户和墙体连接处缝隙过大等误差大幅减少，质量更加稳定。以往只能是全楼封顶后统一进行装修，现在可以装配一层装修一层，施工工期缩减1/3。

在沈阳××区××街××号，记者看到工人新村三期项目已竣工。这个保障房项目使用了上海宝钢钢结构技术，这在东北还是首次。“与传统的砖混合钢筋混凝土结构住宅相比，××新村三期的钢结构住宅具有节能、环保、占用资源少且抗震性能好等特点，工业化生产、标准化安装，施工工期能缩短近一半。”

减落后生产　住宅产业化

“建筑工业化，现代建筑产业是不可逆转的趋势，沈阳在全国先走了一步。”沈阳××大学校长××如是评价。

据专家介绍，建筑工业化、住宅产业化，在发达国家已是行业标准。瑞典80%的住宅采用“通用部件”；法国住宅基本采用通用构配件制品和设备；日本是世界上率先在工厂里生产住宅的国家，轻钢结构的工业化住宅约占工业化住宅的80%左右；美国住宅建筑市场住宅用构件和产品的标准化、系列化几乎达100%。

反观我国，建筑产业几乎是落后生产方式和管理方式的代名词。作业条件艰苦、待遇低、利润薄、环境污染大……据测算，我国住宅建设能耗占全国总能耗的20%左右，施工过程中的噪音、粉尘污染较大。

直到1999年，我国才第一次提出住宅产业现代化的概念。2006年6月，国家住宅产业化促进中心提出建立国家住宅产业化基地。

××认为，目前，城市化率刚刚达到50%以上，2020年城市化率要达到60%以上。建筑产业市场广大，谁能更快地走建筑产业新兴工业化道路，谁就能抢先一步赢得商机。

沈阳市××××产业办公室副主任××介绍，现代建筑产业不仅是装配房子，还包括市政基础设施标准化、产业化工程等，不仅涵盖钢材、陶瓷等建材领域，还包括集成式墙体(幕墙)、电梯制造、工程机械、装备制造等多个产业，产品种类达上万种。

2009年，沈阳市委、市政府做出了大力发展现代建筑产业、全力打造现代建筑产业之都的重大战略部署。按规划，到2020年，实现现代建筑产业产值6000亿元，全市80%的建筑工程采用现代建筑产业化方式建设。目前，沈阳已形成××、××、××、××××等四个现代建筑产业园区，形成了以沈阳为核心、辐射沈阳经济区各城市的发展格局。

配套产品滞后　成本制约发展

现代建筑产业优势多，为何不大范围推广？

“主要是装配式建筑的规模效应、带动效应尚未形成，建设成本高，钢结构、全装修、整体厨卫等建筑部品和配套产品应用相对滞后。”沈阳××××产业办公室主任×××介绍。

“现在的困难主要有两方面：一是成本，二是税负。”××分析。由于应用规模相对较小，企业产能不能充分释放，成本居高不下。“目前我们每立方米价格在3600元，比房地产开发商使用传统的现场浇筑方法高10%左右。在现场施工，企业只有一个建安税大概3%左右，而在车间当作工业半成品来生产，我们必须缴纳17%的增值税，这就造成了重复收税。以1000万元的货计算，我们要多交八九十万元的税。”

为推动现代建筑产业发展，2011年以来，沈阳规定保障性公租房项目全部采用装配式建筑技术。从地铁××新城5000套公租房建设任务开始，2011年沈阳采用装配式建筑方式建设了1万套保障性公租房，2012年沈阳采用此模式再建1万套公租房。政府投资公共建筑如全运会安保中心、××区市民服务中心、××新区××大厦、××区××××创造中心等大量采用“全装配”。截至2012年底，沈阳已累计开工现代建筑产业化工程330万平方米。

今年5月，沈阳市下文规定：二环内(基本涵盖沈阳主城区)新开工项目要强制推行装配式建筑和全装修模式。今年，沈阳市政府投资项目、公共建筑、经济适用房和回迁房采用装配式建筑技术，新开工现代建筑产业工程建筑面积600万平方米以上，占新开工面积的20%，产值实现1500亿元。

为调动企业积极性，沈阳出台了《关于加快推进现代建筑产业化发展的实施意见》等多项激励政策，其中包括容积率的补偿机制。“目前建设成本不断降低，已与传统混凝土现浇建筑成本基本持平。在规模化形成之后还将降低现代建筑建设成本，最终体现出优势。”×××说。

（本文引自《人民日报》2013年6月23日）

第二节　经济概况调查报告

一、写作要点

（一）名称解释

经济概况调查报告，又称经济情况调研报告，是针对某个区域及地区、某一阶层、某种行业或者某一方面的经济情况，进行比较系统深入的调查分析写成的文书。

（二）主要特征

1.概貌性

这种调查报告侧重于勾勒经济概貌，涉及经济生活的各个方面，范围广泛、内容丰富，便于人们了解有关基本情况、特点及实质。

2.参考性

这种调查报告对经济概况进行调查分析，得出结论，提出建议，因而有重要的参考价值，不仅成为领导机关制定经济工作的方针政策和发展规划的重要依据，也为有关部门和人员的科学研究提供基础资料。

（三）种类划分

1.按主体分

有国家经济概况调查报告、区域经济概况调查报告、地区经济概况调查报告、行业经济概括调查报告等。

2.按范围分

有宏观概况调查报告、微观概况调查报告。

3.按行业分

有农业概况调查报告、林业概况调查报告、工业概况调查报告、交通概况调查报告、商务概况调查报告等。

（四）基本结构

1.标题

单标题。主要有三种写法：一是公文式，如《中国中产阶层调查》《中国消费文化调查报告》。二是主旨式，如《走出“富裕下的贫困”》。三是事由式，如《藏区发展旅游业对群众思想观念的影响》。

双标题。由正标题、副标题组成，如《流动中绽放的青春——部分进城务工妇女生活状况调查》。

2. 正文

前言。一般概述调查本身或者调查对象的基本情况，有时提出问题或者交代调查结论。

主体。在内容上，大多包括情况、分析、建议，也可以把情况与分析合并。其中，情况是基础，或者把有关情况列几个项目逐一叙写，或者以历史、现状为序述说，或者按简况、成绩、问题来表述；分析是重点，指出现象产生的背景、原因、实质及影响；建议是归宿，针对有关问题提出改进措施。在结构上，有纵式、横式、纵横交错式几种形式，篇幅长可分为篇章、章节或者几个部分，篇幅短多是逐项或分段说明。

结尾。如果前言未写结论、主体没提建议就在结尾说明，有时还预测发展前景或者补充有关事项。可以不单设结尾。

3. 署名

写在标题正下方或者正文右下方或者封面。

4. 日期

根据实际情况考虑是否设此项。

5. 附件

如有附件，放在文章后。

此外，篇幅较长的经济概况调查报告还有封面和目录。

（五）注意事项

1. 覆盖广

经济概况调查报告有很大的覆盖面，应该制订详细的调查计划，运用多种方法广泛地搜集材料，然后进行认真整理，用允分典型的材料反映经济全貌。

2. 发掘深

在写作中不能只是写事例、列数字，还要运用定性分析、定量分析等方法，深刻揭示经济活动的规律。

二、范文阅读

▲区域经济调查报告

赣南等原中央苏区经济社会发展状况调研报告

赣南等原中央苏区是中国共产党在土地革命战争时期创建的以瑞金为中心、地跨赣、闽、粤三省广大地区的中央革命根据地，是全国苏维埃运动的中心和大本营，是中华苏维埃共和国党政军首脑机关所在地，是人民共和国的摇篮，是苏区精神的发源地。在领导创建赣南等原中央苏区和艰苦卓绝的苏维埃斗争运动的实践中，毛泽东同志把马克思主义普遍真理同中国革命具体实际相结合，进行深入思考和创新实践，先后撰写了《星星之火，可以燎原》《反对本本主义》《关心群众生活，注意工作方法》等光辉篇章，提出了"实事求是、群众路线、独立自主"重要理论，找到了符合中国现实的中国革命道路。

新中国成立后，赣南等原中央苏区人民依然以革命战争年代的真情、热情，无私地支援着国家建设。江西赣南被誉为"世界钨都""稀土王国"，20 世纪 60 年代初国家三年困难时期，赣南钨砂大量出口创汇，为国家偿还外债、渡过难关做出了重要贡献。新中国成立后以来的 60 年赣南累计开采钨精矿 130 万吨，占全国一半以上；累计开采稀土 25 万吨，占全国中重稀土总量的七成以上，有力地支持了国防建设和国家经济发展。赣南等原中央苏区森林资源丰富，建国初期被列为全国调运木材的重点地区，并修建了森林铁路专门外调木材。仅赣南苏区就累计为国家提供统配木材 2450 万立方米、毛竹 8718 万根。由于长期被过度砍伐，森林面积锐减，水土流失严重，其中 1975—1982 年 7 年间，赣南林地面积减少 257 万亩，荒山面积增加 183 万亩，水土流失面积 1678 万亩，占林业用地面积的 37.8%。在资源大量输出的同时，历经战争深重创伤的赣南等原中央苏区，经济基础薄弱，加上地域偏远、经济欠发达，苏区的主要劳动力大量外出到沿海发达地区。仅 2011 年，赣南等原中央苏区跨省输出劳务 185.19 万人，占乡村从业人员的比重达 33.7%，为国家经济建设做出了贡献。

但是，与全省和全国的发展相比，赣南等原中央苏区仍是全国较大的集中连片特殊困难地区，经济发展基础依旧十分薄弱，总体发展水平低、发展差距拉大、群众生产生活条件差、社会事业发展缓慢等问题仍未得到根本性改变，脱贫致富实现全面小康的任务还很艰巨。主要存在以下突出问题：

1.总体发展水平较低……

图 1:2011 年赣南等原中央苏区县和全省、全国主要人均指标对比(略)

2.发展差距不断加大……

3.经济发展基础薄弱……

4.基础设施建设滞后……

5.社会事业发展缓慢……

赣南等原中央苏区发展缓慢的原因分析：

1.生产要素流失，发展的内生动力不足……

2.交通条件闭塞，发展潜力得不到充分发挥……

3.政策扶持力度不足，缺乏有利有效的发展条件……

加快赣南等原中央苏区振兴发展，有利于优化区域发展布局，打造区域经济发展新的增长点；有利于更好地推动国家集中连片特困地区扶贫攻坚计划实施，缩小区域差距；有利于促进生态环境与经济建设协调发展；有利于发挥区域资源优势，实现经济社会可持续发展。让苏区人民过上更加富裕幸福的生活，是对我们党光辉历史最好的回顾，是对革命先烈最好的纪念，是对苏区人民最好的回报，也是各级党组织和广大党员干部坚持执政为民、践行党的根本宗旨的具体实践。

1. 加大政策扶持力度，创造良好的发展环境……

2. 加快产业升级，提升产品核心竞争力……

3. 构建区域中心城市，充分发挥大城市的辐射带动作用……

4. 继承苏区传统，大力发展文化产业……

5. 建立科学合理的统计监测系统，及时跟踪监测赣南等原赣南等原中央苏区发展状况……

▲阶层状况调查报告

关于新生代农民工问题的研究报告

全国总工会新生代农民工问题课题组

农民工是改革开放进程中成长起来的一支新型劳动大军，是我国现代产业工人的主体和现代化建设的重要力量。近年来，农民工中的新生代群体越来越受到党和政府以及社会各界的广泛关注。2010年中央一号文件《关于加大统筹城乡发展力度进一步夯实农业农村发展基础的若干意见》明确要求，采取有针对性的措施，着力解决新生代农民工问题。为认真研究新生代农民工问题，并为解决好他们的实际问题提出切实可行的意见和建议，全国总工会成立了由中国工运研究所、全国总工会研究室、基层组织建设部、保障工作部等部门参加的新生代农民工问题研究课题组。今年3—5月，课题组先后赴辽宁、广东、福建、山东、四川等省的10余个城市，就新生代农民工问题进行深入调研，并在广泛收集文献资料的基础上，形成此研究报告。

在本报告中，新生代农民工系指：出生于20世纪80年代以后，年龄在16岁以上，在异地以非农就业为主的农业户籍人口。本报告所用的数据资料，大部分来自国家各部委公布的统计数据，另有一部分来自当前关于新生代农民工问题研究的调查数据。

一、新生代农民工概况与基本特征

（一）新生代农民工问题是传统农民工问题的延续和发展

农民工问题是我国城镇化、工业化和城乡二元经济社会结构下政治、经济、社会体制等多种因素的综合性产物，是与农民工现象相伴生并不断凸显的社会问题。新生代农民工是在改革开放下成长起来的新一代群体，新生代农民工问题是传统农民工问题在新阶段的延续、体现和发展。随着改革开放以来我国工业化、信息化、城镇化、市场化、国际化程度的不断提高，他们的就业和生活环境相对传统农民工有了很大改善，对工作和生活有更高的、不同的要求；但在城乡二元社会体制没有彻底打破之前，在劳动力市场供大于求的就业结构下，他们与传统农民工有着类似的社会境遇，面临一些共同的基本社会问题。总之，这个群体的出现对我们解决农民工问题提出了与时俱进的新要求。

（二）新生代农民工的概况

1. 新生代农民工占外出农民工的六成以上，在经济社会发展中日益发挥着主力军的作用……

2. 平均年龄 23 岁左右，初次外出务工岁数基本上为初中刚毕业年龄……

3. 近 80％的人未婚……

4. 受教育和职业技能培训水平相对传统农民工有所提高……

5. 在制造业、服务业中的就业比重有所上升，在建筑业中的就业比重有所下降……

6. 成长经历开始趋同于城市同龄人……

（三）新生代农民工的四大特征

新生代农民工作为农民工中的新生群体，一方面，因其与传统农民工同处城乡二元经济社会结构中，面临共同的社会境遇，自然潜移默化了这一群体共有的一些特征。另一方面，又因其出生成长于改革开放、社会加速转型的时代背景下，而明显带有不同于传统农民工的时代烙印，同时他们所处的特殊人口年龄阶段又使其身上呈现出同龄青年共有的人格特征。概括地说，新生代农民工身上呈现出四大群体性特征——时代性、发展性、双重性和边缘性。

时代性的体现：新生代农民工处在体制变革和社会转型的新阶段，物质生活的逐渐丰富使他们的需要层次由生存型向发展型转变；他们更多地把进城务工看作谋求发展的途径，不仅注重工资待遇，而且也注重自身技能的提高和权利的实现；大众传媒和通信技术的进步使他们能够更迅捷地接受现代文明的熏陶，形成多元的价值观与开放式的新思维，成为城市文明、城市生活方式的向往者、接受者和传播者。

发展性的体现：新生代农民工年龄大多 20 岁出头，其思维、心智正处于不断发展、变化的阶段，因此外出务工观念亦处于不断发展、变化中，对许多问题的认识具有较大的不确定性；他们绝大多数未婚，即将面临结婚、生子和子女教育等问题，也必然要承接许多可以预见及难以预见的人生经历和变化；他们大多刚从校门走出 3～5 年，虽然满腔热情、满怀理想，但是，职业经历刚刚开始，职业道路尚处于起点阶段，在职业发展上也存在较大的变数。

双重性的体现：他们处于由农村人向城市人过渡的过程之中，同时兼有工人和农民的双重身份。从谋生手段来看，靠务工为生，重视劳动关系、工作环境，看重劳动付出与劳动报酬的对等，关注工作条件的改善和工资水平的提高，具有明显的工人特征；但是受二元体制的限制，他们的制度身份仍旧是农民，作为农民的后代，也不可避免地保留着一部分农民的特质。

边缘性的体现：新生代农民工生活在城市，心理预期高于父辈、耐受能力却低于父辈，对农业生产活动不熟悉，在传统乡土社会中处于边缘位置；同时，受城乡二元结构的限制与自身文化、技能的制约，在城市中难以获取稳定、高收入的工作，也很难真正融入城市主流社会，位于城市的底层，因此，在城乡两端都处于某种边缘化状态。

二、新生代农民工的观念转变

新生代农民工与传统农民工在观念上存在一些明显差异，概括起来，集中体现为“六个转变”。

（一）外出就业动机从“改善生活”向“体验生活、追求梦想”转变……

（二）对劳动权益的诉求，从单纯要求实现基本劳动权益向追求体面劳动和发展机会转变……

（三）对职业角色的认同由农民向工人转变，对职业发展的定位由亦工亦农向非农就业转变……

（四）对务工城市的心态，从过客心理向期盼在务工地长期稳定生活转变……

（五）维权意识日益增强，维权方式由被动表达向积极主张转变……

（六）对外出生活的追求，从忽略向期盼精神、情感生活需求得到更好的满足转变……

三、新生代农民工面临的主要问题

新生代农民工作为农民工的一部分，与传统农民工面临着一些共同的问题。比如：工资拖欠、劳动合同签订率低、社会保障水平较低、职业健康安全保障不足等基本劳动权益保障问题。同时，由于具有不同于传统农民工的新特征和新诉求，新生代农民工面临的问题又有其特殊性。

（一）工资收入水平较低、务工地房价居高不下，是阻碍其在务工地城市长期稳定就业、生活的最大障碍……

（二）新生代农民工的教育程度和职业技能水平滞后于城市劳动力市场的需求，是阻碍其在城市长期稳定就业的关键性问题……

（三）受户籍制度制约，以随迁子女教育和社会保障为主的基本公共需求难以满足，是影响其在城市长期稳定就业和生活的现实性、紧迫性问题……

（四）职业选择迷茫、职业规划欠缺、学习培训的需求难以有效实现，是阻碍其实现职业梦想不可忽视的因素……

（五）情感、精神的强烈需求不能很好地满足，是困扰他们的首要心理问题，也是在现实生活中最少得到关注的深层问题……

（六）劳动合同签订率低、欠薪时有发生、工伤事故和职业病发生率高等劳动权益受损问题，是其亟须解决的突出问题……

四、对策与建议

党和政府对农民工问题始终高度重视，近年来出台了《国务院关于解决农民工问题的若干意见》等一系列政策措施，农民工工作取得了重要进展。随着我国进入加快城乡统筹发展、加快经济发展方式转变的新阶段，随着农民工群体内部出现明显的结构性变化——新生代农民工已经成为农民工的主体并必将成为产业工人的主体，该群体具有一些不同于传统农民工的新特征、新诉求和新问题，这些诉求和问题的积累已经开始显露出对我国政治社会稳定、经济可持续发展、农民工家庭幸福及其个人发展的负面影响。这就使有针对性地解决新生代农民工问题成为国家发展中事关大局的紧迫问题。

由于我国城乡二元社会结构的长期性、城镇化的过程性、市场经济的趋利性和社会利益结构的凝固性，使得农民工问题十分复杂。新生代农民工问题既涉及农民工的共性问题，又有其群体特殊性。问题的解决既要着眼全局和长远，着力完善制度和体制、机制，大力提高已有政策、措施的效力和效率，促进问题的根本解决，又要从新生代农民工群体的特殊性出发，以促进新生代农民工市民化为目标，以新生代农民工市民化最关键的环节——就业培训、住房、社会保障和公共服务为重点，以素质门槛、学历门槛、技能门槛、人力资本积累门槛、社会保险缴纳门槛和稳定居住门槛等为主要标准扩大户籍改革的口子，采取有针对性的措施，力争尽快取得新进展。

（一）以新生代农民工问题为重点，将解决农民工问题纳入国家和地方经济社会发展规划之中，纳入常住地公共预算之中……

（二）通过试行新生代农民工城镇落户制度，加快推进城镇化建设……

（三）加强对相关法律制度的完善、落实和监管，加大维护新生代农民工劳动经济权益的力度……

（四）大力提高农民工的社会政治地位，加强对新生代农民工的人文关怀……

（五）进一步探索新生代农民工维权工作的新机制、新方法，形成社会化的工作格局……

（六）各级工会要进一步加大组织起来切实维权的力度，增强对新生代农民工的吸引力和凝聚力……

第三节 经济管理调查报告

一、写作要点

(一)名称解释

经济管理调查报告,是对经济工作组织与调节情况进行调查分析写成的文书。

(二)主要特征

1. 管理性

经济管理是经济工作的基础环节,发挥着决策、计划、组织、指挥、控制等职能。这种调查报告反映经济管理的运行状况,有利于加强日常管理、推广典型经验、解决存在的问题、扶持新生事物。

2. 广泛性

经济管理涉及农林、工交、经贸、财税、文教等各个领域,综合运用哲学、管理学、法学、社会学、文书学、传播学等理论,适用范围十分广泛。

(三)种类划分

1. 按范围分

有宏观经济管理调查报告、微观经济管理调查报告。

2. 按内容分

有典型经验调查报告、新生事物调查报告、揭露问题调查报告等。

3. 按性质分

有综合调查报告、专题调查报告。

(四)基本结构

1. 标题

单标题。有以下写法:一是公文式,如《关于聊城市加快信息产业发展的调查报告》。二是主旨式,如《农村信息化呼唤模式创新》。三是事由式,如《城市社会管理创新的"丰台样本"》。四是提问式,如《城市地下管网何时走出迷局》《煤炭,黄金十年结束后怎么办》。

双标题。由正标题、副标题组成,如《老工业基地从改革突围到振兴跨越的发展奇迹——关于铁西区十年巨变的调研报告》。

2. 正文

前言。有概述式、提问式、对比式、结论式等写法,可以灵活使用。

主体。内容各有侧重。例如,典型经验调查报告着眼于叙写思想基础、社会环境、创造过程、具体做法、突出效果；新生事物调查报告侧重交代背景、揭示规律、做出评价；揭露问题调查报告说明问题的表现，分析问题产生的原因、性质、严重程度、消极影响，提出相应对策和防范措施。结构有纵式、横式、纵横交错式几种形式。

结尾。有归纳式、展望式、建议式等写法。有时不单设结尾。

3. 署名

写在标题正下方或者正文右下方或者封面。

4. 日期

报送对象确定的经济管理调查报告有时设此项。

5. 附件

根据实际情况处理。

此外，篇幅较长的经济管理调查报告还有封面和目录。

（五）注意事项

1. 抓典型

要围绕某一时期的中心工作、主要任务、突出问题，精心选择并着力叙写具有代表性和方向性的典型事例和数据，做到以点带面。

2. 重调控

要对先进经验、亟待解决的问题、新生事物等进行客观介绍和精辟分析，并且提出相应建议，从而充分发挥经济管理的调控效用。

二、范文阅读

▲典型经验调查报告

怎样既治污染又赚钱
——安徽省农业循环经济发展调查

×××

安徽是我国农村改革的发源地，也是较早探索发展循环农业的省份之一。循环农业发展有何特点和规律？如何结合当地实际，实现更少的资源消耗、更低的环境污染、更大的经济效益和更多的劳动就业？记者最近随安徽省循环经济研究会专家进行了调查采访。

为啥要搞循环农业？
破解“浪费型农业”和“污染型农业”的发展困境

“你们养没养猪？搞没搞养殖业？”每到一处循环农业试验点，安徽省循环经济研究会会长×××总喜欢这样问。

难道搞循环经济，就得养些活蹦乱跳的畜禽？

“废料、肥料等是造成农村环境污染的主要原因，把这些东西变废为宝是发展循环农业的关键所在。”×××解释。

阜阳市颍上县的安徽××循环农业有限公司，原是一家面粉加工厂。此前，他们遇到一个问题，面粉精加工后，剩下约30%的麦麸等加工废料，贱卖给别人不值，扔了又可惜。后来，他们尝试用这些废料喂猪，节约了30%的饲料成本，相对于养猪业普遍仅有的百分之几的利润率，这是一个很大的进步。

××公司总经理×××说，当猪的数量达到上万头时，猪粪便无法靠传统堆肥方式处理，污染和臭味导致投诉不断，建污水处理厂吧，企业又无法承受巨大的投入和运营成本。后来，经过专家指点，他们不断摸索实践，用沼气池处理猪粪便，产生的沼渣、沼液等当作有机肥，用来种植瓜果蔬菜、杀灭虫害，几乎不用农药、化肥，构建起“麦—猪—沼—菜”的有机循环链。

记者在多个市县采访发现，无论是种植户还是养殖户，无论其循环链如何延伸，其切入点往往在于畜禽的“进出口”环节，可谓殊途同归。

“发展循环农业的根本目的，在于破解‘浪费型农业’和‘污染型农业’造成的可持续发展困境，通过变废为宝、化害为利，将高昂的环境成本内化为环境红利。”×××表示，具体来说，循环农业的切入点在于对农业资源的节约高效使用，把花钱的治污变成赚钱的生意，将单纯的生态修复变为对环境的经营等。

如何衡量循环效益？

充分利用资源，提高资源产出率，做到既循环又经济

与“鸭稻同田”“桑基鱼田”等我国古代循环农业相比，如今的循环农业似乎更具“化腐朽为神奇”的功效。

专家表示，循环经济本质上是一种生态经济，是对传统农业的改造，对现代农业的提升。一是产业链更长，融合了一、二、三产业，具有更大的增值空间；二是技术创新，综合应用了环境技术、生物技术、化学技术、信息技术等，获得了新的环境效益。

还以××公司为例，通过建立循环链，其面粉加工厂年获纯利100多万元，生猪养殖获利200多万元，大棚果蔬种植获利300多万元。由于养猪用的是绿色饲料，种植果蔬用的是有机沼肥，“化学农业”变成了有机农业，因此农产品的品质高、风味好，价格比别人的高几成。

“今后还可延长这个链条，实现进一步的增值。”×××说，一是向上游的种植业延伸，利用沼肥将周边的14.6万亩水稻全部改造为有机水稻；二是向下游延伸，建立农产品交易市场，并采用电子商务模式推销产品。

“显然，循环农业并非简单的产业链延伸，也不是通常意义上的多元化经营。”安徽省人民政府参事、中国区域经济学会顾问×××说，循环农业能充分利用每个环节的资源，使成本大为降低，效益不断递增，实现了市场对资源的优化配置。通常意义上的多元化生产经营，由于产业之间互不相关，未能有效利用资源，会导致成本居高不下。

怎样组织生产更有效率？
让农民有事干有钱赚，循环农业才能有后劲可持续

黄山市××生物科技有限公司董事长×××说，以往他的循环农业试验苗圃里的救心草，经常被周边农民“顺走”，防不胜防。为什么？因为救心草1亩地年收益达1万元，而种水稻1亩地收入不过几百元。后来公司把救心草免费送给农民，签订产销协议，获得了双赢的效果。

“被拿”与“主动送”，反映了新旧观念的碰撞，这种碰撞催生出循环农业的生产组织方式。

阜阳××农业科技有限公司按工厂化方式，利用多种农林废弃物生产蘑菇，并将蘑菇种植产生的废弃物进行再次利用。在将杏鲍菇等新产品投入市场时，他们面临着是扩建厂房还是寻求合作社支持两种选择。

“我们最终选择了后者。”公司总经理×××表示，扩建厂房投资大、周期长，等厂房建好时，杏鲍菇市场就可能会由卖方市场变成买方市场，价格急剧下降，市场风险极大。而与合作社、协会等进行合作，可以立即开展生产，迅速占领市场，从而获得较好的议价权，在一定时期内形成产量越大、价格越高的有利竞争局面。

“按照目前农村的土地流转和确权制度，龙头企业与基地、合作组织联合，是循环农业最优的生产模式，符合专业化分工、社会化服务、循环化发展的要求，个体农户和家庭农场都难以胜任。”安徽省循环经济研究会副会长×××说。

记者了解到，循环农业创建了许多新产业、新岗位，需要大量的“农园工”“农场工”“农厂工”“农服工”等，极大地提高了农民就业率。比如，××公司采用循环经济模式改造茶园，形成了乔灌草搭配的立体茶场和多条产业链，原来一位工人一年只有20多天采茶挣钱，现在可以工作8～10个月，打工收入提高了10倍以上。

（本文引自《人民日报》2013年5月4日）

▲揭露问题调查报告

守着洞庭湖，为何还喊渴

××

4月22—27日，由媒体记者和气象工作者组成的“应对气候变化中国行”考察团，环绕洞庭湖实地考察，探访气候变化给这个鱼米之乡带来的改变，了解湖南在适应和减缓气候变化、建设资源节约型和环境友好型社会方面采取的措施。

“衔远山，吞长江，浩浩汤汤，横无际涯。”《岳阳楼记》中浩渺无垠的洞庭湖，曾经是我国第一大淡水湖，有“八百里洞庭”之称。然而，随着气候变化及人类活动的影响，它的水域面积在不断减少，由最大时的约6000平方公里骤减到如今的2600平方公里，退居我国第二大淡水湖。

湖区干旱频袭，旱涝急转
主要原因是气温升高、降水偏少且时空分布不均

初春的洞庭湖区，春意盎然，碧波荡漾，生机无限。不过，让人感到意外的是，守着洞庭湖，近年来不少地方竟然也会喊渴。

湖南省气象局局长×××介绍，气象观测资料表明，湖南全省特别是洞庭湖区以气温升高为代表的气候变化已成事实，其产生的影响涉及面广，利弊并存，以不利影响为多。近年来洞庭湖的持续干旱、湘江和洞庭湖超低水位的危机，都直观地展示了气候变化的重大影响。

在全球气候变暖的大背景下，自 2003 年以来，洞庭湖区降水呈现偏少的特点。以拥有洞庭湖一半面积的岳阳市为例，2003—2012 年，当地年平均降雨量为 1313.5 毫米，比多年平均降雨量偏少 9%。

岳阳市水务局副局长×××说："降雨偏少等因素导致岳阳市连年发生旱灾，除了 2010 年和 2012 年以外，有 8 年都出现了夏旱或夏秋连旱，每年受旱面积超过 100 万亩，有 6 年直接经济损失都超过 3 亿元。"

×××同时表示，洞庭湖湖泊调蓄能力下降、面积锐减缺乏抗旱水源、上游来水减少以及人类不合理的改造等，也是洞庭湖区干旱的重要原因。

干旱频繁袭来的同时，洞庭湖区极端灾害性天气频发，"长期不下雨，一下就是倾盆大雨"的现象时有发生。降水的时空分布不均容易导致旱涝急转，雨季的洪涝灾害让这个鱼米之乡蒙受重大损失。×××介绍，岳阳市 2011 年 1—5 月平均降雨 292 毫米，比历史同期偏少 55%；但 6 月份降下 319.3 毫米的雨，偏多 42%，旱涝急转，一些地区遭遇了超过 300 年一遇的特大暴雨。

"在人们心目中，岳阳处在洞庭湖区，是不可能缺水的。"岳阳市副市长××说，"但在华容等地，有时却要为生活用水发愁，前几天可能还在防汛，但只要干上两个星期，马上就要抗旱，汛旱之间的转换非常快。"

湖面水位下降，面积缩小
给湿地生态平衡、农业渔业发展等带来不利影响

岳阳城陵矶水文站是洞庭湖出口的控制站，洞庭湖水由城陵矶注入长江。在城陵矶水文站，水利部长江委水文中游局岳阳分局局长×××告诉记者，根据洞庭湖水文监测分析，这些年来湖区的降水年际分布不均越来越明显。

×××说，去年降雨较多，7 月中旬到 8 月初，受强降雨影响，洞庭湖区发生近 10 年来水位最高、持续时间最长的洪水过程，当时城陵矶水文站的最高水位达 33 米，超警戒水位时间达 20 天，防汛形势一度很紧张。

2011 年则是降雨明显偏少的年份。2011 年 4—5 月，洞庭湖区水位持续偏低，城陵矶水位在 21.5～23 米之间变化，一直比历史同期偏低 3～4 米，当时甚至出现了

1980年以来同期最低水位，卫星遥感监测到洞庭湖面积仅361平方公里。处于湖区的华容、君山、湘阴等地受灾严重，华容县城14万居民饮水困难。

2009年，长江中下游流域遭遇罕见旱情，当年10月洞庭湖水位降至近18年来同期最低值。超低水位造成河道变窄，湖面下尾堆、暗礁突出，航道不规则，船舶搁浅、触碰事故多次发生。

频繁袭来的干旱使洞庭湖水位下降、面积缩小，给湿地生态平衡、农业渔业发展等带来不利影响。

“东洞庭湖湿地面积正在萎缩，以滩涂为主要栖息地的候鸟数量递减明显。”东洞庭湖国家级自然保护区管理局副局长××说，其中有气候变暖的影响，也有三峡截流后水环境变化的影响。据保护区监测，20世纪90年代，洞庭湖水鸟达20万只以上，2003—2004年，调查到水鸟为13万多只，2005—2006年均少于10万只，越冬水鸟数量明显减少。同时，白枕鹤、东方白鹤、小天鹅、中华秋沙鸭等国际濒危物种也在急剧减少。

鱼类资源减少的趋势也很明显。49岁的洞庭湖六门闸渔民协会会长×××告诉记者，鱼的产量和种类都少了，自己有船的渔民，一年下来靠打鱼毛收入在3万元左右，扣除开销攒不下多少钱。遇上灾害就更困难了，例如2011年洞庭湖冬春连旱，湖底干裂的地缝有两厘米宽，到处是干死的鱼，当年只有20天的时间能捕鱼，“哪里还有什么收入，生活退后了两三年”。

（本文引自《人民日报》2013年5月11日）

第四节　经济业务调查报告

一、写作要点

（一）名称解释

经济业务调查报告，是根据处理经济业务的需要对有关情况进行调查分析写成的文书。

（二）主要特征

1. 业务性

这种调查报告直接反映经济业务的实际情况，从横向看很多业务之间互为关联，从纵向看业务的具体处理带有程序化。

2. 独特性

由于经济业务种类繁多、分工细密，因此在调查报告中无论内容还是形式都体现各项业务的鲜明特征，给人留下深刻的印象。

(三)种类划分

1.按内容分

有市场调查报告、物流调查报告、金融调查报告、旅游调查报告等。

2.按性质分

有综合调查报告、专题调查报告。

3.按写法分

有文章式调查报告、图表式调查报告、综合式调查报告。

(四)基本结构

1.标题

单标题。主要写法有:一是公文式,如《2014—2017 年中国酒类市场调查报告》。二是主旨式,如《物流业应提高社会化与专业化水平》。三是事由式,如《江苏太仓开了 7 家粮食银行》。四是提问式,如《电动汽车充电换电,谁能赢得未来?》。

双标题。主要是正标题和副标题,如《把土豆做成致富的“金蛋蛋”——关于四川凉山彝族自治州马铃薯产业的调查》;有时用引题和正标题,如《全国麦收进度接近九成,今年夏粮丰收已成定局　连年丰收,增产后劲还足吗?》。

2.正文

前言。没有固定的写法,可以介绍概况、提出问题、交代结论。

主体。经济业务调查报告在内容上也不尽相同。例如,市场调查报告有如下内容:(1)说明调查目的及所要解决的问题;(2)介绍市场背景资料;(3)分析的方法,如样本的抽取,资料的收集、整理、分析技术等;(4)调研数据及其分析;(5)提出论点,即摆出自己的观点和看法;(6)论证所提观点的基本理由;(7)提出解决问题可供选择的建议、方案和步骤;(8)预测可能遇到的风险、对策。其中把(1)置于前言,(2)至(6)安排在主体,(7)(8)放在主体或者结尾。当然,要考虑具体情况,不能一概而论。在结构上,有纵式、横式、纵横交错式几种形式。

结尾。可以做出结论、预测趋势、提出对策、补充说明。篇幅较短的经济业务调查报告笔墨集中,经常不设结尾。

3.署名

写在标题正下方或者正文右下方或者封面。

4.日期

是否设此项可酌定。

5.附件

包括统计图、统计表等,附在文章后。

此外,篇幅较长的经济业务调查报告还有封面和目录。

（五）注意事项

1. 有的放矢

要立足于经济业务，根据各自的实际情况确定写什么、何时写、怎样写，不能随意而为，也不能落入俗套。

2. 表达恰当

以说明为主，辅以叙述、议论；遣词精当，造句合乎语法和逻辑；统计图表设计合理、数据运用准确。

二、范文阅读

▲物价调查报告

关于2014年春节前夕市场价格的调查报告

2014年春节临近，虽然受节日市场消费拉动，蔬菜等居民主要消费品价格出现小幅上涨，但得益于设施农业、暖冬天气和农副产品平价直销示范店网络建设，大部分农副产品价格比较平稳，且同比大部分品种价格都有所下降。其中，猪肉、鸡蛋下降幅度分别为22.2%、13.1%；黄瓜、圆葱、菜花、茄子等蔬菜同比降幅25%左右。我局密切加强市场价格监测，并进行走访调查，群众特别是低收入群体对肉禽、蔬菜等商品价格平稳反响较好，对政府出台的系列惠民政策尤其是农副产品平价直销示范店网络建设十分满意。

一、春节前夕居民消费品市场价格变动情况

与去年同期相比，市场价格变动情况。通过对2014年1月21日的时点价格监测数据看，与去年同期相比，主要粮油副食品价格变化情况如下：

1. 粮食价格平稳、食用油价格下降。今年以来，粮食价格虽然有小幅波动，但精粉为2.40元/500克，大米为2.72元/500克，与去年同期持平。食用大豆油价格由去年的5.40元/500克下降为今年的4.10元/500克，下降24.1%。

2. 蔬菜质优价廉。从我们监测的16种蔬菜价格看，与去年同期比较，土豆、大白菜、胡萝卜、西红柿分别为1.5元/500克、0.9元/500克、2.00元/500克、4.00元/500克，与去年同期基本持平；黄瓜、圆葱、菜花、茄子等蔬菜比去年同期相比平均每500克下降1.00元，降幅25%。芸豆7.00元/500克，青椒4.50元/500克，比去年同期略高。其他本地蔬菜价格均有不同程度的下降。详见下表：（略）。

3. 猪肉、鸡蛋、牛羊肉价格涨跌互现。与去年同期比，鲜猪肉由13.5元/500克下降为10元/500克，降幅为25.9%；鸡蛋价格在去年同期价格较高，达到4.7元/500克，今年大幅下降，为4.0元/500克，下降14.9%；牛肉与去年同期持平；羊肉由30元/500克上涨为32元/500克，涨幅为6.7%（以上价格见附表）。

二、居民消费品价格下降原因分析

1.设施农业助推经济发展。近几年，我市实施了百万亩农业设施建设，蔬菜种植、生猪、蛋鸡养殖业蓬勃发展。本地农副产品产量的增加，减少了外购量，降低了农副产品的运费、保鲜等成本，使价格下降。

2.农副产品直销店网络建设成效初现。2013年，我局和农业部门共同开展调研，确定了利用价调基金扶植农副产品直销店建设，在商场、超市、农贸市场开辟农产品平价销售区域和本地菜农直销区域，对直营店、直销点租金及超市进场费予以补助降低生产经营成本。同时，对合作社向市区销售的蔬菜类、禽蛋类、猪肉等运输费用予以补助。到目前为止，我市已经开始投入运营8家农副产品平价直销店，蔬菜价格低于市场平均价格的10%～15%，其他农副产品价格低于市场平均价格的3%～5%。同时，在市场价格明显上涨或异常波动时期，商店也积极服从政府安排，组织货源，保障供应。农副产品平价直销店的建设，不但减少了中间流通环节，而且确保了产品质量，降低了销售价格，实惠了百姓。

3.道路建设保障流通顺畅。我市交通比以前有较大发展，交通畅通、路网优，节省了运输时间，降低了成本，也是农副产品价格下降的因素之一。

4.目前正值农闲时节，农闲人员增加，并且大部分外出务工人员也已经返乡，佣工费低，使设施农业佣工成本降低，价格下降。

5.暖冬天气，作物生长期缩短。今年冬季，我市气温较往年偏暖，促进了大棚作物生长，缩短了生长周期，生产成本降低，促使价格下降。

6.市场价格调控措施有力。2013年全年我局加强对与社会生产和群众生活密切相关的26种重要商品价格的监测，责成专人实行对主要商场、超市、集贸市场的人民生活必需品价格的全天候监测，每日将监测结果上报市政府和有关部门。把握住重点商品和行业价格波动的苗头性、倾向性和趋势性，及时发布相关市场供求及价格信息，帮助和引导消费者理性消费。同时发挥新闻媒体的作用，加强正面宣传，疏导价格矛盾。进一步加强价格监督检查，重点对肉食、粮食、蔬菜等批发零售企业和商城、大型超市等地的商品价格及服务价格、明码标价情况和价格行为进行定期或不定期的检查，严厉打击哄抬物价和价格违法行为。

三、有关建议

1.采取价格调控措施，保障市场供应。2014年我局在市委、市政府的领导下，协同相关部门密切协调配合，形成市场监管、稳定物价工作合力。认真落实好扶持粮食、生猪、奶业生产的各项政策措施，继续加大对农业生产的扶持力度和对种粮农民的补贴力度，引导、鼓励农民扩大粮食、蔬菜等作物种植面积，积极发展生猪、奶牛、禽蛋生产，确保粮油肉蛋奶市场供应和价格基本稳定。

2.利用价格调节基金，继续积极推进农副产品平价直销店网络建设和惠民工程建设。减少流通环节，实行产销对接，让生产者和消费者都得到“实惠”。

3.加强价格监督检查和舆论宣传。强化价格管理机制，严厉打击哄抬物价、囤积居奇、价格欺诈等价格违法行为。及时通报市场供应和市场价格变化情况，准确分析当前主要农副产品价格波动的原因，公布政府采取的应对措施，稳定市场心理预期。

附表：2014年1月21日与去年同期主要粮油副食品价格监测对比表（略）

××市物价局

2014年1月20日

▲旅游调查报告

2014年第一季度全国游客满意度调查报告

中国旅游研究院

一、2014年第一季度全国游客满意度总体情况和主要特征

2014年第一季度全国游客满意度指数为72.62，处于“一般”水平，同比和环比分别下降5分和0.5分，本季度全国游客满意度的主要特征有以下两个方面：

1.日常生活服务和雾霾等环境因素备受游客关注

从本季度游客行为特征来看，半数以上的国内游客人均花费处于500～2000元的水平，花费项目分散在景点、交通、住宿、餐饮、购物、文化娱乐等各方面，景点消费占总花费不足二成，乘坐飞机出行的游客比例仅占一成，七成左右的游客选择火车、汽车的出行方式，选择经济酒店和三星级酒店等中等价位酒店的游客比例占六成以上，选择四星级及以上豪华酒店的游客比例不足一成。数据表明，旅游消费的大众化特征更加明显，除了关注景点外，游客对目的地的整体环境、公共服务和商业接待设施的关注程度趋于显化，旅游越来越成为民众在异地的短期生活方式。外来游客与本地居民共享着日常所需的地铁、火车、公交等公共设施和社会治安等公共服务，更关注老胡同、酒吧街、大戏楼、商业圈、小吃街、文化区等贴近民众日常生活消费的服务场所。本季度全国大范围的雾霾天气对游客的出游决策和旅游体验有决定性影响，国内空气质量的游客评价与境外新西兰、澳大利亚、加拿大、新加坡、美国等目的地国家相比有较大差距，入境游客对环境质量更为敏感，本季度雾霾被列入全球旅游警告首位，入境游客对国内旅游服务质量的评价甚至低于国内游客，对××、××、××的空气质量评价相对较低。

2.网络预订旅游服务的覆盖面广、满意度高

网络技术和移动通信正在逐步改变游客的出游方式，本季度通过旅行社门店等传统方式获取信息的游客比例不足二成，网络已成为影响半数以上游客的主要信息渠道，通过网络预订酒店和航班的出境游客比例甚至达到七成以上，通过网络查找和

预订旅游线路、就餐地点的出境游客比例分别达到五成和两成以上。大部分游客认为网络预订不仅快速、便捷，还可以及时得到较多的优惠信息，游客对网络预订的满意度达到97.76，远高于交通、餐饮、住宿、景点、购物、休闲娱乐、旅行社等行业的评价得分。对网络预订服务品质方面的满意度评价要高于网络预订性价比评价，表明服务竞争已取代价格竞争成为旅游网络服务代理商的追求目标。进一步从网络搜索到的游客对网络预订服务的投诉来看，在线旅游代理商的旅游投诉处理及时性和有效性要远高于地方政府和旅游主管部门，去哪儿网、携程旅行网等对人民网315投诉频道的投诉回复率接近100%。

二、2014年第一季度全国游客满意度下降的主要原因

本季度城市整体环境的满意度基本稳定，其下降的主要原因是不同客源市场游客对旅游产业服务的满意度有较大下降，尤其是入境团队游客的满意度下降较大。本季度国内、入境游客满意度分别为68.93、71.49，同比和环比都有所下降。其中，入境游客的满意度环比下降幅度最大，尤其是入境团队游客对旅行社满意度由71.51下降到45.55，对环境和景区等行业服务的满意度也有较大幅度下降，分别由71.67、70.49下降到69.66、56.66。此外，中国港澳台和东南亚地区的入境游客满意度相对较低。与境外较稳定的游客满意度水平相比，中国境内旅游服务质量尚有一定差距。本季度全国游客满意度下降的主要原因有以下三个方面：

1.环境质量和无障碍设施等的满意度水平较低

本季度游客对样本城市的整体环境满意度处于“一般”水平，环比基本稳定，游客对城市建设和城市管理等方面的满意度环比有一定程度的提高，对民俗特色、文化氛围、施工管理等方面的满意度有较大提升，空气质量的满意度下降幅度最大，是唯一处于70分以下的旅游环境指标。例如，故宫在北京雾霾橙色预警时段的游客量较平日减七成多，当游山玩水变“雾里看霾”，空气状况也日渐成为影响旅客出行的重要因素。与空气质量较好的境外目的地相比，环境问题更是制约入境旅游和入境游客满意度的瓶颈。目前，部分旅行社为游客免费提供防霾口罩、携程旅行网推出“雾霾险”旅游保险产品等创新举措，对改善游客旅游体验质量有所缓解，但效果甚微。总体来看，本季度处于“基本满意”水平的指标数量基本稳定，依次是知名度、美丽程度、信息化程度、现代化程度、开放度、文化氛围；处于“一般满意”水平的指标依次是市容市貌、城市规划、卫生设施、市民形象和行为、旧城和历史建筑保护、民俗特色、园林绿化、应急救援系统、自然生态、施工管理、便利感、无障碍设施。

2.旅游行业满意度普遍下滑，旅行社服务质量问题突出

本季度游客对样本城市旅游行业整体服务的满意度环比基本稳定，处于71.72的“一般”水平，本季度游客对娱乐、餐饮的满意度环比有所上升，对购物的满意度基本持平，对旅行社、住宿、交通和景点的满意度有较大下降。本季度仅餐饮行业的游

客满意度达到70分以上的“一般”水平，其余行业的满意度评价从高到低依次是娱乐、景点、交通、购物、住宿、旅行社。其中，游客对旅行社的满意度下降达7分以上，旅行社性价比的评价得分最低，尤其是×××、××、××等冬季旅游热点城市的负面评价较多。尽管旅游法出台对强制购物有一定的抑制，但调查发现导游诱导消费的意图还比较突出，例如滑雪场自费景点价格和小费问题、标榜“纯玩”团队游的行程安排和增加购物点问题、行程信息不透明和食宿行服务缩水等问题出现的频次较高。

3. 面向散客的旅游公共服务评价下降幅度较大

本季度游客对样本城市旅游公共服务行业的满意度同比和环比都有所下降，处于70分以下的“及格”水平，团队游客对公共服务的评价相对稳定，面向散客的旅游公共服务评价下降幅度较大。全年处于“基本满意”水平的指标依次是：银行刷卡便利性、供电、机场、火车站、步行道和自行车道、互联网覆盖，处于“一般满意”水平的指标依次是：出租车、长途客运、手机信号覆盖、交通标识、城市公交、供水和水质、工业旅游、农业现代化。从样本城市对比来看，××、××、××、××等城市的公共服务评价整体较高，××、×××、××、××××、××××等城市配套服务评价相对较低。进一步从具体指标来看，与××、××、××、××、××、××、××等公共信息服务评价较高的城市相比，××、××、××等旅游热点城市的公共信息服务和网络覆盖评价相对较低，与××、××、××、××、××、××、××、××等公共交通评价较高的城市相比，××、××、××的出租车、公交车等的满意度评价也相对较低。

三、主要建议

1. 积极提升国家旅游形象，为入境游客提供更多的便利化服务……

2. 增强旅游散客化、移动化趋势下的旅游执法效力……

3. 完善面向游客日常生活的商业接待体系及其在线化、便利化程度……

附件：1. 2014年第一季度全国60个样本城市游客满意度得分和排名表（略）

　　2. 2014年第一季度出境游客满意度得分和排名表（略）

第五章　经济预测报告

第一节　经济预测报告概述

一、写作要点

（一）名称解释

经济预测报告，是在对经济活动历史和现状进行调查研究的基础上，运用科学方法做出合乎经济规律的分析和推断，从而反映未来趋势的文书。

（二）主要特征

1. 预见性

经济预测报告侧重于对预测对象的未来进行预先分析和推断。虽然也研究预测对象过去和现状的种种情况，但只是以此为依据，旨在揭示其发展的趋势。也就是说，经济预测报告的主要内容和写作目的在于预见未来的经济状况。

2. 科学性

经济预测报告按照一定的程序，采用各种方法，对预测对象的前景进行科学描述。一方面，这种描述不是主观随意的猜想，而是建立在事实基础上；另一方面，它具有近似性，会有一些误差，不过以严谨的态度、恰当的方法进行推断，就能大大提高预测的准确度。

3. 综合性

经济预测报告是一个综合性很强的文种，往往涉及经济、政治、文化、技术等诸多领域，包括预测对象的外在与内在、宏观与微观、历史与现状以及未来等多种因素，经常运用经济学、市场学、统计学、数学、社会学、逻辑学等多个学科的知识，采用定性、定量等多种预测方法。

（三）种类划分

1. 按空间层次分类

有国际经济预测报告、国内经济预测报告。

2. 按范围分

有宏观经济预测报告、微观经济预测报告。

3. 按内容分

有社会经济预测报告、经济管理预测报告、经济业务预测报告。

4. 按对象分

有市场预测报告、资源预测报告、成本预测报告、生产建设发展预测报告、技术发展预测报告、居民生活水平预测报告、社会购买力预测报告等。

5. 按预测期分

有长期预测报告、中期预测报告、短期预测报告。

（四）基本结构

1. 标题

单标题。主要有四种写法：一是公文式。通常由期限、范围、对象、文种或者作者、期限、对象、文种组成。其中，文种的全称是“预测报告”，也可以简写为“预测”，或者写成“分析与预测”“调查与预测”等字样，有时还用“趋势”“走势”“展望”“纵观”代替。如《2013—2014 年中国宏观经济分析与预测》。以上四项可以省略期限或者范围，如《2013 年宏观经济形势展望》。二是主旨式。揭示全文主旨，如《新兴经济体宏观走势面临三重分化》。三是事由式。概括预测主要内容，如《十八届三中全会后的中国经济六大趋势》。四是提问式。提出相关问题，如《我国快递业发展前景如何》。

双标题。一般是正标题说明主旨或意义，副标题点出预测的期限、范围、对象、文种等。如《国产合资进口产品三分天下——降低关税后的家电市场走势预测》。

2. 正文

前言。主要有四种写法：一是介绍预测对象的概况，如自然状况、发展过程。二是概述预测的情况，如预测的目的、意义、时间、地点、对象、范围、预测者、方法、结果等。三是提出问题，自然引出文章的内容。四是交代预测的结果，以总提下文。无论采用哪种写法，都要力求简明扼要。

主体。大多包括以下三项内容：一是情况。这是经济预测报告的基础。要运用调查所获得的各种资料，介绍预测对象的历史和现状，并对影响发展的各种因素进行分析，为下文提供依据。要紧紧围绕预测目标，抓住预测对象的重点，反映事物的本质特征，切忌泛泛而谈。二是预测。这是经济预测报告的核心。要根据前面提供的事例和数据，对预测对象进行深入分析，并运用恰当的预测方法推断和测算发展前景。在处理上，一般是定性预测与定量预测相结合，其中，定性预测不仅交代对趋势的判断结果，而且具体阐述作出判断的原因；定量预测在说明计算结果的同时还要介绍计算的方法和依据。在层次上，有如下几种：并列式，如果前言已交代预测结果，在预测时或者对预测对象的若干项目分别预测，或者把预测对象的发展趋势归纳出几个特征逐一评说；连贯式，以预测的过程为序，依次说明预测的缘由、主要环节及结果；分总式，各层次之间是由分而总的，或者先把预测对象的若干项目分别预测然后写总的预测结果，或者先用不同的方法进行预测最后说明结果。三是建议。这是经济预测报告的落脚点。要依据预测结果，提出具体可行、富有见地的对策，以便决策层及相关部门参考。

结尾。写法比较灵活。或者指明努力的方向，或者分析预测的误差，或者说明预测的效果等。如无必要可以不设此项。

3. 署名

在标题正下方或者正文右下方或者封面写有关组织、部门或者课题组名称，以个人名义发表要署个人姓名。

4. 日期

写在正文右下方或者正文后署名下方或者封面。如公开发表大多不写日期。

5. 附件

如有统计图、统计表等附件，放在文章后。

此外，篇幅较长的经济预测报告往往加封面、列目录。

（五）注意事项

1. 重视基础资料

预测者要进行广泛、深入的调查，尽可能全面、系统地了解有关经济活动的历史和现状。当占有资料之后，就要用辩证的观点和科学的方法进行认真、周密的分析，从感性认识上升到理性认识，从而揭示经济规律。

2. 提高预测精确度

一方面，根据预测的目的、预测对象的特点、资料占有的情况等恰当地选择预测方法，最好是定性预测与定量预测相结合；另一方面，由于预测带有假设性，所推断的结果尚未出现，允许有一些误差，要对误差进行计算并且指出误差产生的原因及存在的范围，使预测值尽量与实际情形接近。

3. 力求表达恰当

以精练的文字概述经济活动的历史沿革和现实状况，以确切的词句描述未来的趋势，以颇有分寸感的言辞明确提出预测者的建议。此外，数字的计算要准确无误，表格的运用要多少适宜。

二、范文阅读

▲行业经济预测报告

2014年中国工业结构调整发展形势展望

工业和信息化部赛迪智库工业结构调整形势分析课题组

2013年，随着化解产能过剩、推动企业兼并重组、促进自主创新和技术改造升级、推进产业转移等政策效力的逐步发挥，工业结构不断优化，增长质量与效率逐步提高。下半年工业回暖态势明显，8—10月重回10%以上增长区间，其中制造业10月同比增长11.4%，比工业多1.1个百分点。1—9月，全国规模以上工业企业实现利润40452.8亿元，同比增长13.5%，扭转了2012年同期工业企业利润增幅下降的不利局面。但是也存在制造业投资增速放缓、产能过剩形势依然严峻等问题。预计2014年，在经济领域一系列改革部署的推动下，工业结构调整进一步加快，为到2020年基本实现工业化奠定基础。

对2014年形势的基本判断

（一）高技术制造业和战略性新兴产业继续保持较快增长

2014年，在创新驱动战略引领下，高技术制造业和七大战略性新兴产业技术的交叉融合将不断加速，特别是新一代信息技术的推广应用将促进高端装备制造、新能源、新材料等技术与信息技术的深度融合，从而推动高技术制造业和新兴产业技术取得群体性突破，为高技术制造业和新兴产业快速发展提供技术保障和支撑。2014年也是各地落实新兴产业发展规划关键一年，大多数地区为保证2015年规划目标的完成，将会继续加大力度支持高技术制造业和战略性新兴产业发展。

（二）化解产能过剩矛盾带动重点领域结构调整加快

2012年以来，我国工业部分行业出现的产能过剩问题严重阻碍了工业经济的平稳较快发展。按照中央"四个一批"的治理要求，各部门采取控制增量、促进落后产能退出、扩大内需等措施化解产能过剩矛盾，这些措施也有效地推动了工业结构的调整。2014年，在控制增量、促进落后产能退出、扩大内需、兼并重组等政策措施的推动下，不仅产能过剩矛盾有望在2014年得到初步化解，重点领域结构调整的步伐也将随着化解产能过剩政策措施的进一步落实而不断加快。

（三）重点领域企业兼并重组保持活跃态势

2013年，我国推动企业兼并重组的力度有增无减。2013年1月22日，工信部等12部委联合发布《关于加快推进重点行业企业兼并重组的指导意见》(以下简称《指导意见》)，加快推动钢铁、水泥等九大重点行业兼并重组。由于《指导意见》要求钢铁、水泥、汽车、船舶等重点行业必须在2015年底前完成既定的兼并重组目标，目前，这些行业产业集中度、大企业集团数量和规模等距离《指导意见》目标要求还有一定差距,因此为保证这些目标的顺利完成,2014 年各地会继续加大企业兼并重组的推动力度,重点领域兼并重组将继续保持活跃状态。

(四)中西部承接产业转移步伐进一步加快

2012 年《产业转移指导目录(2012 年)》发布以来,中西部地区交通、能源、信息网络等基础设施建设的不断完善及 2012—2013 年一系列产业转移对接活动加快了纺织、机械、能源、化工、建材等传统产业向中西部地区转移,中西部地区的新能源、新材料、装备制造等战略性新兴产业也逐渐走上发展的快车道。主要表现为中西部地区投资增速明显超过经济发展水平较高的东部沿海地区,产业转移趋势已十分明显。2014 年,在中央“丝绸之路经济带”“西南桥头堡”“渝新欧通道”等战略构想的推动下,中西部地区承接产业转移的步伐不会放缓,而产业的加快转移也保障了中西部地区工业的快速发展。

需要关注的几个问题

(一)制造业投资回报率低,资本呈现脱实入虚的倾向

制造业是推动我国工业经济平稳较快增长的重要支柱,而投资是拉动制造业增长的主要保障性要素之一。2013 年以来,制造业投资增速出现放缓迹象。导致制造业投资增速放缓的重要因素是制造业民间固定资产投资增速放缓,而更深层次的原因是制造业投资回报率低,民间资本投向制造业动力不足。

由于处于涨势的房价难以在 2014 年发生根本性扭转,加之金融领域将逐步加大对民间资本的开放力度,生产要素成本依然具有较大的提升压力,导致 2014 年民间资本脱实入虚的动力依然强劲。而民间投资是促进我国经济发展、加快工业结构调整最为活跃的部分,特别在技术改造、兼并重组等方面扮演着重要角色。民间投资不足,制造业企业融资将更加困难。加之当前经济下行压力大,实体经济环境不乐观,缺乏资金支持的制造业企业不愿投入、不敢投入,这将减缓技术改造和兼并重组进程,从而影响工业结构调整进度。

(二)新兴产业重复建设和无序布局问题值得关注

在培育战略性新兴产业等政策利好刺激下,风电设备、多晶硅等新兴产业目前已出现产能过剩的倾向。新能源汽车、新材料、生物医药、新一代信息技术、新能源等七大战略性新兴产业是国务院圈定的保障未来经济平稳较快增长的新经济增长点。各地政府为早出业绩,加紧布局,加快上新项目,导致重复建设和区域同质化现象严重。由于各地新兴产业规划目标完成的截止时间多定在 2015 年,而多数地区新兴产业规模与规划目标还有一定差距,因而会在 2014 年加速布局,加快上马新兴产业项目。这种一窝蜂布局、上项目模式将使新兴产业领域产能过剩行业的范围进一步扩大。

(三)产业转移过程中的二次污染问题值得警惕

2013 年以来,在国家政策的大力推动下,上海、广东、江苏等发达地区正加紧实

施“腾笼换鸟”措施，加快推进劳动密集型加工业、对资源能源依赖较强的重化工业及能源工业向中西部地区转移。中西部地区劳动力优势明显，同时又多是能源及矿产资源的富集地，承接东部地区劳动密集型加工工业和重化工业理所当然。但是，由于大部分中西部地区主导产业主要以重化工业、能源工业为主，企业技术水平总体偏低，在节能环保等方面投入不足，落后产能比重较大，环境污染、生态破坏比较严重。而东部地区将本地相对落后的重化工业、能源工业及部分劳动密集型加工业转移到中西部地区，很可能对中西部地区造成二次污染。如部分中西部地区在积极引进煤化工、钢铁等重化工业，这恐将成为当地维持良好生态环境的阻碍。

（四）中小企业生存环境未有明显改善

2013年，在国家一系列促进中小企业发展政策的推动下，中小企业迎来了难得的发展机遇。但受经济下行压力、劳动力和生产要素成本上升、产品出口价格下降、订单少等多方面影响，以及贷款融资、财政支持、行业准入、要素公平使用、投资主体地位发挥等方面仍存在一些制度性障碍，中小企业生存环境未出现明显改善。特别是2013年银行一度出现“钱荒”，导致银行投入中小企业信贷比重未有明显的增加。

应采取的对策建议

（一）加大力度鼓励民间资本进入制造业……

（二）建立和完善以企业为主体的科技投入增长机制……

（三）建立和完善化解产能过剩矛盾的长效机制……

（四）探索产业绿色转移的新机制……

（五）进一步改善和优化中小企业生存环境……

第二节　社会经济预测报告

一、写作要点

（一）名称解释

社会经济预测报告，是根据社会经济的历史及现状推断发展趋势的文书。

（二）主要特征

1. 全局性

这种预测报告着眼于整个社会的经济发展。它地域广阔，从地区到区域，从国内到国际；内容丰富，涵盖经济的主要行业。

2. 方向性

这种预测报告推测社会经济的发展前景，内容十分重要，预示着经济发展的方向。

(三)种类划分

1.按空间层次分

有国际社会经济预测报告、国内社会经济预测报告。

2.按范围分

有宏观社会经济预测报告、微观社会经济预测报告。

3.按预测期分

有长期预测报告、中期预测报告、短期预测报告。

(四)基本结构

1.标题

单标题。大多采用公文式写法,项目多少酌定,如《2014 世界经济形势与展望报告》《上海产业发展与后世博预测研究》。有时把预测期放在标题后并且外加圆括号,如《中国农村经济形势分析与预测(2012—2013)》。如有必要也可以用主旨式、事由式、提问式标题,如《世界经济:正在延续和复苏的势头》。

双标题。包括正标题和副标题,如《寒冬之中待春暖——中国 2012 年外贸形势展望》。

2.正文

前言。常用介绍预测对象或者预测的概况、提出问题、交代结论等写法,根据需要安排。

主体。一般说来,社会经济预测报告的主体由情况、预测、建议三个部分组成,不过由于预测范围、对象、篇幅、侧重点等因素在具体安排上也有区别。例如,国家、区域、地区社会经济预测报告划分总编与分编两大模块,其中总编分为经济(包括经济形势分析与预测;工业、农业、外贸、财政、商贸、交通、电力、旅游、房地产等)、社会(包括就业、教育、医疗卫生、环境保护与生态建设、社会保障、城乡社区建设等)两个部分,有的还单设重点、热点等内容,分编按省、地级市、县等级别逐一叙写;行业经济预测报告大多先做总体预测,然后以行业的构成为序分别表述。

结尾。大多做出总的结论,有时补充说明相关事项。还可以最后提出建议。

3.署名

写在标题正下方或者正文右下方或者封面。

4.日期

一般不设此项,如有必要可以在正文右下方或者正文后署名下方或者封面写具体的年月日。

5.附件

不少社会经济预测报告在文章后列出附件,如相关统计图、统计表。

此外,篇幅较长的社会经济预测报告还有封面和目录。

(五)注意事项

1. 系统化

要制订周密的研究计划,搜集与课题相关的最重要、最典型、最新鲜的资料,对资料进行系统的整理分析,形成完整的结论。

2. 粗线条

要围绕预测目标、选择特定的角度来设计文章的框架,用“画轮廓”的方法展现社会经济发展趋势,点面结合,要旨突出。

二、范文阅读

▲宏观经济预测报告

改革·转型·发展
——2013 年宏观经济运行回顾与 2014 年展望

×××　××

回顾 2013 年的宏观经济

2013 年初,市场的预期是年度 GDP 增速可以达到 8%以上,并认为通货膨胀是经济面临的主要风险,但实际运行并未延续十八大召开后的乐观情绪。一季度,经济增长率从 2012 年四季度的 7.9%降至 7.7%。社会融资总量超过 6 万亿,为历年来单季度最高,资金面很宽松。但 2012 年上半年的出口数据虚高带来了信息干扰,直到 6 月份官方调研披露,高涨的出口数据约有 1/3 来自跨境资金套利。二季度,信贷和财政收紧,6 月银行间市场利率大幅上扬,爆发“钱荒”,市场恐慌加剧,经济增长率快速下行,二季度的 GDP 增长触及 7.5%。7 月以后,随着政府相关会议的召开,政策基调转向稳增长,配合诸如支持小微企业、加速铁路投资、支持外贸出口、下放行政审批、盘活存量资金、拓宽房企融资渠道等措施,防止了经济过快下行的风险。二季度末,社会融资总额开始回升,财政支出大幅反弹。三季度,GDP 增长 7.8%,投资仍是主要推动力,贡献率近 56%。四季度,随着大量资本流入中国、物价与房价上涨,增长延续,但经济回稳尚不巩固。

从动力看,经济增长依然主要来自土地城市化的投资驱动……

消费依然低迷。预计 2013 年零售增长速度为 13%,比 2012 年下降两个百分点……

出口贡献低于全球复苏带动的增长预期……

金融市场跌宕起伏……

总的看，2013 年 GDP 增长约为 7.6%，物价在 2.6%的水平，达到全年总体经济调控目标。全年增长的主动力是房地产和基建投资，并依赖于“土地”来扩张金融，表现为“资产负债表”的扩张。实体经济的“滞”与金融、资产部门的“涨”同时存在，成本上升与盈利能力下降使得实业趋于虚弱，企业与地方政府的债务风险也在持续累积。

2014 年经济展望及面临的风险因素

2014 年的经济增长目标设定在 7.5%，符合“十二五”的规划目标。经济增长面临着结构减速的压力，仍不得不倚重于传统的投资驱动模式，投资增速将适度提升。消费难有大的起色，不过网购、信息类消费的快速发展值得关注。2014 年发展中的积极因素，如新一轮改革的启动与政策落实、上海自贸区推进、国资改革、各省市自贸区“竞赛”、人口政策调整、金融深化、国际经济合作等，都是需要关注的焦点。

外需增长可能是一大亮点。美国经济强势回升将带来外需扩张，日本与欧盟都在继续复苏中，因此出口比较乐观。但国际清算银行公布的 2010—2013 年 10 月份中国实际有效汇率和名义有效汇率已经分别上升 16.3%和 12.1%，这对中国的出口竞争力形成了极大挑战。同时随着加拿大、波兰、以色列、英国、德国、澳大利亚及新西兰等国家的房价持续上涨，新一轮的国际房地产泡沫正在加速膨胀，再加上宽松的货币政策和极低的资金成本，会不会像 2008 年的美国一样引发另一场世界范围内的经济衰退，还有待观察。

物价方面，由于 2013 年的翘尾影响非常小，且货币扩张被资产价格上涨吸收，因而 2014 年消费物价水平预计为 2.5%，PPI 仍为负，实体经济通缩的挑战依旧。

稳增长仍需靠投资驱动与货币释放，同时还要外部需求继续改善。2008 年的国际金融危机以来，全球主要国家都经历了一轮中央银行的资产负债表扩张过程。危机之前美联储资产负债表规模尚不足 1 万亿美元，到 2013 年 12 月 23 日却突破了 4 万亿美元大关，占 GDP 的比重达 24%。日本、英国和欧盟的情况也类似。但中国的情况更甚。近年来我国 M2 存量呈现“加速”上涨态势。2008 年还未达到 50 万亿，但在其后的 5 年，M2 每年跨越一个 10 万亿级台阶，2013 年突破 110 万亿元。高 M2 当然与高储蓄率、高间接融资比重有关，大量的储蓄存在银行，又从银行存款转化为银行贷款。在货币增速超过实体经济需要、实际利率长期偏低的情况下，巨额资金追逐具有金融属性的资产，使得房地产等部门快速膨胀并出现泡沫，同时物价上涨压力也一直存在。中国央行的资产负债表占 GDP 比重一度达 67%，近两年这一膨胀势头出现收敛，但目前约 57%的比重仍是各国最高的。金融体系的扩张依旧，预期 2014 年信贷、股票及债券融资都会有较大增幅。2014 年稳增长如保持 7.5%的水平，社会融资总规模需要达到 19 万亿的水平，新增贷款要突破 10 万亿。金融的全面膨胀在拉高经济杠杆和资产价格水平、保证了经济增长的同时，也在不断加剧结构的不平衡，不利于经济发展方式的转变。

与房地产、基建投资加速以及金融扩张同步的，却是制造业部门的深度调整以及中国经济的“结构性”减速，且风险不断累积。根据国际清算银行的数据，2007—2012年中国的非金融公司债务率、家庭部门的债务率（各自债务余额占GDP的比重）上升较快，分别增加了38个百分点、11个百分点，此格局与发达国家的私营部门去杠杆化、自我修复和再平衡趋势正好相反。而政府部门的潜在债务压力也不小，根据最新的审计署报告，截至2013年6月底，中国政府的债务与或有负债达到了30万亿元。

现阶段的资源配置体制是上述困境的根源，而与房地产投资加速扩张相配合的土地财政体制是典型体现。2013年，土地财政收入将突破3.3万亿，占地方财政的50%，单月土地出让金增幅甚至达到150%。解决土地财政波动与依赖势在必行。

2014年宏观经济政策建议

考虑到长期以来政府干预所产生的宏观成本和风险，并针对结构性问题进行进一步改革，政策上建议考虑如下思路：

其一，简政放权，政府目标从“投资增长型”转向“服务型”，加大政府自身改革力度。随着赶超阶段的政府动员型经济体制已不可持续，政府应平衡短期和长期利益，按照十八届三中全会决议的要求，转变目标和职能，简政放权，减少干预，从对物的投资转变为对人及市场环境的投资，引导经济升级，履行其公共财政和公共服务的职能，让市场真正起到资源配置的决定性作用。

其二，防范风险，修正房地产行业作为拉动经济增长支柱产业的定位。当前经济面临着资产负债表扩张与实体部门利润水平收缩的“双重危局”，房地产面临着泡沫挤出的风险，中长期内无法扭转经济结构性减速的下行趋势。随着高地价与高房价维系难度的不断增加，劳动力成本和征地成本也在不断上升，金融扩张与投资增长维持的“自景气”必然会越过临界点而崩溃。因此在政策上，一方面应下决心挤出经济泡沫，加大债务风险的应对力度，另一方面应减轻对房地产的依赖，保持制造业人力成本与劳动生产率同步增长，强化人力资本优势和创新优势。

其三，改善供给机制，带动经济的结构性调整和升级。首先，应积极推进财税政策改革，将政府税收结构由目前以间接税（流转税）为主调整为所得税为主的方式，增加居民直接纳税比例并与社会保障体系的支出直接关联，使相关财政支出阳光化。其次，应打破行政垄断，增加有效供给，避免因垄断和市场禁入所引起的部分行业产能过剩而部分行业供给短缺的现象，鼓励民间资本进入供给基础设施与第三产业（如金融、医疗等现代服务业），优化产业结构。第三，提升公共物品供给水平，鼓励金融创新及发展新型政策性金融体系，支持包括保障性住房在内的公共产品供给以及相应的金融支持。

其四，改革金融体系，提升市场与要素价格在资源配置中的作用。首先，制度安排上迫在眉睫的是进一步推进利率市场化，核心是建立存款保险制度，提升金融机构的风险定价与风险管理能力，硬化金融机构的预算软约束，从而减少套利空间，避免信用与货币在金融体系中空转、虚拟经济过度膨胀以及金融市场复杂化造成的融资成本高企、融资效率低下，降低实体经济的真实融资成本。其次，应促进金融机构的市场化竞争，逐步降低国有银行体系的市场份额，探索设立民间资本发起的自担风险的民营银行和其他非银行金融机构。最后，需要提升直接融资的比例，让资本市场有效配置资源，降低制造业企业的杠杆率。

（本文引自《光明日报》2014 年 1 月 8 日）

第三节　经济管理预测报告

一、写作要点

（一）名称解释

经济管理预测报告，是根据经济管理工作的历史和现状推测发展前景的文书。

（二）主要特征

1. 行政性

这种预测报告主要用于办公事务、人力资源、财产会计等方面的行政工作，是企业和相关管理部门行政管理的重要工具。

2. 科学性

这种预测报告侧重于探讨经济管理的趋势，并且提出相应的对策，有助于提高经济管理的科学性。

（三）种类划分

1. 按范围分

有宏观经济管理预测报告、微观经济管理预测报告。

2. 按内容分

有经济管理战略预测报告、经济管理战术预测报告。

3. 按预测期分

有长期预测报告、中期预测报告、短期预测报告。

（四）基本结构

1. 标题

单标题。一般采用公文式写法，如《2013—2017 年国内外知名企业经营管理预测报告》《家族制企业管理模式发展趋势的探讨》。有时用主旨式、事由式、提问式等写法，如《我国经济管理体系的完善与发展趋势》《安倍经济学能拯救日本经济吗?》。

双标题。包括正标题和副标题，如《更新观念　深化改革——2015 年企业人力资源走势分析》。

2. 正文

前言。一般介绍概况，有时提出问题、阐述意义、交代结论。

主体。经济管理预测报告的内容包括情况、预测、建议，可以根据实际情况处理。有的整体按情况、预测、建议的顺序安排；有的划分为国内与国外、区域或者地区之间、主要行业、基本项目等几个部分，每个部分再写各自的情况、预测、建议；有的侧重于预测，情况或者建议简写或者省略；有的按照总分或者分总的层次做出预测等。

结尾。如果上文没提结论或者建议，可以在结尾予以交代。有时还补充相关事项。

3. 署名

写在标题正下方或者正文右下方或者封面。

4. 日期

报送有关组织、部门的经济管理预测报告可以把成文日期写在正文右下方或者正文后署名下方或者封面。如果公开发表大多不设此项。

5. 附件

包括统计图、统计表、主要样本等，根据实际选择和排列。

此外，篇幅较长的经济管理预测报告还有封面和目录。

（五）注意事项

1. 把准方向

要依据党和国家的方针政策，紧扣特定阶段的中心工作，推断预测期内经济管理的大趋势。

2. 运用方法

根据预测目标，综合运用定性预测与定量预测结合的方法，采取专家评估、民意调查等多种形式，力求预测准确。

二、范文阅读

▲人力资源供求预测报告

大众化阶段毕业生供求趋势预测报告

“新型国民教育体系构建与公平教育实现机制研究”课题组

根据教育事业和人口普查的最新统计数据，2012 年我国高等教育在校生总人数已达到《教育纲要》2020 年的预期规模；2011—2020 年的十年间，我国高等教育毕业生累计总规模将达到 1 亿人，其中普通高校毕业生为 7000 万人。

在 20 世纪 90 年代，普通高校毕业生数仅能满足白领岗位需求的三分之一；新世纪前十年,普通高校毕业生数已开始大于白领岗位总需求人数;未来十年,普通高校毕业生有40%左右需进入蓝领岗位就业,成为知识型工人、知识型农民和知识技能型商业服务人员。

课题组预测,即使未来十年高等教育总招生规模按年均1.5%低速增长,2020年我国高等教育总规模也将突破4000万人,有望提前进入高等教育普及化阶段,这一形势的重大变化呼唤高等教育转型发展,对各级各类高等学校的定位与结构做出重大调整。

大学毕业生供求呈现新格局

高校年毕业生就业需求量与城镇劳动力市场可提供的新就业岗位总量比例发生重大变化

根据第四、五、六次全国人口普查资料,在20世纪最后十年期间,我国城镇就业岗位新补充人数为7600万人,同期普通高校本专科毕业生数为750万人,仅为前者的10%;在21世纪前十年期间,我国城镇就业岗位新补充人数为1.3亿人,同期普通高校本专科毕业生数为3400万人,上升为前者的1/4;未来十年,预计我国城镇就业岗位新补充人数约为1.4亿人,同期普通高校本专科毕业生数将接近7000万人,预计占到城镇就业岗位新补充数的一半。

上述情况表明,在第一个十年,大多数高校毕业生可进入城镇劳动力市场前10%的高端白领岗位(在城镇就业岗位总量中的前10%为高端白领岗位,20%为中初级白领岗位,其余70%为技能型、操作型的蓝领岗位);在第二个十年,只有不到三分之一的高校毕业生可进入劳动力市场的高端岗位就业,另外三分之二的毕业生主要转向劳动力市场的中初级白领岗位和高技能蓝领岗位就业;在未来十年,只有五分之一的毕业生能进入劳动力市场高端白领岗位就业,还有五分之二的毕业生面向劳动力市场的中初级白领岗位就业,其他五分之二的毕业生须转向高技能蓝领岗位就业。

高等教育毕业生总规模与全国白领岗位补充需求数比例结构发生重大变化

根据人口普查资料,2000年包括全国专业技术人员、管理人员在内的白领岗位总人数为7500万人,比1990年净增了1800万人;加上自然减员数,合计十年补充量为2600万人。同期,普通与成人高等教育毕业生数为1400万人,相当于同期白领岗位补充量的54%;其中普通高等学校毕业生只能满足30%的需求,呈明显供不应求的状况。

2010年全国白领岗位总人数扩大为9700万人,比2000年净增2200万人,加上自然减员数,合计十年补充量为3400万人。同期,普通与成人高等教育毕业生数为4800万人,已相当于同期白领岗位补充量的1.4倍;由于部分具有工作经验的成人高等教育和中职毕业生参与白领岗位的竞聘,获取了一定比例的白领岗位,普通高校毕业生在白领岗位的竞争中开始出现供大于求的状况。

课题组预测，2020 年全国白领岗位数将比 2010 年净增 2800 万人左右，加上自然减员数，未来十年总补充量为 4600 万人。同期，普通与成人高等教育毕业生数预计将达到 1 亿人，扣除少部分专升本和本升研重复计算的人数后，实际需就业的毕业生数为 9500 万人。

从三个十年比较来看，由于高等教育毕业生数的急剧增长，劳动力市场的供求形势发生重大变化，今后白领岗位的补充量已无法满足高等教育毕业生的全部就业需求，相当一部分大学毕业生转向蓝领岗位就业成为必然趋势。

大专及以上文化程度人才职业分布的变动趋势

(1)从分大类职业人才存量来看，随着时间的推移，大专及以上文化程度人才中的白领比例逐步下降，蓝领的比例逐步上升。

过去 20 年，白领岗位中大专及以上人才总量由 1990 年的 1100 万人增加到 2010 年的 5208 万人，增长了 4 倍；而蓝领岗位中大专及以上人才总量则由 1990 年的 103 万人猛增为 2010 年的 2347 万人，增长了 22 倍。大专以上文化程度人才的白领和蓝领岗位数比值由 1990 年的 9∶1 变化为 2010 年的 7∶3，今后这一比值还将进一步缩小。

(2)从分大类职业人才增量趋势来看，白领的增量比例逐步下降，蓝领的增量比例快速上升。

2001—2010 年白领岗位的大专及以上文化程度人才比前十年增加了 752 万人，而蓝领岗位的大专及以上人才增加了 1326 万人，相当于前者的 1.8 倍。这一情况说明，随着高等教育大众化的进展，本专科毕业生中越来越多的人将转向蓝领岗位就业，这有利于提升一线劳动者的文化程度构成和综合素质。

大专及以上文化程度人才行业分布的变动趋势

(1)从分大类行业人才存量来看，大专及以上文化程度人才总量中，机关事业单位所占的比例在逐步下降，经济行业、企业所占的比例正逐步上升。

1991—2010 年，机关事业单位的大专及以上人才总量，由 700 万人增加为 3500 万人，增长了 4 倍；农、工、建、交、商等经济行业企业的大专以及上人才总量由 500 万人增加为 4100 万人，增长了 7 倍。1990 年机关事业单位与经济行业、企业的大专及以上人才拥有量比值为 6∶4，到 2010 年反转为 4.5∶5.5；预计 2020 年将进一步变动为 3∶7。

(2)从分大类行业人才增量来看，全部大专及以上文化程度人才增量中，机关事业单位增量所占的比例逐步下降，经济行业企业增量所占的比例快速上升。

2001—2010 年十年间，机关事业单位大专及以上文化程度人才增长数，较前十年增加了 434 万人；同期，经济行业企业大专及以上文化程度人才增长数，较前十年增加了 1681 万人，后者相当于前者的 4 倍。上述情况表明，今后高等教育毕业生中的八成以上将面向以企业为主体的经济部门就业，而去机关事业单位就业的人数及比例将进一步下降。

以上分析表明，随着高等教育由精英化阶段向大众化阶段发展，高等教育毕业生的供求出现了新格局，要求我国高等学校从纵向和横向两个方面拓宽人才的培养目标及就业去向：由过去主要培养高级专门人才，转变为培养各级各类专门人才和高素质技能型劳动者；多数高等学校毕业生由面向机关、事业单位和一、二线城市就业，转变为面向以企业为主的经济部门和中小城市、乡镇就业。

鉴于以上情况，我国高等教育应由前一时期扩大规模为主的外延发展模式转变为以结构调整、提高质量为重心的内涵发展模式；高等教育人才培养要与经济社会发展和劳动力市场相适应，对各级各类高等学校进行科学定位和合理分工；通过人才需求预测，调整高等教育的层次结构、科类专业设置和人才培养规格，实现转型发展……

第四节　经济业务预测报告

一、写作要点

(一)名称解释

经济业务预测报告，是根据经济业务过去和现状推断发展趋势的文书。

(二)主要特征

1. 专业性

这种预测报告专用于经济工作的具体事务，大至农业、工业、商务、财政等各个行业，小至每个行业的某些方面，因而体现鲜明的专业性。

2. 技术性

在写作中，结合实际需要，把定性预测法、定量预测法等通用方法与各个行业的操作技巧结合起来，显得具体而灵活。

(三)种类划分

1. 按内容分

有市场预测报告、交通预测报告、旅游预测报告等。

2. 按性质分

有综合经济预测报告、单项经济预测报告。

3. 按预测期分

有长期预测报告、中期预测报告、短期预测报告。

(四)基本结构

1. 标题

大多拟单标题。写法有公文式,如《2015—2018年中国4G手机市场预测报告》;主旨式,如《中国外汇储备改革须设计顶层方案》;事由式,如《茶叶品牌化和电商渠道将成新趋势》;提问式,如《我国物流行业"十三五"发展前景如何》。有时拟双标题。

2. 正文

前言。常用概述式、提问式、结论式等写法,根据表达的需要安排。

主体。大体说来,经济业务预测报告的主体由情况、预测、建议组成,具体内容和层次安排因文而异。除了以情况、预测、建议为序外,还有其他方式,比如,将几个预测对象或者一个预测对象的若干项目分别介绍,把所用的各种预测方法分别陈述,逐步深入地叙写预测的整个过程等。

结尾。归纳结论或者补充说明有关事项。也可以把建议作为文章的最后一个部分。

3. 署名

写在标题正下方或者正文右下方或者封面。

4. 日期

内部经济业务预测报告有时写成文日期,如果公开发表无须设此项。

5. 附件

如有附件,放在文章后。

此外,篇幅较长的经济业务预测报告还有封面和目录。

(五)注意事项

1. 熟悉业务

既要谙熟预测对象所涉及的经济业务,又要掌握预测的理论、程序和方法,做到两者有机结合。

2. 突出特点

应该围绕预测对象广泛搜集和深入分析资料,在横向上比较与相关业务的联系和区别,在纵向上根据过去与现在推断未来,做到个性鲜明。

二、范文阅读

▲电力预测报告

2014年全国电力供需形势分析预测报告

中国电力企业联合会

2013年,全国电力运行安全平稳,电力供需总体平衡。全社会用电量全年同比增长7.5%,同比提高1.9个百分点;第三产业和城乡居民用电延续高速增长,分别同比增长10.3%和9.2%;第二产业用电同比增长7.0%,制造业用电增速逐季攀升,四大高耗能行业用电增速先降后升,同比增长6.0%;西部地区用电增速继续明显领先,各地区增速均高于上年。年底全国发电装机容量首次跃居世界第一,达到12.5亿千瓦,全年非化石能源新增装机占全部新增的比重提高到62%,水电新增装机创历史新高,并网太阳能发电新增装机增长近十倍。风电发电量保持高速增长,设备利用小时同比再提高151小时,设备利用率明显提高。

展望2014年,我国经济将延续平稳增长态势,预计国内生产总值同比增长7.5%左右,相应全社会用电量同比增长7.0%左右,年底全国发电装机13.4亿千瓦左右。预计全国电力供需总体平衡,东北区域电力供应能力富余较多,西北区域电力供应能力有一定富余,华北区域电力供需平衡偏紧,华东、华中、南方区域电力供需总体平衡。

一、2013年全国电力供需情况分析

(一)全社会用电量增速同比提高,季度增速前升后降……

(二)全国发电装机容量首次跃居世界第一,新能源发电继续超高速增长……

(三)全国电力供需总体平衡,地区间电力富余与局部紧张并存……

二、2014年全国电力供需形势预测

(一)电力消费增速预计将比2013年小幅回落

总体判断,2014年我国经济将延续平稳增长态势,预计国内生产总值同比增长7.5%左右。综合考虑2014年经济增长形势、国家大气污染防治与节能减排、化解钢铁等高耗能行业产能严重过剩矛盾以及2013年迎峰度夏期间持续高温天气导致用电基数偏高等因素,预计2014年我国全社会用电量同比增长6.5%~7.5%,推荐增长7.0%左右。

(二)电力供应能力充足,非化石能源发电装机比重继续提高

预计全年新增发电装机9600万千瓦左右,其中非化石能源发电6000万千瓦左右、煤电新增3000万千瓦左右。预计年底全国发电装机达到13.4亿千瓦,其中煤电8.2亿千瓦左右,非化石能源发电4.5亿千瓦左右,非化石能源发电占比接近34%。非化石能源发电装机中,常规水电2.8亿千瓦、抽水蓄能发电2271万千瓦、核电2109万千瓦、并网风电9300万千瓦、并网太阳能发电2900万千瓦左右。

(三)2014年全国电力供需总体平衡

预计2014年全国电力供需总体平衡。其中,东北区域电力供应能力富余较多,西北区域有一定富余;华北区域电力供需平衡偏紧;华东、华中、南方区域电力供需总体平衡。预计全年发电设备利用小时4430~4480小时,其中煤电设备利用小时超过5100小时。

三、有关建议

（一）加快发展清洁能源发电……

（二）加快制定实施电能替代战略规划……

（三）加快解决“三北”基地不合理“弃风”问题……

（四）加快解决东北区域发电装机富裕问题……

（五）加快理顺电价、热价形成机制，促进解决云南等水电大省煤电企业及北方热电联产企业长期普遍亏损问题……

（六）加快完善大气污染物特别排放限值相关政策措施……

▲化肥预测报告

“七五”期间××省化肥市场需求预测

从1984—1985年我省化肥工业出现了历史上最严重的滞销局面以后，由于省政府为确保农业用肥的需要，今年对化肥企业恢复生产采取了一系列扶持政策，使化肥工业又进入了新的全面复苏阶段。面对此种情况，“七五”期间我省化肥市场需求发展趋势如何？怎样按需组织化肥生产以保农业需要？这是生产者与消费者共同关心的大问题。我们试用预测的理论和技术，从定量和定性两方面做些尝试性的探讨。

在定量方面：采用的主要方法是指数平滑法。（计算公式和图表略）因所取历史各年份氮、磷肥施用量基本上是随着时间的增加呈线性发展的，故采用线性指数平滑模型，$YT+L=aT+bT\cdot L$。

线性平滑预测结果　　单位：万吨（折纯100%）

	“七五”期间					
	1986年	1987年	1988年	1989年	1990年	年平均
全省氮肥需求量	49.06	50.22	51.38	52.54	53.70	51.38
全省磷肥需求量	18.23	18.89	19.55	20.21	20.87	19.55

在定性方面：若把降雨量、自然灾害等随机因素排除，从以下几种因素做出分析判断：

1.化肥与粮产的关系。以农业为基础是我们的基本国策，化肥又是直接为农业服务的重要生产资料。要多产粮必须合理增施化肥。我省农业近两年在不同程度遭受自然灾害的情况下，要把已实现的粮食自给指标恢复上去，并在“七五”期间比“六五”期间有较大幅度增长，主要措施是增施化肥。

2.国家在政策上重视支农，并加强了对进口化肥的宏观控制。前几年，由于大量进口高效化肥，不仅严重冲击了国内化肥市场，也使农民的购买投向和商业经销策略发生了变化，致使小化肥销路不畅、积压、停产。从今年开始，国家和省政府都采取积极措施扶持地方化肥工业，这将为我省化肥的产销逐步走上健康发展的轨道创造一定的条件。

3.农民购肥能力逐步提高。农村实行联产承包责任制以后，越来越多的农民增强了投入产出和效益观念。随着农业收入的增加、农民购买力的增强，市场投向已由低价低档肥料逐渐转向高档肥料和复合混配肥料上来，而且更加注重施肥的方便和科学施肥的效果。

4.由于种植业结构的变化，水田作物和经济作物的增多，秸秆作物减少，有机肥产量下降，需化肥补充。

“七五”期间，我省化肥需求量上升的积极因素很多，通过定性、定量的综合分析、判断和修正，预计1986年农业施肥量可接近或达到1975年水平。从1987年开始将在恢复历史最好施肥水平的基础上，出现新的增长趋势。每年氮肥将以1万吨左右的递增速度发展，磷肥将以0.7万～1万吨的递增速度发展。

根据现有可供量资源和增产措施，“七五”期间按上述增长水平，氮肥从数量上讲可基本满足需要，但高档肥不足；磷肥尤其是浓缩高效氮磷钾复合肥尚有较大缺口。为适应农业发展需要，应尽快调整化肥品种结构，加快发展尿素、磷铵和复混肥料，并加强科学施肥和农化服务工作。

第六章　经济决策报告

第一节　经济决策报告概述

一、写作要点

(一)名称解释

经济决策报告,又称经济决策方案,是经济管理部门或者企业为了解决经济活动中出现的重大问题,围绕既定目标,根据国家相关方针政策、法律法规以及其他信息,进行科学的分析研究,提出若干方案,经过多方比较和论证,从中选出一个最佳方案,供决策层及有关部门参考的文书。

(二)主要特征

1.决定性

这是经济决策报告的最主要特点。人们习惯于将决策看作"谋"与"断"的合一。"谋"是决策研究,"断"是拍板定案,经济决策报告正是决策研究的书面成果,为拍板定案提供最直接、最重要的依据。

2.系统性

一方面,决策是系统化的动态过程,各要素之间是一个相互联系、相互制约的整体,经济决策报告要解决为什么做、做什么、谁去做、什么时间做、在哪儿做、怎样做、怎样检验做的效果等一系列问题;另一方面,经济决策报告经常运用系统学、统计学、运筹学、管理学、商品经营学、控制论、信息论等多学科的知识,并且要求作者具有较强的综合分析能力。

3.有效性

这是衡量一份经济决策报告好坏的基本标准,主要看它有效还是无效、经济效益和社会效益是大还是小。因此,编写经济决策报告总是着眼于选择最佳方案,以获取最大效益。

(三)种类划分

1.按决策内容分

有经济战略决策报告、经济管理决策报告、经济业务决策报告。

2.按决策目标分

有单目标决策报告、多目标决策报告。

3.按决策分析方法分

有确定型决策报告、风险型决策报告、非确定型决策报告、博弈型决策报告。

4.按决策事件发生频率分

有程序化决策报告、非程序化决策报告。

5.按决策期分

有长期决策报告、中期决策报告、短期决策报告。

(四)基本结构

1.标题

单标题。大多采用公文式写法。其中,完整式标题是国家、区域、地区、行业、组织名称加期限、目标、文种,如《××矿业集团“十二五”投资战略决策报告》;省略式标题是国家、区域、地区、行业、组织名称加目标、文种,或者期限、目标、文种,或者目标、文种,如《中国汽车租赁行业经营模式及投资战略决策报告》。

双标题。正标题揭示主旨或者意义,副标题说明国家、区域、地区、行业、组织名称以及期限、目标、文种,如《西部崛起不是梦——中国西部经济社会发展研究报告》。

2.正文

概括起来,有通式和变式两大类。

(1)通式。这是最基本的结构方式,包括如下几个部分:

前言。主要写法有四种。一是概述式。简括基本情况和主要事实。二是比较式。运用统计数据等进行比较。三是提问式。提出经济活动中出现的某个重要问题。四是结论式。先说出结论,然后再分析和说明这种结论的事实和依据。有时不单设开头,起笔就进入决策的具体内容。

主体。包括以下五个要素:一是决策目标。这里所说的目标是指在一定的环境和条件下,依靠调查研究和预测技术的科学方法,确定要解决的问题和达到的技术经济指标。目标是决策的方向,没有目标的决策是盲目的决策,目标不正确的决策势必导致决策的失误。因此,确定决策目标是科学决策的前提,也是写好经济决策报告的关键一步。好的决策目标有下列特点:含义确切,不能发生歧义;先进合理,通过努力能够实现;有定性和定量的明确表述;有明确的时间概念;可以确定实现目标的责任者。二是依据资料。按照决策目标搜集相关资料,并作必要的说明。资料要全面可靠,排列合理,而且事例与数据相结合;说明要确切简练,层次井然。三是设计方案。就是在大量资料的基础上,寻找实现目标的各种有效途径。方案至少在两个以上,以备筛选。好的方案应具备下列条件:能够实现预期目标;从定性和定量两个方面对各种影响因素进行分析;对一些无法控制的因素也要预测其实现的概率。四是比较论证。先是对预选的各种方案进行比较和论证,权衡各方案的利弊和风险,比如有利因素与不利因素、经济效益与社会效益以及对自然生态的影响、可能发生的问题及遇到的困难;接着在综合评价的基础上,通过合理的标准和科学的举优方法选出最佳方案,供决策层和有关部门参考。五是预测结果。即交代实施最佳方案将会出现的结果,这个结果应与决策目标保持一致,要写明有关数据和百分比。由于结果是未实现的可能性,这部分篇幅不需太长,阐述不宜过细。

结尾。写法有总括上文、补充说明,提出建议等,如无必要不单设结尾。

(2)变式。是借鉴其他文体或者文种的结构方式,比如经济计划、经济策划书、经济论文以及市场营销方案、工作研究报告,由现状、决策等模块组成。

此外,向组织或者部门报送的经济决策报告经常用"以上方案,请领导裁定""以上方案,请领导分析选择""以上方案,供领导决策时参考"等语句作结,显得郑重。

3.署名

在标题正下方或者正文右下方或者封面写组织、部门、课题组名称或者个人姓名。

4.日期

在正文右下方或者正文后署名下方或者封面写具体的年月日。

5.附件

如有统计图、统计表等附件,附在文章后。

此外,篇幅较长的经济决策报告大多加封面、列目录。

(五)注意事项

1.坚持基本原则

系统性、经济性、可行性、预见性、信息性、民主性、科学性、创新性是经济决策报告写作的基本原则,直接关系到质量的高低甚至成败,必须始终坚持不走样。

2.掌握相关知识

要熟悉党的方针政策和国家的法律法规,有较高的政治理论水平和扎实的经济理论功底;掌握现代化的专业知识和管理手段,包括决策科学的理论和方法,并能恰当运用;了解其他方面的知识,以应付复杂的情况。

3.开拓创造性思维

决策是对未来行动方案的一种抉择,从一定程度上说决策的本质在于创造,开拓创造性思维就是决策的创造性在思维上的体现。要从单维型思维向多维型思维转变，从多个备选方案中选出一个最佳方案；着眼于未来，进行科学预测，风险型决策报告还要编写应急预案，做到应变自如。

二、范文阅读

▲产品开发决策报告

××汽车制造厂车身厂开发新产品方案

一、决策目标

为使××牌汽车打入国际市场，××汽车制造厂车身厂提出开发多品种、系列化的车身产品，以满足用户多种需要。

二、依据资料

(一)车身厂根据……预测并获悉到××××年前我国对重型和中型汽车的需求量如下：

×汽××××—××××年汽车产量的发展规划，是由××万辆上升到××万辆左右。

(二)搜集科技信息，分析科技因素，制定改进一代老产品、试制一代新产品、预研一代更新产品的方针，制订在短期内实现多品种、系列化的车身生产、销售计划。

三、预定方案

第一个方案，全面引进国外先进技术，采用进口设备，以生产多品种优质产品，提高生产能力。

第二个方案，全部依靠自己的力量，改造生产线，实现决策目标。

第三个方案，以自行改造为主、技术引进为辅，即对小部分关键项目引进国外的先进技术、进口关键设备，而大部分项目依靠自己的力量改造。

四、分析比较

(一)定性分析

第一方案的优点是技术先进形成的生产能力较大，弊端是花费外汇较多，技术输出方限制条件太多，不利于×汽产品的发展。第二个方案的优点是节省外汇，弊端是研制、制造、试验、安装等工程周期长，受技术条件限制，产品不易达到国际先进水平。第三个方案的优点是关键技术与设备可达到世界上20世纪90年代水平，可实现多品种、优质生产，而且建设周期短、投资不多且×汽具有强大的技术后方，设计、制造、安装力量较强，不足之处是生产能力没有第一方案高。综合分析：直观判断，满意的可行方案应是第三个方案。

(二)定量分析

根据历史资料的统计分析，得知汽车需求量走上升趋势，采用适合此种情况的指数平滑法预测今后车身产品的需求量，结合中型和中重型汽车需求量的预测，对车身产品销售前景判断，可能出现三种需求情况：即高需求时每年的销售量基本按11%递增，中等需求时每年销售量基本按9%递增，低需求时每年销售量基本按6.5%递增。

采用三种方案的投资额，8年形成的生产能力及产量、销售情况，如表1所示。

表1

自然状态/数值/方案	投资额（万元）	8年可实现的产量合计（万辆）	高需求时销售量（万辆）	中需求时销售量（万辆）	低需求时销售量（万辆）
全面引进	6000	130	130	110.5	91
改造与引进结合	3000	122	122	110.5	91
全部自制	2800	97.5	97.5	97.5	91

根据××总厂确定的价格，每台车身利润假定为××××元，将三种需求情况下的收益值计算，如表2所示。

表2　单位：万元

自然状态/收益值/方案	高需求	中需求	低需求
全面引进	34040	27592	21300
引进与改造相结合	30840	30592	24300
全部自制	26450	26450	24500

（三）选择方案

1. 瓦尔德决策准则——小中取大的原则（又称悲观原则），这是个坏中求好的准则。即先在每一个方案中，选取最小的收益值，然后再从中选取一个收益值最大的方案作为决策方案，如表3所示的24500万元，即为小中取大的决策方案。

表3　单位：万元

自然状态/收益值/方案	高需求	中需求	低需求	最小收益值
全面引进	34040	27592	21300	21300
引进与改造相结合	30840	30592	24300	24300
全部自制	26450	26450	24500	24500

但该厂根据汽车发展趋势，认为出现低需求的可能性很小，几乎不可能出现。同时认为，如果采用全部自制的方案将造成生产能力无潜力，质量水平不高，不利于打入国际市场等，所以此方案应舍弃。

2. 赫威斯准则——大中取大原则（又称乐观原则），这是个好中求好、对自然状态持乐观态度、冒险性较大的决策。即在每个方案中选取最大的收益值，然后再从中选出一个收益值最大的方案作为决策方案，如表4中的34040万元。

表4　单位：万元

收益值 自然状态 / 方案	高需求	中需求	低需求	最小收益值
全面引进	34040	27592	21300	34040
引进与改造相结合	30840	30592	24300	33840
全部自制	26450	26450	24500	26450

但考虑到国家要着重解决固定资产投资规模过大、工业生产增长速度过快、信贷资金和消费基金增长过猛、国家外汇储备下降等问题的环境因素，认为最近几年不会出现最高需求量。另外全面引进需要近30000万元，工厂难以办到，对方附有过多的限制条件，严重影响×汽产品开发与发展，所以此方案应舍弃。

3. 折中决策准则，这是一种介于悲观与乐观之间的决策方法。车身厂用折中准则，根据各种预测资料和环境因素与主观经验，计算各方案收益值，如表5所示。

表5　单位：万元

收益值 自然状态 / 方案	最大收益值	最小收益值	折中收益值
全面引进	34040	21300	30218
引进与改造相结合	30840	24300	30978
全部自制	26450	24500	25965

显然，应该采取引进与改造互相结合的方案，其折中收益值最大，是最优方案。

第二节　经济战略决策报告

一、写作要点

(一)名称解释

经济战略决策报告,是提出在一定历史时期指导经济全局重要策略的文书。

(二)主要特征

1.战略性

这种决策报告用于高层决策,对国家、区域、地区、行业、组织的经济发展全局进行策划,着眼于长远设想。

2.指导性

由于特殊的战略地位,这种决策报告一经决策层采纳,就具有重要的指导意义,极大地推动经济的发展。

(三)种类划分

1.按主体分

有国家经济战略决策报告、区域经济战略决策报告、地区经济战略决策报告、组织经济战略决策报告。

2.按范围分

有宏观经济战略决策报告、微观经济战略决策报告。

3.按内容分

有经营战略决策报告、合作战略决策报告、市场开发战略决策报告等。

(四)基本结构

1.标题

单标题。大多采用公文式写法,如《2013—2017年内蒙古低碳经济市场发展状况及投资战略决策报告》。

双标题。包括正标题和副标题,如《工业成长与区域发展——庆阳地区经济发展战略决策研究》。

2.正文

前言。根据篇幅长短以及具体情况设置,或者单设一个部分作为全文的总起,或者用一两段谈及。在处理上,可以从概述式、比较式、提问式、结论式等写法中选一,也可以同时使用两种以上写法。

主体。由于经济战略决策报告范围广、期限长,因而主体的内容比较繁杂,应该把准内容的逻辑关系，恰当处理其主次、先后、详略。常见的层次安排有以下几种：一是按决策目标、依据资料、设计方案、比较论证、预测结果逐一说明；二是分战略地位或者现状分析、战略决策两大部分，其中战略决策或者按照基本方针、重点、具体策略的顺序说明，或者把几个战略并列叙说，或者由总而分地表述。

结尾。如有必要，可以对上文加以总括、补充或者提出建议。

向有关组织或者部门报送的经济战略决策报告有时用“以上方案，请领导裁定”等语句收尾。

3. 署名

写在标题正下方或者正文右下方或者封面。

4. 日期

在正文右下方或者正文后署名下方或者封面写具体年月日。

5. 附件

包括基本数据的统计图、统计表等。如有附件，按照一定顺序放在文章后。

此外，篇幅较长的经济战略决策报告还有封面和目录。

（五）注意事项

1. 高屋建瓴

要站在时代的高度，用前瞻性眼光和开拓性意识，提出本地经济实际与经济规律相适应的指导思想、基本原则、主要策略。

2. 统筹兼顾

要有“一盘棋”思想，统一筹划，全面照顾。既从横向认真考虑各个地域、行业、项目的协调，又在纵向恰当处理不同阶段的承转以及每个环节的衔接。

二、范文阅读

▲地区经济战略决策报告

××县域经济的战略地位及战略决策

××县地处××边界、××最南端，陆路距××特区 78 公里、××特区 400 公里，是××通向珠三角和港澳地区的“南大门”，也是××地区同××地区开展经济活动的必经之路，在全省经济发展中具有重要的战略地位和作用。随着省委建设海峡西岸经济区的深入实施，××的优势和作用将会进一步凸显出来，必将逐步发展成为××交通干线上的重要枢纽和××南部发展轴上的重要城市。

一、××县域经济的战略地位分析

近年来，××县委、县政府围绕构建“××边界生态工贸港口城市”的目标，遵循市场经济规律和区域发展战略的要求，加快开放开发步伐，将发展边界经贸协作作为经济发展的战略性任务，进一步推动对×经贸协作交流实现“三个转向”，即由被动承接辐射转向主动争取吸纳×方的产业转移，由单一的贸易往来转向全方位的经济文化技术交流，由民间的自发交往转向政府组织引导、官方民间共同参与，大力推动××双方商品、资金、人才、技术、信息等生产要素的流动和合理配置，建立起产业上相互补充、产品上相互配套、要素上相互配置、功能上双向辐射的经济协作关系，构筑起你中有我、我中有你、优势互补、资源共享、共同发展的边界协作新格局。

(一)××县域经济的优势和劣势

××县域经济发展的前景是美好的。诚然，××在前面阶段发展是落后了，这是事实，说明××经济发展与其他地区相比有差距，这是我们的不足之处，是劣势。但反过来，我们也正因为如此反而有后发优势，更有潜力。

1. 工业储地多……

2. 工业用电充沛……

3. 淡水资源充裕……

4. 交通便捷……

5. 劳动力充足……

同时，××经济社会发展中也还存在不少困难和问题，主要是：经济总量小，结构性矛盾比较明显，二、三产业比重偏低，财政收支矛盾较为突出；龙头企业少、品牌产品少，产业特色不鲜明，产业聚集度不高，配套能力弱，县域经济发展缺乏强大的拉动力；乡镇自主发展能力弱，区域经济发展不平衡，城市化水平偏低，城乡差距相对突出；市场培育不足，商贸服务业发展水平不高；体制机制创新不够，市场化运作水平较低，制约项目建设的资金、环境、机制等关键问题尚未根本性突破，发展后劲不足；创业氛围不浓，民营经济激活不够，一些有潜力、有优势的民营企业没有做大做强；一些人民群众关注的热点、难点问题没有得到有效解决，部分群众生活水平不高，收入增长缓慢；投资环境不够优化，机关工作作风和工作效率有待进一步提高，"三乱"问题局部有所反弹等。这些问题已经引起县委、县政府的高度重视，并将采取有力措施加以解决。

(二)××县域经济的机遇和挑战

当前，××发展县域经济又迎来一个千载难逢的机遇。

1. 面临省、市经济区域布局调整的机遇……

2. 自身条件具有独特的优势和潜力……

3. 发展边界经济积累了一定的实践经验……

4. 具有良好的发展氛围……

随着改革开放的不断深入，××发展县域经济也面临许多严峻挑战。一是投资大环境的挑战。受美国金融危机影响，全球经济不景气，资金链短缺，给利用外资带来较大的困难，加上东南亚经济开始复苏后，国际资本向这些国家流量逐步增加，加剧了利用外资的竞争;海峡两岸的关系还不够稳定,在一定程度上影响到台商对大陆投资的积极性,增加了吸引台资难度。此外,为了遏制我国出口的快速增长,欧美等国家对食品、纺织服装、鞋帽等行业增设贸易壁垒,加大了××现有相关产业做大做强的难度。二是优惠政策弱化的挑战。一方面,随着全方位对外开放格局的形成,发展县域经济将遵循 WTO 国际准则,执行全国统一的对外开放政策、投资鼓励政策、税收政策、土地政策法规。原来地方政府自行制定的对投资者优惠条件已受到限制。另一方面,一些地方的开发区仍寄希望于国家和当地政府给予更多的优惠政策,为达到招商目的,甚至采取免费提供土地的做法,加剧了县域经济的无序竞争。三是经济技术水平偏低,没有形成规模。由于××发展县域经济起步慢,经济技术水平仍以劳动密集型和中低层次技术为主,项目的整体规模、水平、档次还不高,市场化、社会化程度较低,企业之间没有形成密切配套关系,远未形成以龙头产业为主的产业群,经济发展水平偏低。四是基础设施配套滞后。无法为投资者提供优惠完善、立时可用、符合国际标准的硬环境,这势必削弱××招商引资的竞争力。另外,新出台的《中华人民共和国土地管理法》规定实行严格的年度用地指标计划,提高了契税、垦复金和征地补偿标准,用地供求矛盾加剧,提高土地开发成本,增加了招商引资困难。

(三)××县域经济的战略地位结论

随着××××大经济合作趋势的进一步形成,以及××建设海峡西岸经济区、××打造"三个基地"战略的深入实施,××作为××对接"珠三角"的节点,其独特的区位优势更加凸显,战略地位更加重要,××参与区域产业协作,加快对台经贸合作与文化交流,拓展与港澳经贸合作的空间和领域将更趋便捷有利,××面临难得的发展机遇。

二、××县域经济的战略决策

当前,××正处在新一轮发展的关键时期,加快发展是××县 60 万人民的热切期盼,我县将围绕省委建设海峡西岸经济区的一系列战略部署,在原有工作的基础上,调整、完善总体发展思路,立足实际,充分发挥自身优势,在海峡西岸经济区建设中主动对接珠三角和××地区,大力实施工业立县、项目带动、外向拉动战略,培育壮大民营经济、边界经济、海洋经济,构筑"一区两带三极"的发展布局,推动全县经济社会协调发展,更好地凸显××在全省、全市区域总体发展布局中的特色和地位,把我县建设成为××边界生态工贸城市,努力实现××在海峡西岸的崛起。

(一)××县域经济发展的重点

要按照省委提出的"四个重在"要求,立足县情,抢抓机遇,凸显优势,发挥边际效应,打响"××边界"品牌,趋利避害,加快发展,努力把××建成××边界新兴城市。

1. ××边界重要的交通枢纽……

2. ××边界重要的物流中心……

3.××边界重要的普通制造业和食品加工业基地……

4.××边界重要的文化交流中心……

5.××边界重要的能源和原材料生产基地……

（二）××县域经济发展的基本战略

1.加快推进工业化进程……

2.努力提高服务业发展水平……

3.加快信息化工程建设……

4.完善基础设施建设体系……

5.稳步推进新农村建设……

6.加快城市化进程……

7.强化科技创新机制……

8.加快教育发展与人才开发……

9.加强资源开发利用与生态环境建设……

10.提升对外开放水平……

11.建立健全与经济发展水平相适应的社会保障体系……

12.进一步提高人民生活水平……

根据上述战略思路，结合××自身优势和在海峡西岸经济区的战略定位，紧紧抓住中央、省、市扩大内需、促进经济增长的重大战略机遇，突出重点，奋力拼搏，努力推动××在海峡西岸经济区建设的崛起，成为××边界新兴的生态工贸港口城市。

第三节　经济管理决策报告

一、写作要点

（一）名称解释

经济管理决策报告，是对经济管理工作进行决策并提供最佳方案的文书。

（二）主要特征

1.核心性

美国学者西蒙有句名言“管理就是决策”，经济管理也是如此。决策在经济管理活动中处在核心地位并贯穿于始终，经济管理决策报告就是科学决策成果的书面反映。

2.最佳性

这种决策报告按照最优化原则，从多个方案中遴选出一个最佳方案，并且通过实施收到最好效果。

(三)种类划分

1.按范围分

有宏观经济管理决策报告、微观经济管理决策报告。

2.按内容分

有经济管理模式决策报告、经济管理方法决策报告等。

3.按对象分

有人力资源决策报告、投资决策报告等。

(四)基本结构

1.标题

单标题。一般采用公文式,如《常山开关厂整体并入常山机电集团决策报告》。有时用主旨式、事由式等写法。

双标题。包括正标题和副标题,如《努力开拓企业理财的新路径——金城矿业集团财务管理模式"四转变"决策报告》

2.正文

前言。篇幅较长的经济管理决策报告一般单设前言作为总论,篇幅较短的经济管理决策报告大多只简要介绍。写法有概述式、比较式、提问式、结论式等。

主体。经济管理决策报告涉及广泛、内容丰富,写作时根据特定目的和对象来确定具体事项、重点和角度。层次安排除了决策目标、依据资料、设计方案、比较论证、预测结果这一基本模式外,还有现状、分析、决策等,其中有的以建议的方式介绍决策事宜。

结尾。有时总结上文、补充事项、提出建议,如无必要不设结尾。

报送的经济管理决策报告有时用"以上方案,供领导决策时参考"等收尾。

3.署名

写在标题正下方或者正文右下方或者封面。

4.日期

如向有关组织或者部门报送,在正文右下方或者正文后署名下方或者封面标明年月日。

5.附件

如有附件,放在文章后。

此外,篇幅较长的经济管理决策报告还有封面和目录。

(五)注意事项

1.明确目标

以经济管理的科学化、规范化为目标，结合实际情况确定写作的主旨和思路，力求有创意、收显效。

2. 抓住关键

要围绕更新经营理念、培育企业精神、提高员工素质、转换管理模式等关键性问题，提出新主张、新举措。

二、范文阅读

▲投资决策报告

××厂投资决策报告

本厂为发电厂试制了一种DC480—200型带耦合器的节能泵。新泵与老泵比较有五大优点：(1)设计合理先进；(2)效率高；(3)节电；(4)新泵带耦合器，老泵不带；(5)新泵价格低于老泵。

DC480—200型泵经科研单位空载试验，各项性能指标都达到设计要求，于20××年×月正式投产运行。根据运行记录统计，新泵比老泵用电量降低114.4%。一台新泵每年可节电300万度。

因此，工厂决定扩大生产能力，目标是在5年内把全国几十台同类发电机组用的老泵全部更新，预期总利润达到××××万元。

根据预期目标，提出以下三个方案可供决策选择：

第一，新建一个新泵生产车间，增加一批新建设备。经预算，需投资200万元，3年后才形成生产能力。投产后，如销路好每年获利120万元，销路不好每年则亏损10万元。

第二，在原有生产线基础上，通过技术改造，组织新泵生产线，投资约50万元，1年就形成生产能力。投产后，如销路好每年获利60万元，销路不好每年获利30万元。

第三，由几个企业按配件组织协作生产，不需投资，马上就可投产。如销路好每年获利90万元，销路不好每年获利30万元。

表1 运用决策树进行决策分析

（以5年为期）

方案	完成期（年）	投资额（万元）	生产能力（台）	销路好时每年利润（万元）	销路不好时每年利润（万元）
新建车间	3	200	20	120	—10
改造生产线	1	50	10	60	30
组织协作	当年	0	15	90	30
概　率				0.6	0.4

$E_1=(120\times0.6-10\times0.4)\times(5-3)-200=136-200=-64$ 万元/5 年

$E_2=(60\times0.6+30\times0.4)\times(5-1)-50=192-50=142$ 万元/5 年

$E_3=(90\times0.6+30\times0.4)\times5=(54+12)\times5=330$ 万元/5 年

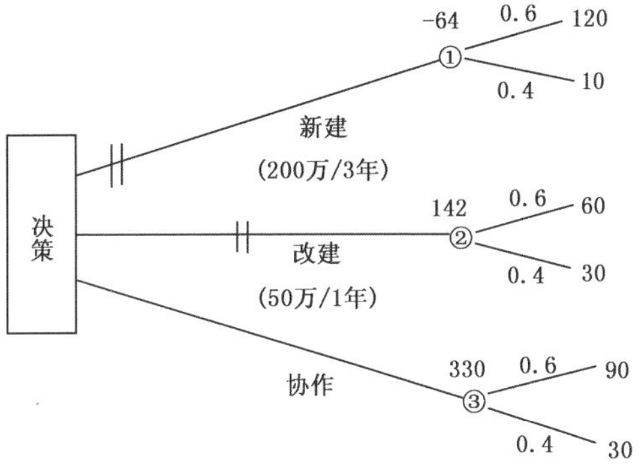

决策：第三方案最优，不需投资，当年投产，获利第二多。

×××

20××年×月××日

第四节 经济业务决策报告

一、写作要点

(一)名称解释

经济业务决策报告，是对经济工作中有关业务事宜做出决策的文书。

(二)主要特征

1.专科性

这种决策报告适用于若干专门科目，各个科目之间有一定的共同属性但也带有鲜明的个性特征。

2.日常性

这种决策报告反映日常的生产、经营活动决策事项，内容详细，可操作性强，有助于提高管理效率。

(三)种类划分

1.按对象分

有生产决策报告、营销决策报告、物流管理决策报告、供应链管理决策报告、研究与开发决策报告、设备管理决策报告等。

2. 按性质分

有综合业务决策报告、专项业务决策报告。

(四)基本结构

1. 标题

单标题。一般采用公文式写法,如《四方物资储运公司关于增大库存量的决策方案》。

双标题。包括正标题和副标题,如《立足研制　适当引进——北山机械厂设备更新决策报告》。

2. 正文

前言。篇幅较长的经济业务决策报告有时把前言作为一个完整的部分总体介绍,篇幅较短的经济业务决策报告往往起笔简要说明,具体写法灵活处理。

主体。经济业务分工细密、内容繁多,决策的内容也各不相同。例如,市场营销决策报告包括市场营销战略、目标市场、销售渠道、品牌和商标等内容。在层次上大多按决策目标、依据资料、设计方案、比较论证、预测结果的顺序安排;有时分现状、决策两个部分,其中现状的分析是基础,决策的方案筛选是核心。

结尾。用来概括全文、补充说明、提出建议。有时不设结尾。

报送的经济业务决策报告有时用“以上方案,供领导决策时参考”等语句作结。

3. 署名

大多置于标题正下方或者正文右下方,有时写在封面。

4. 日期

报送的经济业务决策报告在正文右下方或者正文后署名下方或者封面写明年月日。

5. 附件

如有附件,在文章后逐一附上。

此外,篇幅较长的经济业务决策报告还有封面和目录。

(五)注意事项

1. 区分同异

一要把准各项业务的联系与区别;二要掌握程序化决策报告与非程序化决策报告的各自特点;三要恰当运用确定型决策报告、风险型决策报告、非确定型决策报告不同的决策分析方法。

2. 精心筛选

根据决策目标,结合业务实际,按照一定的程序,对备选方案进行比较和论证,最佳方案应该具有创造性和可操作性。

二、范文阅读

▲营销决策报告

关于降价销售库存冬装的决策报告

我服装经营部为了在服装市场竞争中始终保持优势，本着薄利多销、勤进快销的原则，在市场调查的基础上，经集体讨论，拟将往年库存的冬装一律降价20%销售。如果库存的20000件(套)冬装在今年冬季全部售出，可实现60000元的盈利目标。

营销利润的预测结果如下表所示：(略)

盈亏平衡图：(略)

市场占有率及经营完全率如下所示：(略)

盈亏平衡点的计算公式：(略)

由于市场占有率为85%，经营安全率为95%，所以预计我部的冬装销售比较景气，实现目标的可能性很大。

以上方案，请商场领导裁定为盼。

××商场服装经营部

××××年×月××日

▲设备管理决策报告

××机器厂关于处理××车间闲置厂房及设备的决策方案

一、基本情况

××车间附件(A)每月需要1万件，一直由×厂供应，进价每件30元，每月共需支出30万元，该车间现有闲置厂房、设备未用，全厂也有劳力资源和技术力量，可以利用闲置厂房设备自行生产附件，自行生产每件成本需32元，其中材料15元、工资8元、费用4元(包括投产后资金占用费)、厂房及设备折旧费5元。如果出租厂房设备给×厂，每月可收租金1万元。

二、决策目标

应在保证产品质量的前提下，充分考虑经济效益。

三、方案评析

关于××车间闲置厂房设备的处理，现有如下三种方案：

1. 维持现状。每月支付附件(A)进价费30万元，但应考虑可用而未用的厂房及设备折旧费5万元，实际支付应为35万元。

2. 取消订货。改为自产，连折旧费共支出32万元。

3. 收取租金。×厂同意每月付出租金1万元，支出应为34万元。

评价：第一方案闲置厂房及设备于不顾，造成不应有的浪费，增加了开支，不予考虑。第三方案有两点不接受:(1)租金太低,远远低于厂房及设备的折旧费,且×厂正新建厂房,租赁不可能长久;(2)两厂混杂,会给管理上带来无法克服的困难。因此,第三方案也不予考虑。第二方案的实施虽有一定困难,但克服困难的条件较充分:其一,关于取消订货给×厂造成安排上的困难问题,买卖合同原只订到今年年底,新的合同尚未签订。工厂生产一般都是按合同计划进行的。另外,附件(A)是通用产品,市场需求量较大,本厂可以代为联系新订户。因此,不会给×厂造成安排的困难。其二,关于××车间上马附件(A)的基金问题,可以通过银行贷款、厂内集资两个渠道解决,三年均可还清本息。此外,附件(A)上马后,厂内可进一步改进生产工艺,降低成本,提高质量。据预算,单这一项全年可为本厂增加收入40万元以上。因此,拟决定采用第二方案。

四、措施

为了确保第二方案顺利实施,拟采取如下措施:

1. 立即将本决策传达到有关人员,做好宣传工作。

2. 由副厂长×××为首,成立由××车间主要领导和技术人员参加的领导小组,具体负责附件(A)上马的全部工作。

3. 财务科在一周内编制出详细预算表;材料科将附件(A)所需原料列入明年计划。

4. 本方案实施过程中出现问题,应向领导小组及时报告,在厂党政联席会议上研究解决。

附件:(略)

××机器厂

××××年××月××日

第七章　经济活动分析报告

第一节　经济活动分析报告概述

一、写作要点

（一）名称解释

经济活动分析报告，是经济管理部门或者企业以经济方针政策和经济理论为指导，根据会计核算、统计报表、计划指标以及通过调查所掌握的其他资料，运用科学的分析方法，对经济活动状况进行分析，肯定成绩，揭露问题，查出原因，提出改进措施写成的文书。

（二）主要特征

1. 分析性

经济活动分析报告的突出特征在于分析。通过对各种数据进行定量、定性的分析，检查各项经济指标的预期或者完成情况，同时发现问题、找到产生问题的原因、提出解决问题的途径。

2. 指导性

经济活动分析报告写作目的是总结经验和教训，使有关工作符合经济规律，减少盲目性，增强自觉性，有助于发挥职能部门的管理作用、促进企业提高管理水平。

（三）种类划分

1. 按主体分

有国家经济活动分析报告、区域经济活动分析报告、地区经济活动分析报告、行业经济活动分析报告、组织经济活动分析报告、部门经济活动分析报告。

2. 按范围分

有宏观经济活动分析报告、微观经济活动分析报告。

3. 按性质分

有综合分析报告、专题分析报告。

4. 按详略分

有详细分析报告、简要分析报告。

5. 按分析期分

有事前分析报告、事中分析报告、事后分析报告。

6. 按撰写时间分

有定期分析报告、不定期分析报告。

7. 按写法分

有文章式分析报告、图表式分析报告、综合式分析报告。

(四)基本结构

1. 标题

单标题。主要有以下几种：一是公文式。其中，四项式通常由国家、区域、地区、行业、组织、部门名称加期限、对象、文种组成，如《长和服装厂 2014 年上半年产销情况分析》；三项式包括国家、区域、地区、行业、组织、部门名称加对象、文种或者期限、对象、文种；两项式是对象、文种，其中，文种“分析报告”经常简称为“分析”，如《扩大内需对就业和收入分配的影响分析》。二是主旨式。揭示全文的主旨，如《自主品牌汽车技术和创新能力亟待提高》。三是事由式。多用“说明”“评价”“对策”“意见”“建议”等词语联结有关对象，如《关于节支增收、扭亏为盈的几点建议》。四是提问式。提出问题，启发思考，如《基层供销社的利润为什么上不去?》。

双标题。往往正标题交代主旨或者意义，副标题说明分析的国家、区域、地区、行业、组织、部门名称以及期限、对象、文种，如《“金融热、实体冷”的现象应引起注意——2013 年第 1 季度金融形势分析》。

2. 正文

前言。大多陈述情况，包括主要事例和数据，比如用一组对比数据表明问题的关键所在；有的说明分析的目的、意义，提出问题，交代结论。要直截了当、高度概括。

主体。一般包括情况、分析和建议。情况是指分析对象经济活动的主要内容。比如，有关业务的开展情况、各项指标的完成情况，说明所取得的成绩和存在的问题。分析是经济活动分析报告的重点。要从目的、对象的实际出发，根据不同文种的特点，围绕重点，具体分析指标完成的情况及其原因，总结经验教训。常用三种形式：一是文章式。与一般文章的写法大体一致，只是把大量数据分散到有关部分，与文字融为一体。二是图表式。主要用于各种统计图和统计表。数据集中、醒目，便于读者迅速把握对象的概貌，特别适合对照检查。三是综合式。以数据为中心、以文字为辅助，数据一般采用统计图、统计表形式，然后把图、表所列举的主要项目加以剖析。建议是在分析评价的基础上提出建设性意见。可以单列于分析后，也可以揉进分析中。

结尾。没有固定的写法，比如括应全文、强调主旨、做出预测、补充说明。也可以最后提出建议。

3.署名

在标题正下方或者正文右下方或者封面写分析者的组织、部门、课题组名称或者个人姓名。

4.日期

有时在正文右下方或者正文后署名下方或者封面写明年月日。

5.印章

报送有关组织或者部门的经济活动分析报告,有的加盖印章。

6.附件

这是经济活动分析报告的补充资料,如有关报表。如有附件,可附在文章后。

此外,篇幅较长的经济活动分析报告需要加封面、列目录。

(五)注意事项

1.合乎规定和实际

经济活动分析报告既是经济状况的集中反映,又对经济实践产生直接的影响。因此,要合乎相关方针政策和法律法规的规定;同时,还要进行广泛周密的调查,搜集大量的资料,力求引用的事例和数据真实准确,不能夸大成绩、隐瞒问题,更不能弄虚作假。

2.抓住症结分析

在分析时不能就事论事,应该据事析理。要从全局出发,选准分析对象,深刻反映经济工作中的主要矛盾和关键问题,运用辩证的观点探究客观因素与主观因素,透过表象挖掘本质,从而揭示经济规律。

3.力求表达恰当

说明和议论是经济活动分析报告的主要表达方式。说明要做到数据精确、文字精练,把数据和文字巧妙结合;议论应该评价恰当、说理充分,体现出逻辑的严密性。在语言的运用上,也要力求措辞严谨、句子通顺。

二、范文阅读

▲文章式经济活动分析报告

2013年有色金属产业运行特点

××发展和改革委

2013年,面对国内外复杂多变的经济形势,我国有色金属产业积极应对,生产运行总体保持平稳增长态势。

一是生产平稳增长。十种有色金属产量为4029万吨,同比增长9.9%。其中,铜、铝、铅、锌产量分别为684万吨、2205万吨、448万吨、530万吨,同比增长13.6%、

9.7%、5%、11.1%。铜材、铝材产量1499万吨、3962万吨,同比增长25.2%、24%;氧化铝产量4438万吨,同比增长14.6%。

二是投资结构优化。有色金属工业完成固定资产投资6609亿元,同比增长19.8%,但投资结构进一步调整优化。其中,冶炼完成投资2064亿元,同比下降1%;加工完成投资3303亿元,同比增长40.8%;矿山完成投资1241亿元,同比增长14.4%。

三是效益有所改善。规模以上有色金属工业企业实现主营业务收入48170亿元,同比增长12.7%;实现利润1713亿元,同比增长2.3%。但有色金属行业销售收入利润率仅3.56%,同比下降0.36个百分点,较全国平均水平低2.5个百分点。从品种看,铝冶炼亏损23.1亿元,同比减亏30.8亿元。

四是进出口保持平稳。有色金属进出口总额1581亿美元,同比增长1.1%。其中,进口额1033亿美元,同比下降3.3%;出口额548亿美元,同比增长10.7%。从产品看,铜矿、铝土矿等国内短缺矿产原料进口量明显增加,分别增长28.7%、78.5%;铜、铝、氧化铝进口量出现下降,全年净出口铝材258万吨,同比增长12.4%。

五是价格低位振荡。国内外市场主要有色金属价格持续下跌,对行业运行带来较大压力。全年铜、铝、铅、锌均价分别为53380元/吨、14556元/吨、14152元/吨、14896元/吨,同比下降6.9%、7.1%、8.6%、1.1%。

2013年,有色金属产业运行也出现了一些值得关注的问题。一是电解铝产能过剩问题依然比较突出,铝行业面临严重亏损局面;二是印尼全面禁止铝土矿、红土镍矿等原料出口,我进口受制于人的局面进一步加剧;三是高端深加工产品开发应用能力不强,部分产品仍依赖进口;四是资源保障能力不足,铜、铝等资源对外依存度有所提高;五是国际贸易争端加剧,有色金属产品出口难度加大。

为促进有色金属产业健康有序发展,2014年有色金属产业发展的重点任务应更多地放在:一是继续做好化解电解铝产能严重过剩工作;二是推进有色金属新材料开发应用;三是加大境内外资源开发力度;四是发展循环经济、搞好再生利用;五是扩大国内市场消费;六是推进技术进步、促进节能减排。

▲表格式经济活动分析报告

财务状况分析

编报单位 (盖章) 年 月份

项目	单位	本月止累计完成	上年同期	为上年同期(%)	年计划	为年计划(%)
(一)利润总额	千元					
(二)定额资金周转天数	天					
其中:销售收入	千元					
流动资金平均余额	千元					
(三)资金利润率(按固定资产净值计算)	%					
(四)销售利润率	%					
(五)可比产品成本降低率	%					
其中:按上年单位成本计算的总成本	千元					
可比产品成本降低额	千元					
(六)工业总产值	千元					

已影响减少利润情况	累计金额	已影响增加成本情况	累计金额
(1)本年产品调价影响		(1)原材料、燃料调价影响	
(2)上年年中产品调价影响		(2)协作件、铸件提价影响	
(3)本年产品浮动价影响		(3)供料变化增加支出影响	
其中:优质产品优质价影响		(4)扩散外协作加工增加支出影响	
(4)本年供料(包括配件)调价影响		(5)增提折旧基金、技术开发基金影响	
其中:国务院、物价总局专案批准调价影响		(6)职工工资增加成本支出影响	
(5)销售出口产品影响		(7)	
(6)产品结构变化影响		(8)	
(7)税率变化影响			
(8)拖欠贷款影响			
(9)			
(10)			

说明:(1)以上除“拖欠贷款影响”外,均指本年与上年相比的影响数。

(2)以上影响增加利润或减少成本以“—”符号表示。

简要分析:(利润、流动资金、成本、生产任务情况和上年同期相比增减的主要原因,以及增产、增收、节支的具体措施和存在问题等)

注:请于月后15天内直接报局财务处一份(公司企业另请报公司财务科一份)。

财务负责人: 填表人: 年 月 日

第二节　全面分析报告

一、写作要点

（一）名称解释

全面分析报告，又称综合分析报告、系统分析报告，是把国家、区域、地区、行业、组织、部门在一定时期内的经济活动作为一个整体，对各项主要经济指标进行全面分析写成的文书。

（二）主要特征

1. 综合性

这种分析报告涉及面广泛，主要用于年度、半年、季度的经济活动分析，不仅是前一阶段经济活动的全面总结，还可以作为下一阶段改进管理工作的总体方案。

2. 完整性

这种分析报告要素齐全，大到经济计划指标完成情况，小至产品的生产、成本、销售、利润、资金收支等具体项目，各个要素互相联系、互为补充，显得内容具体充分。

（三）种类划分

1. 按主体分

有国家经济全面分析报告、区域经济全面分析报告、地区经济全面分析报告、行业经济全面分析报告、组织经济全面分析报告、部门经济全面分析报告。

2. 按时间分

有年度分析报告、半年分析报告、季度分析报告等。

3. 按写法分

有文章式分析报告、图表式分析报告、综合式分析报告。

（四）基本结构

1. 标题

大多拟公文式单标题，如《平果县 2013 年前三季度经济运行情况分析报告》《金谷绿色食品有限公司 2014 年上半年经济活动分析报告》。如有必要，也可以拟双标题。

2. 正文

前言。多用综述的方式概括主要经济指标的完成情况，提出存在问题，强调分析的必要性和目的；有时还介绍分析对象的基本情况。

主体。运用科学的分析方法，对各项经济指标逐一分析，并抓住主要经济指标完成的情况作重点叙说，剖析影响经济指标的相关因素，既总结经济活动的成效和经验，又找出存在的问题及应吸取的教训。以工业企业综合分析报告为例。首先，分别陈述总产值、产品质量、全员劳动生产率、销售收入、利润、资金、成本等各项指标的实际完成情况，通过与计划指标的对比百分数、与上期指标相比的百分数来表明各项指标完成的好坏；然后，具体分析生产、成本、销售、资金运用等重点指标对总产值、总利润的影响程度；接着谈各项指标的影响因素，从而找出问题及成因。需要说明，主体中运用数据有两种方式：一是先列出统计图、统计表，接着进行分析、得出结论；二是边列数据边分析，有时在最后附列完整的统计图、统计表得出结论。

结尾。一般提出解决问题的对策，也就是应该改进的建议，有时还对经济活动的发展趋势做出预测。

3. 署名

写在标题正下方或者正文右下方或者封面。

4. 日期

有时在正文右下方或者正文后署名下方或者封面写具体年月日。

5. 印章

如有必要，应加盖印章。

6. 附件

根据情况而定。

此外，篇幅较长的全面分析报告可以加封面、列目录。

（五）注意事项

1. 点面结合

要立足全局，主要经济指标既不遗漏也不混杂；还要抓住经济工作中带有普遍性和关键性的典型，做到以“点”带“面”。

2. 详略得当

从写作目的看，全面分析报告大多以经济运行的基本情况为主，应详细叙说；存在的问题及对策比较简略。要根据实际情况处理，务求详而不冗、略而不遗。

二、范文阅读

▲地区经济活动分析报告

××市2013年1—4月经济运行分析报告

××市发展和改革局

今年1—4月，我市以十八大精神为指导，认真落实中共××市委第十二届三次全会精神，全面实施“规划引领，工业强市，城乡宜居，跨越发展”的发展战略和“一二三四五六”的发展思路，围绕建设×××新兴工业城市的目标，快速推进“重大项目攻坚年”和“工业发展提速年”的各项工作任务，保持国民经济良好发展。

一、国民经济运行良好

（一）全市经济增长实现“开门红”

一季度，全市完成生产总值43.58亿元，同比增长9.8%，增长速度高于去年同期1.4个百分点。其中，第一产业增加值16.22亿元，同比增长5.8%；第二产业增加值14.13亿元，同比增长15.7%；第三产业增加值13.23亿元，同比增长9.2%。三次产业比重由去年同期的39.4∶30.4∶30.2调整为37.2∶32.4∶30.4，工业占生产总值的比重由去年同期的30.4%调整为32.4%。全市生产总值增长速度分别高于全国(7.7%)、××省(8.5%)和××市(9.2%)增长速度的2.1、1.3、0.6个百分点。全市生产总值增长速度居于××市辖各县（市、区）第五位，与其他县（市、区）旗鼓相当，分别高于××(9.0%)、××(9.0%)、××(9.5%)的0.8、0.8、0.3个百分点，低于××(10.7%)的0.9个百分点。

（二）农业稳定增长

一季度，全市实现农林牧渔业总产值26.59亿元，同比增长5.6%。其中，农业产值12.01亿元，同比增长7.2%；林业产值1.66亿元，同比增长8.0%；牧业产值8.60亿元，同比增长4.3%；渔业产值4.05亿元，同比增长3.1%；农业服务业产值0.81亿元，同比增长4.6%。

（三）工业经济保持较快增长

1—4月，全市完成规模以上工业总产值46.07亿元，同比增长18.0%，完成规模以上工业增加值13.24亿元，同比增长15.4%。全市规模以上工业企业完成的主要产品产量分别是：饲料产量4.73万吨，同比增产5.1倍；人造板产量18.30万立方米，同比增产20.3%；电饭锅产量1.69亿个，同比增产17.0%；冷藏产品1.15万吨，同比增产10.3%；机制纸产量1.65万吨，同比增产5.9%；家具产量29.71万件，同比减产2.5%；水泥产量16.94万吨，同比减产34.6%；成品糖产量2.28万吨，同比减产41.3%。主要工业集群完成规模以上工业总产值呈现较好的增长态势，分别是：家电制造业完成总产值13.60亿元，同比增长28.7%；家具制造业完成总产值6.07亿元，同比增长7.5%；木材加工业完成总产值5.54亿元，同比增长32.8%；农副产品加工业完成总产值5.26亿元，同比增长3.3%。

（四）财税、房地产、金融、贸易发展态势良好

1—4月，全市三级库财政收入3.13亿元，同比增长18.2%。其中，公共财政收入1.67亿元，同比增长15.4%；全市财政支出10.57亿元，同比增长56.0%。全市房地产销售面积7.88万平方米，房地产销售额2.96亿元，房地产开发投资3.05亿元。全市完成固定资产投资12.93亿元，同比增长146.9%。社会消费品零售总额38.34亿元，同比增长11.9%。4月底，全市金融机构存款余额209.17亿元，同比增

长17.4%;金融机构贷款余额79.05亿元,同比增长21.3%。一季度,全市外贸出口1.37亿美元,同比增长80.0%,全市利用外资90万美元。

(五)重点项目建设如期推进

1—4月,市确定的20个重点项目顺利推进。××工业区已完成征地任务的17%,已引入在建企业1家、意向投资3家,产业转移园扩园(××工业区)已成立开发区管委会产业园扩园领导小组。×××大道二期已完成立项,正在组织工程设计招投标,并完成征地680亩。××水泥项目厂区外规划道路红线图已完成,厂区围墙开始动工建设,粉磨站环境评估资料已上报等待审批,矿区用地指标正在申报,厂区招拍挂手续正在办理,供电、供水线路安装正在办理。××油库项目开工前期手续文件全部完成,已征地750多亩。××家具产业基地已完成4万平方米厂房墙体工程,物流仓储用地开始“三通一平”。产业园功能配套区(×××片区)控制性详细规划已完成初稿,土地报批资料已上报,征地工作已和3个村庄签订征地协议书。家电展销中心已完成地下室底板工程建设的三分之二,部分柱梁工程已完成。××(××)果菜交易中心已初步完成选址。垃圾发电项目地质勘探工作已完成,正在办理用地、环评手续。×××船厂正在办理企业注册。××大道西连接线对部分具备动工条件的路段进行清表工作。石材市场农垦批复用地500亩,已成立征地小组。××火车站广场已开始拆迁动员和制定拆迁补偿方案,正优化设计方案。××星级酒店正在优化设计方案。××线××—××段完成施工招标及监理招标,施工单位正组织进场施工,6条县道改造正在推进。××西桥改造项目施工队已进场动工搭便桥。

二、当前需要关注的几个问题

(一)实现全年经济增长目标压力大

一季度生产总值增速(9.8%)与全年生产总值增长目标(15%)相比,以及1—4月规模以上工业总产值增速(18%)与全年规模以上工业总产值增长目标(30%)相比,还有较大的差距。目前,我市在建或拟建的工业项目众多,但要在项目竣工达产后才形成生产能力,新的经济增长支撑点还未形成,原有企业增产潜力已十分有限,实现全年规模以上工业总产值增长30%的目标压力大。工业是我市经济增长的主要引擎,工业难于实现增长目标,直接影响到生产总值增长目标的实现。

(二)企业缺工问题影响着企业生产经营

我市工业企业主要集中在劳动密集型的小家电、实木家具等行业,用工需求量大,普遍存在着缺工现象,直接影响到企业正常的生产经营。我市辖区内各工业园区配套设施相对滞后,企业用工环境优势不明显,不利于留住企业员工,因而企业用工短缺现象较为突出。有的企业福利待遇优势不足,部分小微企业的工作劳动强度偏大、工作时间偏长、工资偏低、福利偏差,难以留住有着较新工作理念的“80后”“90后”的农民工。有的企业招工主体意识模糊,在招工过程中习惯于被动地等工人上门,而不是主动走出去招工。

(三)工业用地供求依然紧张

国家用地政策和用地指标进一步收紧,征地拆迁更加困难,加上我市工业用地储备不足,影响一批项目落地开工和续建项目的建设进度,尽管已安排一些企业入园建设,但由于用地指标跟不上,企业不能办理用地等手续,不利于企业通过土地使用权等实物资产向银行抵押融资,不利于企业经营规模的扩大。

(四)企业经营资金紧张

融资难、资金紧是我市企业目前面临的突出问题,大部分企业存在资金短缺、融资难的问题。同时,企业之间赊销和拖欠货款现象严重,资金回笼难,流动资金受挤,造成大量资金沉淀,降低了资金周转速度,促使企业流动资金需求量大幅上升。有些企业融资无门,不得不到社会上寻求资金。还有部分小型企业已在银行贷过款,由于自身改建扩建,再融资较为困难。企业迫切希望政府加大协调力度,加强银企合作,帮助企业协调一定的贷款。

三、实现全年经济发展目标的几点建议

(一)进一步增强经济跨越发展的紧迫感……

(二)紧盯目标,努力完成全年经济增长任务……

(三)确保重点项目建设按计划推进……

(四)推动工业发展进入快车道……

(五)注重建设效益农业……

(六)提升服务业对经济发展的拉动力……

此外,做好财税征收工作,做到应收尽收;同时,做好规上、限上企业统计数字的网上直报工作,让企业实事求是报数,尽力做到上报的数字能基本反映我市经济运行情况。

第三节　专题分析报告

一、写作要点

(一)名称解释

专题分析报告,又称专项分析报告,是对某项经济工作或者某一经济问题进行深入分析写成的文书。

(二)主要特征

1. 专项性

这种分析报告只针对某项经济工作或者某一经济问题，不像全面分析报告那样大的覆盖面，显得内容单一、有的放矢。

2. 深入性

这种分析报告多用于经济领域内各个行业、各个组织运行状况的分析，还用来总结经济活动中某一先进经验或者反映经济领域某个突出问题。因此，它主旨突出、分析透彻。与全面分析报告相比，它的理论性更强，有一定的深度。

（三）种类划分

1. 按内容分

有生产分析报告、销售分析报告、物资分析报告、设备分析报告、成本分析报告、财务分析报告、利润分析报告等。

2. 按分析期分

有事前分析报告、事中分析报告、事后分析报告。

3. 按写法分

有文章式分析报告、图表式分析报告、综合式分析报告。

（四）基本结构

1. 标题

一般拟单标题。写法有如下几种：一是公文式，如《2014 年上半年财务分析》《我国当前房地产风险分析》。二是主旨式，如《发展现代农业的关键在于科技创新》。三是事由式，如《关于矿区安全生产的几点建议》。四是提问式，如《黄金价格为何韧性十足？》。

有时拟双标题，如《产量猛增　轿车最火　效益提高——中国汽车工业产销形势分析》。

2. 正文

前言。有勾勒概况、揭示意义、提出问题、阐明主旨等多种写法，起笔入题，引起下文。

主体。根据特定的专题，就一两个经济指标展开分析，找出成绩的表现和问题的症结以及各种原因。例如，成本分析报告先交代定价目标，接着对技术、安全、配送、客户、法律、风险等成本构成加以分析，进而指出问题及成因。

结尾。有交代结论、预测前景、提出建议等写法，根据实际情况安排。

3. 署名

写在标题正下方或者正文右下方或者封面。

4. 日期

多用于内部的专题分析报告，写在正文右下方或者正文后署名下方或者封面。

5. 印章

以组织、部门名义报送的专题分析报告，大多加盖印章。

6. 附件

如有必要，把有关补充资料附在文章后。

此外，篇幅较长的专题分析报告有时加封面、列目录。

（五）注意事项

1. 抓住关键

要针对一定时期内某一主要经济指标或者某项重要经济任务，抓住关键性的问题进行叙议，不能面面俱到，也不能舍本求末。

2. 分析透彻

应该恰当运用对比法、因素法、动态法、平衡法等分析方法，找出成绩和不足，剖析主要与次要、主观与客观因素，反映经济活动过程及规律，提出推动经济活动持续稳定发展的对策。

二、范文阅读

▲电力分析报告

2014 年 1—2 月××省发用电保持平稳增长态势

××省经济和信息化委员会电力处

2014 年 1—2 月，全省电力生产保持稳定运行的良好状态，发、用电均平稳增长。

一、全省发电情况

1—2 月全省全社会累计发电 327.36 亿千瓦时，同比增长 8.54%，比上年同期提高 1.9 个百分点。其中，×电东送机组累计发电量 81.87 亿千瓦时，同比增长 11.81%，比上年同期提高 13.1 个百分点。风力发电快速增长，1—2 月累计发电 2.12亿千瓦时，同比增长 149.41%。

二、全省用电量情况分析

1—2 月全省全社会用电量累计 247.34 亿千瓦时，同比增长 7.49%，比上年同期回落 1.8 个百分点。

第一产业用电量持续下降。2014 年第一产业用电量当月增速分别为 1 月 −7.29%，2 月 −6.24%；1—2 月累计用电量 1.99 亿千瓦时，同比增长 −6.80%，累计增速比上年同期回落 29.0 个百分点。

第二产业用电依然保持较快增长态势。1—2 月第二产业（包括工业和建筑业）累计用电量 168.00 亿千瓦时，同比增长 9.85%，比上年同期提高 3.1 个百分点。

第三产业用电保持增长态势，但回落明显。1—2 月第三产业累计用电量 34.40 亿千瓦时，同比增长 9.67%，比上年同期回落 15.0 个百分点。

受暖冬影响，城乡居民生活用电显著下降。1—2月城乡居民生活用电累计42.95亿千瓦时，同比增长−1.65%，比上年同期回落9.8个百分点。其中，城镇居民生活用电累计18.03亿千瓦时，同比增长−12.56%，比上年同期回落22.1个百分点；乡村居民生活用电累计24.92亿千瓦时，同比增长8.07%，比上年同期提高1.1个百分点。

三、全省工业用电情况分析

1—2月全省工业用电量累计163.63亿千瓦时，同比增长9.90%，比上年同期提高3.5个百分点。其中，轻工业用电累计22.18亿千瓦时，同比增长7.95%，比上年同期回落3.7个百分点；重工业用电累计141.46亿千瓦时，同比增长10.22%，比上年同期提高4.7个百分点。

（一）采矿业用电量保持增长但增速大幅回落。1—2月采矿业累计用电18.11亿千瓦时，同比增长5.51%，比上年同期回落12.2个百分点。其中，煤炭开采和洗选业累计用电10.21亿千瓦时，同比增长6.84%，比上年同期回落3.6个百分点。

（二）制造业用电保持平稳增长态势。1—2月制造业用电量累计108.05亿千瓦时，同比增13.08%，比上年同期提高7.7个百分点。其中，化学原料及化学制品制造业、非金属矿物制品业、黑色金属冶炼及压延加工业1—2月累计增速分别为13.44%、13.68%、6.00%，分别比上年同期提高18.6、10.1、14.1个百分点；有色金属冶炼及压延加工业1—2月累计增速为22.29%，比上年同期回落9.9个百分点。

（三）电力、燃气及水的生产和供应业用电增速与上年同期基本持平。电力、燃气及水的生产和供应业1—2月用电量累计37.48亿千瓦时，同比增长3.60%，比上年同期回落0.6个百分点。

（四）全省15个市工业用电保持增长态势。2014年1—2月全省除××市（−0.79%），15个市工业用电保持增长态势。其中有9个市工业用电累计增速超过10%：××17.08%、××15.80%、××15.49%、××14.54%、××14.43%、××13.31%、××11.86%、××10.62%、××10.44%。

▲旅游分析报告

××省2014年第一季度旅游经济运行分析

××省旅游局

2014年第一季度，全省旅游工作紧紧围绕省委、省政府的工作部署，重点工作全面展开，工作进展顺利，旅游市场总体呈稳定的上升趋势，旅游人数与旅游收入基本实现同步增长态势。今年省政府下达的全省旅游产业发展的目标任务是：全年接待国内外游客和旅游总收入两项指标均增长25%以上，分别达到1.26亿人次以上、780亿元以上。第一季度接待游客1784.8万人次，实现旅游综合收入110.08亿元，都分别比上年同期增长25.1%，达到了省政府规定的目标。

现将一季度全省旅游市场运行情况报告如下：

一、主要旅游指标情况

2014年第一季度，全省接待国内外游客1784.8万人次，比上年同期增长25.1%。其中，接待国内游客110.05万人次，比上年同期增长25.11%；接待入境游客2046人次，比上年同期下降2.25%。

第一季度，全省实现旅游总收入110.08亿元，比上年同期增长25.1%。其中，国内旅游收入110.05亿元，比上年同期增长25.11%；外汇收入51.5万美元，比上年同期下降1.84%。

1月，全省各地客流以学生、务工人员的返乡探亲活动为主。全省接待国内外游客417.01万人次，实现旅游综合收入25.51亿元，分别比上年同期增长18.86%和17.82%。

2月，受春节“黄金周”带动，全省游客出行主要以探亲游、休闲自助游为主。全省接待国内外游客782.3万人次，实现旅游综合收入49.01亿元，分别比上年同期增长22.1%和22.53%。

3月，全省旅游市场进入淡季向旺季过渡的平季运行状态，全省接待国内外游客585.45万人次，实现旅游综合收入35.57亿元，分别比上年同期增长34.6%和34.9%。虽然较2月份环比出现下降，但比较上年同期还是呈现了30%以上的增长，远高于25%的计划目标，全省旅游市场回升，提前进入旅游旺季。

总体来说，2014年第一季度全省旅游市场运行平稳，旅游接待人数和收入两项主要指标已经分别完成全年任务的14.17%和14.11%，与上年同期的任务完成进度基本相同(2013年第一季度为14.15%和14.19%)，基本保持了全省旅游的较快增长。

二、旅游经济运行情况分析

今年年初，我局及早谋划确定了全年工作重点，召开旅游产业领导小组会议，对全省工作进行了安排部署，从推进旅游改革创新、打造××之路经济带××旅游黄金段、强化旅游宣传推广和市场开发、大力推进旅游扶贫开发、开展国家级特色旅游示范区创建、推动旅游产品转型升级、强化旅游公共服务体系建设、深入贯彻《中华人民共和国旅游法》全面规范旅游市场秩序、加强旅游政风行风建设和行业队伍建设九个方面，全面推动工作落实，实现了旅游市场整体平稳较快发展。

(一)旅游产品开发情况。去年12月，我们坚持“无中生有、有中生优”的原则，策划举行“冬春旅游季”活动，全省各地都重点推出欢乐冰雪游、多彩民俗游、丝路特惠游、××冬春风光游、温泉休闲游、养生健康游、冬日美食游、新春贺岁游和生态观鸟游九大旅游产品和主题活动，通过召开新闻发布会、推介宣传、组合线路，做旺淡季旅游市场。冬春产品的推出取得了很好的效果，去年11月至今年2月，全省游客大幅度增加，接待人数达到1720万人次，比上年同期增长了25.4%。仅在春节期间，××市××、×××等滑雪场就吸引游客4万余人次，××××口、××寺、××山三家滑雪场春节期间也累计接待游客8000余人次。

（二）假日旅游发展情况。受春节"黄金周"带动，以及受节日期间国家免收小轿车高速公路通行费的影响，全省假日市场表现优异，文化、民俗、冰雪旅游专项产品受到青睐，各地旅游市场主题活动丰富多彩，旅游氛围浓郁热烈，旅游市场文明有序，旅游产品供应充足。春节"黄金周"全省各地共接待游客409.66万人次，较上年同期增长21.94%；实现旅游收入25.66亿元，较上年同期增长22.4%。春节假日旅游接待人数和收入两项指标均占当月游客的52%以上，与上年同期比较占比基本相同，假日旅游对全省旅游接待的促进、拉动作用一直持续稳定。

（三）各地旅游市场情况。第一季度，全省接待游客前五位的地区分别为××472.5万人次、××298.11万人次、××160.51万人次、××121.82万人次、××119.82万人次。旅游收入前五位的地区分别为××36.57亿元、××16.95亿元、××11.14亿元、××8.47亿元、××5.56亿元。五个市的接待人数和收入分别占全省总量的65.7%和72.5%，市场相对集中，地区间存在发展不平衡现象。

接待游客增长率前五位的地区分别为：××62.42%、××53.78%、××44.24%××32.6%、××32.26%。大部分市（州）旅游接待增长率都保持在25%以上，地区旅游业在第一季度都呈现了良好的发展势头。

（四）旅游市场结构情况。第一季度，过夜游和一日游游客分别占到国内游市场的39.45%和60.55%，与上年同期基本相同（39.85%和60.15%）。第一季度在全年旅游市场接待中属于旅游淡季，从国内旅游客源构成分析，我省国内旅游的最大市场仍是本省居民；从旅游线路选择分析，游客大多选择中短途一日游或周边二、三日旅游；从旅游出行目的分析，因春节的影响，选择探亲访友、休闲娱乐、观光游览、民俗体验等旅游活动的占主体；从出游组织方式分析，自由行、自驾游、半自助游的比例持续上升，家庭游、亲子游、聚会休闲游是第一季度省内游主要方式。

三、存在的问题及下一步工作打算

第一季度全省旅游发展呈现良好态势，假日市场、国内旅游市场都稳定增长，但仍存在一些问题，不容忽视。一是冬春季旅游市场开发虽然已经起步，收到了良好效果，但淡季产品开发仍然严重不足，市场份额不大，特别是1—2月份市场增长相对不快，3月份才得到迅速回升。二是受国际因素及全国大环境影响，我省入境旅游市场一直呈现回暖乏力的状态，需要加大开发力度，有效遏制入境市场的下滑态势。三是受春运影响，交通运力严重不足，正常旅游团队难以进出，影响市场开发。

下一步，我局将继续按照2014年全省旅游工作安排，从优化旅游环境、推动大景区建设、强化宣传促销、推进项目建设、促进产业融合、规范行业管理、提升行业综合素质等多方面着手，全面推动全省旅游加快发展，保证完成省政府下达的年度目标任务……

第四节 简要分析报告

一、写作要点

（一）名称解释

简要分析报告，是对在一定时期内主要经济指标的特点、问题进行概要分析写成的文书。

（二）主要特征

1. 简明性

这种分析报告运用主要数据和简练语言勾勒分析期内经济活动的基本情况，图表与文字结合，让人一目了然。

2. 切要性

这种分析报告对主要经济指标进行分析，可以反映有关对象的鲜明特色以及问题症结，进而提出可行措施，能突出要点。

（三）种类划分

1. 按时间分

有定期分析报告、不定期分析报告。

2. 按写法分

有文章式分析报告、图表式分析报告、综合式分析报告。

（四）基本结构

1. 标题

一般拟单标题。大多采用公文式写法。经常在文种前加“简要”字样，如《2013年上半年耐火材料工业生产运行情况简要分析》；有时把“简要分析”写成“简析”，如《安徽省2013年规模以上工业利润情况简析》。也可以拟主旨式、事由式、提问式标题。

2. 正文

前言。大多简括情况、交代结论。有时不设开头，起笔进入分析。

主体。这是核心部分，针对有关情况用精练语言进行分析。在层次安排及写法上，或者用分段式显示并列、递进、总分等逻辑关系，或者用条陈式逐一分析，或者用统计图、统计表加简析的写法。

结尾。可以交代结论、预测前景、提出建议。有时不设结尾。

3. 署名

写在标题正下方或者正文右下方。

4. 日期

如有必要,写在正文右下方或者正文后署名下方。

5. 附件

有的简要分析报告把相关补充资料列在文章后,作为参考依据。

(五)注意事项

1. 表达简括

要使用"画轮廓"方式反映经济活动的概貌,无须渲染和铺陈;用"点睛"法一针见血地进行评议,不必反复推理和多次证明。

2. 语言精练

要运用言简意明的词语、直述不曲和简短活泼的句式、精确有力的数字,力戒空话、套话。

二、范文阅读

▲经济形势简要分析报告

××省2013年12月份经济形势简要分析

××省发展和改革委员会

12月,全省投资稳定增长,工业经济向好发展,市场消费略有回落,对外贸易增速明显回落,财政金融稳健运行,物价涨幅小幅回落。2013年,全省实现地区生产总值26260.8亿元,增长10%;第一产业实现增加值3425.6亿元,增长3.6%;第二产业实现增加值13579亿元,增长11.5%;第三产业实现增加值9256.1亿元,增长9.9%。全省经济呈现稳中有进、稳中向好的发展态势。

一、投资稳定增长

12月,全省完成全社会固定资产投资1807.1亿元,增长15.9%,增速较上月提高1.9个百分点……

二、工业经济向好发展

12月,全省规模以上工业增加值增长11.6%,增速较11月提高0.2个百分点,比全国高1.9个百分点。轻工业增长12.1%,较11月提高1.9个百分点;重工业增长11.3%,较11月回落0.8个百分点。制造业PMI为51.5%,较11月提高0.7个百分点,连续4个月运行于荣枯线上方,并创下近20个月以来的新高。工业用电量119.2亿千瓦时,增长9.7%,增速较11月提高1个百分点。铁路货物发送量达

679.7 万吨，增长 6.6%，增速较 11 月提高 6.4 个百分点。工业生产者出厂价格(PPI)同比下降 0.6%，跌幅较 11 月扩大 0.3 个百分点；环比上涨 0.4%，涨幅较 11 月提高 0.1 个百分点。规模以上工业企业实现出口交货值 287.2 亿元，增长28.7%，增速较 11 月回落 12.1 个百分点……

三、市场消费略有回落

12 月全省实现社会消费品零售总额 1050.2 亿元，增长 14.4%，增速较 11 月回落 1.5 个百分点，比全国高 0.8 个百分点……

四、对外贸易增速明显回落

12 月，全省实现进出口总额 62.7 亿美元，增长 14.4%，增速较 11 月回落 7.2 个百分点。其中，出口额 40.2 亿美元，增长 10.4%，增速较 11 月回落 11.2 个百分点；进口额 22.5 亿美元，增长 22.1%，增速较 11 月提高 8 个百分点……

五、财政金融稳健运行

1—12 月，全省地方公共财政收入 2781.1 亿元，同口径增长 14.5%。其中税收收入 2102.5 亿元，增长 15.1%，占地方公共财政收入的比重达到 75.6%，同比提高 0.1 个百分点。全省公共财政支出完成 6194.3 亿元，增长 13.6%。

截至 12 月末，金融机构本外币各项存款余额 48122.1 亿元，比年初增加 6534.5 亿元，同比少增 73.0 亿元，增长 15.7%；金融机构本外币各项贷款余额 30298.9 亿元，比年初增加 4104.0 亿元，同比多增 451.6 亿元，增长 15.8%。

六、物价涨幅小幅回落

12 月，全省居民消费价格指数同比上涨 2.7%，较 11 月回落 0.6 个百分点，比全国高 0.2 个百分点。八大类商品及服务项目价格同比涨幅“七涨一跌”，其中食品类价格上涨 4.1%，衣着类价格上涨 3.7%，居住类价格上涨 3.4%……

附件：××省 2013 年 12 月经济发展主要指标(略)

▲行业简要分析报告

2014 年 1—4 月全国造纸行业运行情况

一、生产情况

2014 年 1—4 月，机制纸及纸板累计生产量为 3850.6 万吨，累计同比增长 4.3%。

4 月当月，机制纸及纸板生产量为 1038.4 万吨，同比增长 3.3%。

二、销售情况

2014 年 1—4 月，全国造纸行业累计出口交货值 107.8 亿元，累计同比增长 10.5%，行业产销率 96.6%，较 2013 年同期下降 0.1 个百分点。

4 月当月，全国造纸行业出口交货值 30.5 亿元，同比增长 14.5%，行业产销率

97.9%，较2013年同期提高0.2个百分点。

三、效益情况

2014年1—4月，全国造纸行业累计主营业务收入2424.3亿元，累计同比增长6.5%；累计利润总额89.3亿元，累计同比下降3.5%；累计税金总额66.2亿元，累计同比增长10.8%。

第八章　合　同

第一节　合同概述

一、写作要点

(一)名称解释

合同,过去有时称为契约。《中华人民共和国合同法》规定:合同,是平等主体的自然人、法人、其他组织之间设立、变更、终止民事权利义务关系的协议。

合同是依凭一定的载体得以存在的,这一载体又称合同形式,它是当事人意思一致的外在表现。合同有书面、口头、其他几种形式。书面形式,以文字有形地表现所载内容,具有明显的确定性,有据可查,便于履行和管理;口头形式,通过对话签订合同,简便易行,但发生纠纷时举证困难;其他形式,多凭行为显示内在意思,情形复杂,要具体推定。本章所述的是书面形式合同。

(二)主要特征

1.合法性

合同是一种以设立、变更、终止权利义务关系为目的的民事法律行为。主体是双方或者数方当事人,而不是一方当事人;行为属于合法,而不是非法;依法签订,并受法律保护。

2.合意性

合同是当事人合意的结果。就是说,合同的成立必须有两个或者两个以上的当事人;各方当事人须做出意思表示,而且各方意思表示一致;当事人的法律地位平等,应该在自愿的基础上进行协商,形成合意。

3.约束性

合同一经签订,就对当事人产生约束力。当事人必须全面地履行合同中规定的义务,任何一方不能擅自变更或者解除合同;当事人一方不履行合同义务或者履行义务不符合约定的,要承担继续履行、采取补救措施或者赔偿损失等违约责任。

(三)种类划分

1.按内容分

有买卖合同、供用电(水、气、热力)合同、赠与合同、借款合同、租赁合同、融资租赁合同、承揽合同、建设工程合同、运输合同、技术合同、保管合同、仓储合同、委托合同、行记合同、居间合同。

2.按形式分

有合同书、信件、数据电文等。

3.按写法分

有条文式合同、段落式合同、表格式合同、综合式合同。

(四)基本结构

1.合同条款

由基本条款和其他条款组成。基本条款包括:当事人的名称或者姓名、住所;标的,即当事人权利与义务共同指向的对象;数量,即标的在量的方面的限度;质量,即标的在质的方面的规定;价款或者报酬;履行期限、地点和方式;违约责任;解决争议的方法。此外,各种合同还有具体的必备条款,例如借款合同包括借款种类、币种、用途、数额、利率、期限和还款方式等。其他条款是合同的补充条款,大多由当事人依据实际情况约定。

2.合同格式

各种书面合同都有特定的格式。合同书由标题、编号、签订人、签订时间、签订地点、正文、署名、印章等组成;信件包括标题、编号、称谓、正文、署名、日期、印章、附件;数据电文中的电报、电传、传真、电子数据交换、电子邮件的格式各异。具体项目在本章 2～4 节分别介绍。

(五)注意事项

1.坚持原则

签订合同必须遵守《中华人民共和国合同法》的规定,坚持平等、自愿、公平、诚实信用、守法重德的原则。

2.条款明确

条款是当事人权利义务的具体化,应该明确地载入合同,不能笼统、含混。例如,租赁合同包括租赁物的名称、数量、用途、租赁期限、租金及其支付期限和方式、租赁物维修等条款,都要写得详细、准确。

3.语言规范。

语言是书面合同明确当事人权利义务关系的工具,要力求规范。一方面,遣词造句、使用数字要精确、简练;另一方面,在书写上各种名称的使用要统一,表示钱物的数字要大写，做到字迹工整，标点符号正确。

二、范文阅读

▲合同书示范文本

工业品买卖合同

(GF—2000—0101)

合同编号：________

出卖人：________　　签订地点：________

买受人：________　　签订时间：____年____月____日

第一条　标的、数量、价款及交(提)货时间

标的名称	牌号商标	规格型号	生产厂家	计量单位	数量	单价	金额	交(提)货时间及数量											
								合计											
合计人民币金额(大写)：																			

第二条　质量标准：________

第三条　出卖人对质量负责的条件及期限：________

第四条　包装标准、包装物的供应与回收：________

第五条　随机的必备品、配件、工具数量及供应办法：________

第六条　合理损耗标准及计算方法：________

第七条　标的物所有权自________时起转移，但买受人未履行支付价款义务的，标的物属于________所有。

第八条　交(提)货方式、地点：________

第九条　运输方式及到达站(港)和费用负担：________

第十条　检验标准、方法、地点及期限：________

第十一条　成套设备的安装与调试：________

第十二条　结算方式、时间及地点：________

第十三条　担保方式(也可以另立担保合同)：________

第十四条　本合同解除的条件：________

第十五条　违约责任：________

第十六条　合同争议的解决方式：本合同在履行过程中发生的争议，由双方当事人协商解决；也可由当地工商行政管理部门调解；协商或调解不成的，按下列第________种方式解决：

(一)提交________仲裁委员会仲裁；

（二）依法向人民法院起诉。

第十七条　本合同自________________起生效。

第十八条　其他约定事项：________________________________

出卖人	买受人	鉴（公）证意见：
出卖人（章）：	买受人（章）：	
住所：	住所：	
法定代表人：	法定代表人：	
委托代理人：	委托代理人：	
电话：	电话：	
传真：	传真：	
开户银行：	开户银行：	鉴（公）证机关（章）
账号：	账号：	经办人：
邮政编码：	邮政编码：	年　月　日

第二节　合　同　书

一、写作要点

（一）名称解释

合同书，是合同当事人就设立、变更、终止民事权利义务关系而签订的具有惯用格式的文书。

（二）主要特征

1. 独特性

合同书是最有代表性的书面合同，沿用已久，条款具体，格式比较固定，如今不仅适用面广，使用频率也高。

2. 条文性

条是合同书基本的表述单位。一条一个内容，便于人们的阅读、理解和履行；通篇条连，显出特有的条理性。

（三）种类划分

1. 按内容分

有买卖、供用电（水、气、热力）、赠与、借款、租赁、融资租赁、承揽、建设工程、运输、技术、保管、仓储、委托、行记、居间等合同书。

2. 按写法分

有条文式合同书、表格式合同书、综合式合同书。

(四)基本结构

合同书有标准格式和非标准格式两种。标准格式:属于格式条款,主要指合同管理机关或者有关业务主管部门统一印制并推行的合同书样式。非标准格式:属于非格式条款,当事人经过协商,最后确定条款,按照约定俗成的格式制作。无论是标准格式还是非标准格式,合同书的格式都由以下三个部分构成:

1. 首部

包括如下项目:一是标题。采用公文式单标题,多由事由和文种组成,如《保管合同》;如有必要可以在前面写国家、区域、地区、行业、组织名称或者适用范围,如《上海市建设工程施工合同》。二是编号。如需编号,多置于标题右下方。三是当事人。包括全称和简称。目前简称多以《中华人民共和国合同法》的规定为依据,如运输合同的"承运人""托运人""收货人",有时写"甲方""乙方"等。当事人置于标题左下方。四是签订日期及签订地点。如在首部设此项,写在编号的下方,上下并排。

2. 正文

前言。说明签订合同书的目的和依据,如"根据(或者'依据')……,为(或者'为了')……,经双方协商一致(或者'充分协商'),签订本合同""根据(或者'依据')……,为(或者'为了')……,经双方协商一致(或者'充分协商'),订立如下(或者'以下')条款,以便(或者'以资')共同遵守(或者'信守')"。有的合同书不设前言。

主体。根据有关规定和实际情况载明条款,使用条文、表格、条文与表格结合的写法。

结尾。说明附件、有效期限或者生效期、文本份数及保管等,如"合同附件为本合同的组成部分,与本合同具有同等的法律效力""本合同有效期自××××年×月××日至××××年×月××日""本合同一式×份,双方当事人各执×份,××部门×份"。

3. 尾部

以署名为主,包括当事人的名称或者姓名、印章、地址或者住所、邮政编码以及法定代表人签字、委托代理人签字、联系电话、传真。有的还写营业执照注册号、企业资质证书号、开户银行、银行账号等。如需鉴证或者公证,标明鉴证或者公证意见、鉴证或者公证机关名称及印章、经办人签名、鉴证或者公证日期。如果签订日期及地点、有效期限在上文中未标明,应写在尾部。

(五)注意事项

1. 文种恰当

合同书与备忘录、意向书、协议书等文种有某些联系但它们之间的差异也很明显。备忘录就某些事项达成一定程度的理解与谅解并记录一致意见，意向书用于表示合作的初步意向，协议书载明为了开展合作经充分协商而订立的共同遵守和执行事项，而合同书是依法签订的记载权利义务的文书。因此，不可误用文种。

2. 格式规范

使用标准格式还是非标准格式由当事人约定。如用标准格式，应该选择国家、区域、地区、行业制定并推行的合同书示范文本；如用非标准格式，也要以相关示范文本为基础，结合实际情况编排。

二、范文阅读

▲租赁合同书

场地租赁合同

出租人：×××公司

承租人：××××厂

根据《中华人民共和国合同法》的有关规定，为明确出租人与承租人的权利义务，经双方协商一致，签订本合同。

第一条　出租人将位于××广场附近的××轧钢厂新厂部分场地××亩出租给承租人，用作磷肥晒场。

第二条　租赁期限：20××年×月×日至20××年××月××日。

第三条　租金：按照每亩每年×××××元计算，每年租金××××××元，总计金额×××××××元。每年12月15日之前支付下一年租金，以××方式支付。

第四条　出租人保证承租人进入场地时道路通畅、水电设备完好。出租人未按约定提供道路、水电条件致使承租人不能正常使用的，承租人有权要求出租人继续履行合同或解除合同，并要求出租人赔偿相应的损失。租赁期间的水电费用由承租人承担。

第五条　承租人在租赁期间应当爱护场地内的房屋、围墙及其他设施。如因承租人施工或生产造成设施损坏，由承租人负责维修，维修费用由承租人承担；如是不可抗力因素损坏设施，承租人不承担责任。

第六条　承租人在场地内施工或生产的设备归承租人所有，如不再续租，承租人有权收回。

第七条　在租赁期间，如政府征收土地，出租人不赔偿承租人的经济损失；如出租人提前终止合同，出租人应当赔偿承租人的经济损失。

第八条　在租赁期间，承租人不得将场地转租给他方。租赁期间届满，承租人在同等租金条件下优先续租。

第九条　本合同未尽事宜，由双方协商一致签订补充条款作为附件，附件与本合同具有同等的法律效力。

第十条　本合同自双方代表签字并加盖公章之日起生效。

第十一条　本合同一式二份，双方各执一份。

出租人：×××公司（盖章）
代表：×××（签字）
承租人：××××厂（盖章）
代表：×××（签字）
20××年××月××日

▲技术合同书

技术转让合同

甲方：××××学院
乙方：××县××公司

根据省教育厅有关文件和××县政府科技扶贫会议精神，以科技新成果参与新农村建设为宗旨，甲乙双方本着自愿、平等、互利的原则，经协商一致，签订山野菜保鲜、保脆技术转让合同。

一、甲方的责任与义务

1. 甲方应协助乙方建立山野菜加工厂，负责设备安装调试和指导。

2. 甲方在该项新技术转让给乙方的同时，负责对乙方的技术人员、工人进行短期培训，使之达到能独立操作水平。

3. 乙方在设备安装及生产过程中遇到疑难技术问题时，甲方应帮助乙方解决。

二、乙方的责任与义务

1. 乙方在生产过程中应按甲方提供的技术要求和操作规程严格管理，不得随意更改。

2. 乙方应安排两名技术人员负责生产加工工艺，并负责该项技术的保密工作。该项技术专利权归甲方独有，乙方不得转让第三方。

3. 所需资金、设备、土建等项目由乙方自筹，所需设备按甲方提供的设备清单购置。

4. 乙方在本合同生效后，按时将转让费汇给甲方。

三、转让费用

该项技术以“入门费”加提成的方法进行转让，乙方除一次性付给甲方“入门费”一千元外，从20××年×月起在本合同有效期内每年提取利润的5%作为提成费，并在当年决算后一个月内汇给甲方。

四、本合同未尽事宜，甲乙双方协商解决。

五、本合同自签字之日起至20××年12月31日有效。

六、本合同一式二份，甲方双方各执一份。

甲方：××××学院(盖章)
代表：× ×(签字)
乙方：××县××公司(盖章)
代表：×××(签字)
20××年×月××日订立于××

第三节　信　件

一、写作要点

(一)名称解释

信件，是合同当事人之间以通信方式传递设立、变更、终止民事权利义务关系信息的文书。

(二)主要特征

1. 指定性

这种合同通过邮寄的方式，把邀约与承诺的信息直接传递到指定的目标对象，针对性强，“命中率”高。

2. 灵活性

这种合同可以根据不同的目标对象选择不同的条款，采取恰当的表达方式，并且自行安排投递的时间和数量。

(三)种类划分

1. 按往来途径分

有致信、复信。

2. 按写法分

有文章式信件、表格式信件、综合式信件。

(四)基本结构

1. 标题

大多是单标题，如《关于购置办公用品的函》《关于购置办公用品的复函》。

2. 编号

较正规的信件应该设此项，以便登记、查阅。

3. 称谓

即收信人，顶格写在标题的左下方。普发性信件有时不设此项。

4. 正文

前言。通常交代发信的目的或者根据，写法因文而异，复信多用“来函敬悉”等词语说明已收到来信。

主体。这是信件的核心部分，载明合同的具体条款。要紧紧围绕主旨，务求事项单一、具体；在行文上显示出内在的条理性，有篇段合一式、多段叙说式、条陈式、表格式等。

结尾。一般总括上文、提出希望、补充事项、表达心意。请求对方回复的信件结语是“恭候函复”“请函复为荷”等，复函有时用“此复”“特此函复”等作结。

5. 祝颂语

有时写“恭祝　商安”“恭祝　商绥”等祝颂语。

6. 署名

写组织、部门名称或者个人姓名。有时需签名。

7. 日期

标明具体的年月日。

8. 印章

如以组织、部门名义发出的信件，需加盖印章。

9. 附件

如有表格、图纸、计划书等附件，放在信件后。

(五)注意事项

1. 达意

这是信件的基本要求。通过信件传递信息必须把意思说得一清二楚。具体地说，一要准，合乎实际、恰如其分，确保信息的纯真度；二要明，意思显豁、语言明确。

2. 求雅

信件的语言应当是优美而不粗俗，给人以典雅之感。在长期的沿革过程中，信件逐渐形成了一套惯用语，如“鼎力”“承蒙”“谨祝”等，要恰当选用。同时，还要注重词语的锤炼，做到朴字生色。

二、范文阅读

▲丝织品信件

要求府绸报价函

××丝绸进出口公司×××先生：

惠寄本公司府绸样品两件已收到，十分满意，客户表示欢迎。为此我们欲先购一万磅，望你方能提出有竞争力的价格。

恭候函复。

日本××贸易公司
田中　敬后
××××年×月×日

府绸报价函

日本××贸易公司田中先生：

大函敬悉。知贵公司欲购我方府绸一万磅，甚为高兴。经研究，为满足贵公司期望，即日已电告该批货物的报价，现录如下，书报先生：

丝绸一万磅，单价三百便士，以×月×日×时之前接到复信为条件，确定预订。因为府绸料争购者多，故请先生尽量缩短报价期限，以免误事。

急盼函复。

××丝绸进出口公司
×××　敬启
××××年×月×日

接受府绸报价函

××丝绸进出口公司×××先生：

来电来函均悉。

根据贵方提出的条件，我们与客户洽商，决定接受贵公司提出的报价。电报于今日20时发出，请接信后协助办理合同手续。

望电复，接到您的电报，我即派人前往。

敬祝

生意兴隆

日本××贸易公司
田中　敬后
××××年×月×日

第四节　数据电文

一、写作要点

(一)名称解释

数据电文,又称电子信息、电子通信、电子数据、电子记录、电子文件等,是指合同当事人以电子、光学、磁或者类似手段生成、发送、接收或者储存设立、变更、终止民事权利义务关系信息的文书。

(二)主要特征

1. 先进性

数据电文是经济发展与科技进步的产物,具有广泛性、快捷性等优点,不仅有广阔的适用范围,也代表着合同形式的发展方向。

2. 条件性

符合下列条件的数据电文,视为满足规定的原件形式要求:能有效地表现所载内容并可供随时调取查用;数据电文的格式与其生成、发送或者接收时的格式相同,或者格式不相同但是能够准确表现原来生成、发送或者接收的内容;能够识别数据电文的发件人、收件人以及发送、接收的时间。

(三)种类划分

1. 按往来途径分

有主发性数据电文、回复性数据电文、通话或者面商性数据电文等。

2. 按载体分

有电报、电传、传真、电子邮件、电话录音、录像、手机短信、即时通信息(如QQ信息)等。

3. 按是否保密分

有涉密数据电文、非涉密数据电文。

4. 按缓急程度分

有紧急数据电文、非紧急数据电文。

(四)基本结构

由于数据电文种类繁多、形式各异,电话录音、录像、手机短信、即时通信息等简便的操作方法逐渐被人们掌握,这里只介绍电报和传真的格式。

1. 电报

电报的格式包括四个项目:一是电报栏头,有计费字数、报费译费、营业员、机上流水、发出时间、值机员、报类、发报局名、原来号数、字数、日期、时间等。二是加急或者邮送业务、收报地名、收报人地址、组织及部门名称或者个人姓名或者电报挂号。三是电报内容和署名。四是发报人签字或者盖章、地址、电话等。第一项由操作员填写，后三项由发报人填写，其中第四项是供联系用并不拍发。

在一般情况下，电报的格式包括标题、称谓、正文、署名、日期五个项目，是否加问候语、祝颂语可酌定。

2. 传真

传真的格式包括以下内容：一是传真文头，有发件人名称、收件人情况（包括收件人组织及部门名称或者个人姓名、所在国家或者城市、传真号）、发件人情况（包括组织名称、所在部门名称、个人姓名、电话号码等）、日期、传真件页件。二是标题，有的称为事由。三是称谓。四是正文，根据实际情况安排。五是祝颂语，如“恭祝　财安”。六是日期，要写全年月日。七是签名及印章，先写签名人职务，然后亲笔签名或者盖签名章，有时还加盖组织、部门印章。八是附件，如报价单、有关细则等。此外，在传真纸的下方印有发件人的电话、电报挂号、传真号，以便联系。

在多数情况下，传真的格式包括标题、称谓、正文、签名、印章、日期，有时写祝颂语。

（五）注意事项

1. 遵法守规

数据电文以特殊的载体有形地表现合同条款并且作为一种证据，《中华人民共和国合同法》《中华人民共和国电子签名法》等法律、法规、规章、规范性文件对此做了明确的规定，必须自觉遵守。

2. 循序择技

数据电文属于信息科学的范畴，它在基本理论的指导下进行实际操作，而且每个载体都有特定的处理程序和具体技法，应该熟练掌握、正确运用。

二、范文阅读

▲电报

来　电

收电人：××市×国贸易股份有限公司

收电日期：××××年×月×日

发电时间：15 时

使用密码：ACME 密码

[电文]

为应竞标，请电报 CIF，立即搬运 50 吨纯度为 99.9%的电解铜（锭），报实盘，请电复。

××股份有限公司

复　电

发电人:××市×国贸易股份有限公司

发电时间:17 时

使用密码:ACME 密码

[电文]

本月×日电悉,我方报实盘。CIF 每吨 1350 美元,50 吨,×—×月间装船,本实盘以你方于星期一上午 10 时(此地时间)前回复确认生效。

××市×国贸易股份有限公司

▲传真

×××公司:

我们谨提醒贵方,按照××合同规定,你方向我方提供的××××箱××牌×××××应于 6 月 10 日前到货,否则将按照违约规定赔偿我方×××××元。我方客户十分急迫,纷纷来人来电催货,使我方声誉受到一定影响。鉴于贵我双方初次合作,为贵方信誉和经济责任考虑,我方可延迟至 6 月 30 日前收货。望贵方届时务必履约,尽早发货为要。

×××厂

××××年×月××日

第九章　商业广告文案

第一节　商业广告文案概述

一、写作要点

（一）名称解释

“广告”一词，源于拉丁语 *Advertere*，有引人注意和起诱导作用的意思，目的在于使人周知。现代广告有广义、狭义之分。广义广告是指任何有目的的大众性传播活动，包括商业广告、公关广告等；狭义广告特指商业广告。本章所述的是商业广告。《中华人民共和国广告法》规定：商业广告，是指商品经营者或者服务提供者承担费用，通过一定媒介和形式直接或者间接地介绍自己所推销的商品或者所提供的服务的活动。

广告文案，又称广告文稿，也有广义、狭义之分。前者是指广告作品的全部内容，包括文字、绘画、摄影、色彩运用、布局装饰等；后者仅指广告作品中的语言文字部分，通过有声语言和书面文字来表现，从文体上看是一种主要凭借书面文字来传递推销商品或者提供服务信息的文书。本章所述的是后者。

（二）主要特征

1.目的性

商业广告文案具有明确的写作目的。作为商业广告运作的组成部分之一，它以商业广告的整体目标为宗旨，并满足广告主的要求。同时，它从实用出发，带有很强的功利性，最终说服受众采取购买商品或者接受服务的行动。

2.艺术性

从某种程度上说，商业广告文案写作也是一种艺术创作。它坚持表现商品或者服务的特点、有效传递广告信息、促进商品流通和扩大服务的原则，根据各种媒体在艺术形式上的特点，充分利用语言的艺术手段，精心设计，巧妙撰制，给人以美的享受。

3.多样性

商业广告文案传递丰富信息,利用各种媒体,使用不同文体,采用多种表达方式和表现技法,具有多样风格,集众家优点,又呈现自身特色。

(三)种类划分

1.按对象分

有商品广告文案、服务广告文案。

2.按自身结构分

有单篇广告文案、系列广告文案。

3.按篇幅分

有长广告文案、短广告文案。

4.按诉求策略分

有理性诉求广告文案、情感诉求广告文案、情理结合诉求广告文案。

5.按写法分

有实用体广告文案、文艺体广告文案。

6.按媒体分

有报纸广告文案、杂志广告文案、广播广告文案、电影广告文案、电视广告文案、直邮广告文案、网络广告文案、户外广告文案等。

(四)基本结构

1.标题

(1)形式。从形式上看,主要是单标题、双标题。单标题只有一个正题,如《中国华融努力打造一流资产管理公司》。双标题有引题和正标题或者正标题和副标题,前者如《格力光伏直驱变频离心机全球原创　不用电费》,后者如《智能商务手机 A760　手写输入练笔草书识别——聪慧灵巧更迅捷;超常影音录放——尽兴时刻全情记录;智能语音识别——完美人机会话》。如有必要,也可以拟由引题、正标题、副标题组成的多行标题,如《非常非常轻　强化最最重要的海报信息　Tyvek 却拥有最轻的质感》。

(2)写法。从写法上看,有直接标题、间接标题、复合标题。直接标题直截了当地表现内容,具体有名称式、报道式、提问式、比较式、感叹式、祈使式等,如《大宝 SOD 蜜》。间接标题用迂回的手法来暗示,以诱发受众的兴趣,常用比喻、拟人、双关、象征、悬念等手法,如《唯有牡丹真国色,花开时节动京城》(牡丹电视机)。复合标题则是直接标题与间接标题的有机组合,有虚实相生之妙,如《你想要一只蛋,还是一只会下金蛋的鸡?　先锋广场,将改变你对南京产权式商铺的看法》。

2.正文

(1)结构。完整的正文包括前言、主体、结尾。前言交代缘由、概述内容、提出问题、发表声明等,有时不设此项;主体的内容根据实际情况确定,在层次安排上有时间顺序、逻辑顺序、情感顺序等;结尾强调主旨、突出特色、展望未来、表示祝愿、做出敦促,也可以不单设结尾。

(2)写法。根据文体的不同,正文的写法有两大类:一是实用体。按照表达方式的不同,分为说明体,以说明为主要方式,如简介体、问答体、证书体、表格体;叙述体,侧重叙述,如叙事体、新闻体;论证体,注重理性分析,用确凿的论据来阐述道理,逻辑严密;描摹体,侧重于形象化描写,或者浓墨重彩,或者白描传神,使人如临其境;抒情体,营造一种浓烈的情感氛围,与受众进行心灵的沟通。二是文艺体。按照文体的不同特点,可分为诗歌体,用格律诗、自由诗、散文诗,想象丰富,韵律和谐,诗意盎然;散文体,叙事与抒情结合,文字优美,意境深邃;故事体,以人或者物为中心,情节性强;戏剧体,以人物台词为基本表现手段,集中反映矛盾冲突,如广播短剧、戏剧小品,感染力强;曲艺体,通过相声、快板、评书等方式,轻松幽默,别具一格;歌曲体,以歌曲为主要形式,声情并茂、优美动听;楹联体,简洁、典雅,可用于多种媒体;图画体,生动逼真,表现力强。以上各种写法,要因文而异,经常交叉使用。

3.随文

随文,又称附文,是向受众说明组织名称以及相关附加信息的文字。一般交代组织的名称、地址、邮编、网址及邮箱、电话号码、传真号码、联系人等。主要写法是:常规型,以逐一陈述的方式标明有关信息;附言型,说明某种联系方法,如"若需……信息,来函寄……";标签型,用方格、虚线等形式设计一个标签,作为回邮单或者写明其他内容;表格型,比如设计客户意见表、参加抽奖活动报名表。随文大多写在正文之后。

4.广告词

广告词,又称广告语、广告标语、广告口号,是组织从长远利益出发,在一定时期内反复使用的树立良好形象的标志性词语,具有特征鲜明、简短易记的特点。要突出个性、短小精悍、生动形象、朗朗上口。常见写法有赞扬式、承诺式、描写式、抒情式、对比式、警言式、鼓动式、幽默式等。广告词,可以置于标题或者正文,也可以写在随文后。

以上是一则商业广告文案结构的完整项目,可以根据写作需要有所取舍。

(五)注意事项

1.守法重德

《中华人民共和国广告法》规定:广告应当真实、合法,符合社会主义精神文明建设的要求。这是商业广告文案的基本原则,必须自觉遵守。

2.有的放矢

要把握组织的宗旨以及商品及服务的特色，着力突显个性；了解受众的范围和意愿，有针对性地使用宣传策略；根据各种传媒的特点和效果，选择恰当的媒体。

3. 富于创造

商业广告文案的写作，不能墨守成规，提倡独具一格、具有艺术魅力。要注重创意，确立和表现新颖的主旨；根据宣传的目的，恰当灵活地使用不同手法，刻意求新；语言在准确、简明、通俗的前提下力求生动形象，富有韵味。

二、范文阅读

▲诗歌体广告文案

青翠纷披景物芳，
岛环万顷海天长。
啤花泉水成佳酿，
酒自清清味自芳。

——××啤酒股份有限公司

江南之恋

清风吹散
千古恩怨
断桥残雪诉说浪漫
水乡红伞
烟雨缠绵
枫桥明月摇来客船
天堂飘来的云
江南撒下的雨
西方梦绕的情牵
东方朦胧的思恋
天堂飘来的云
江南撒下的雨
西方梦绕的情牵
东方朦胧的思恋
隆力奇这美丽的传说
世界的传奇 传说——

书乡品谈 知己红颜

春江水暖芬芳家园
丽日帆影锦绣灿烂
四海碧波天涯相伴
天堂飘来的云
江南撒下的雨
西方梦绕的情牵
东方朦胧的思恋
天堂飘来的云
江南撒下的雨
西方梦绕的情牵
东方朦胧的思恋
隆力奇这美丽的传说
世界的传奇　传——奇——

——江苏×××集团有限公司

▲楹联体广告文案

京华老字号

(1)同气同声,济民济世;
　　仁心仁术,医国医人。——同仁堂
(2)绸可云罗,布堪火浣;
　　瑞臻百福,蚨集千祥。——瑞蚨祥
(3)人寿年丰,稻香开泰运;
　　月圆花好,春暖惬人情。——稻香春
(4)泉美花香,彼此心同双合盛;
　　气清韵永,精诚力致五星红。——双合盛五星啤酒厂
(5)全雪羽之绮筵,玉脍金齑重寰宇;
　　聚德星于雅座,凤肝鸾脯自天厨。——全聚德
(6)腕底走霜锋,镂月裁云,得心应手;
　　案头挥雪刃,雕龙剪凤,快意怡情。——王麻子刀剪
(7)荣华四宝,妙手丹青,惠尔人间春色;
　　独秀一葩,天工水印,任它古迹重光。——荣宝斋

(8)黍必齐,曲必实,湛必洁,器必良,火必得,泉必香,京华古都传统,必严必信,居家旅行,懿哉君子;

味斯淳,气斯馨,泽斯清,质斯正,形斯雅,品斯精,嘉靖年间风骨,斯诚斯盛,佐餐

助酌，莞尔佳宾。——六必居

▲标语体广告文案

第二节　印刷商业广告文案

一、写作要点

（一）名称解释

印刷商业广告文案，是通过印刷手段来传递有关商品或者服务信息的文书。

（二）主要特征

1. 丰富性

这种文案可以半版（页）、整版（页）、跨版（页）等编排，篇幅不受限制，因而信息容量大、密度高；受众范围广泛，遍布社会各个阶层。

2. 简便性

由于印刷媒体价格低廉、制作方便、形式灵活、传递迅速、可以随时阅读并且易于保存，因此这种文案的使用频率很高。

（三）种类划分

1. 按媒体分

有报纸、杂志等大众印刷媒体广告文案和招贴、邮寄、样本、传单、月历、黄页等一般印刷媒体广告文案。

2. 按版面分

有报花广告文案、报眼广告文案、半通栏广告文案、单通栏广告文案、双通栏广告文案、半版广告文案、整版广告文案、跨版广告文案和封面封底广告文案、封二封三广告文案、内页广告文案、插页广告文案、跨页广告文案、折页广告文案以及单页单面广告文案、单页双面广告文案、多页折叠广告文案、簿册广告文案等。

3.按形式分

有文字式广告文案、画面式广告文案、文字画面结合式广告文案。

(四)基本结构

1.标题

大多是单标题。写法有名称式、主旨式、事由式、提问式、比较式、感叹式、祈使式、组合式等,如《江苏天原工创装饰设计工程有限公司》。

有时拟双标题,有引题和正标题、正标题和副标题两种。引题说明意义、渲染气氛,正标题揭示主旨,副标题点出组织、商品或者服务项目名称,如《春光明媚,处处有芳草　请选用芳草药物牙膏》。

由于每个印刷商业广告文案所选的文体或者文种不同,因此标题写法也各异,有时不拟标题。

2.正文

在内容上,商品广告文案着重介绍商品的名称、种类、用途、性能、特征;服务广告文案主要说明服务的项目、方法、作用。在结构上,前言、主体、结尾的安排可以酌定。在写法上,使用简介、新闻、图表、书信等实用体以及诗歌、故事、楹联、漫画等文艺体。在形式上,根据需要采取纯文字、纯画面(由图片、照片、标识等组成)、文字与画面结合的方式。

3.随文

写哪些项目以及如何写,要根据实际情况来考虑。

4.广告词

写法多样,位置灵活。

(五)注意事项

1.增强易读性

除了少数专业报纸、杂志之外,大多数印刷商业广告文案的读者是普通受众。应该使用通俗的形式、浅近的语言、适当的数据,让人看得懂。

2.提高可读性

印刷商业广告文案属于平面广告的文字处理,可读性包括两层意思:一是必读,保证内容真实有用,令人感到适合所需而非读不可;二是耐读,做到构思巧妙、文字与画面配合,具有审美意蕴,让人欣赏。

二、范文阅读

▲企业印刷广告文案

▲商品印刷广告文案

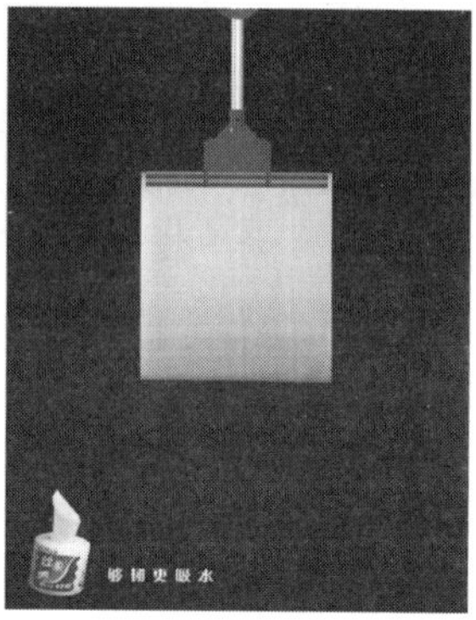

▲服务印刷广告文案

第三节　广播商业广告文案

一、写作要点

(一)名称解释

广播商业广告文案，是以广播工具为媒介，以语言、音乐、音响为诉求符号，传递有关商品或者服务信息的文书。

(二)主要特征

1. 陪伴性

从一定意义上说，广播广告属于陪伴性的媒介，伴随着人们的乘车、步行、休息，通过新闻台、交通台、音乐台等各种电台传播商业信息，这种文案着眼于受众的日常生活、学习和工作，发挥特定的服务功能。

2. 感染性

广播广告以声音为传播手段，文案是为听而作，勾绘生动的听觉形象，并诱发受众通过丰富的联想赋予信息更多的内涵，因而感染力很强。

(三)种类划分

1. 按性质分

有提供节目广告文案、插播广告文案、共同参与广告文案、电台分类广告文案、特约广告文案、专题广告文案等。

2. 按形式分

有直述式广告文案、实况式广告文案、情节式广告文案、歌唱式广告文案、曲艺式广告文案等。

(四)基本结构

1. 标题

一般是单标题。主要写法有名称式、主旨式、事由式、提问式等，如《阿仙饺子》《移动动感达人》《巧儿的嫁妆》。大多在播出时不说标题。

2. 正文

以对商品或者服务的介绍为主，加上音乐、音响、语气、情绪等元素的说明。根据对象、文体、写法的不同，正文的形式和层次安排各异。比如，直述式广告文案以一人播读或者多人对话的方式按照合理的顺序直截了当地播报有关信息，情节式广告文案选取某一生活片段或者以广播短剧方式叙写情节的开端、发展、结束的过程。

3. 随文

根据需要确定项目和位置。

4.广告词

大多使用赞扬式、承诺式、描写式、抒情式、警言式、鼓动式等写法。

(五)注意事项

1.口语化

广播商业广告属于纯听觉诉求,文案不是“写”出来而是“说”出来。应该口语化,尽量不用专业术语、文言词、其他冷僻词语,避免同音词的误解。

2.形象化

广播商业广告在传播上存在有声无形、瞬间即逝等局限性,而且受众在收听时一般处于漫不经心的状态,因此提高文案的吸引力就显得非常必要。应该化抽象为具体,采取生动活泼的形式,给受众留下深刻的印象。

二、范文阅读

▲防撬门广播广告文案

××防撬门

音乐:空灵、缥缈、清幽的曲子

孙悟空:(恶作剧地)“嘿嘿,太上老君府!待俺老孙再去弄把金丹尝尝。”

太上老君:(低声地)“这猴子又来了,这回可有着儿对付他了。”

孙悟空:“哎哟,好结实的门啊!哼,看俺老孙手段!我撞!”

音效:撞门声。

孙悟空:“我撬!”

音效:撬门声。

孙悟空:“我钻!”

音效:钻门声。

孙悟空:(无奈地)“哎哟!这是什么法宝啊?”

太上老君:(得意地)“哼哼,此乃老夫新装的××牌防撬门是也。这下再也不怕你这泼猴了!哈哈哈哈!”

音响:笑声,渐渐消失。

旁白:“盼盼守门,放心出门!”

▲酒类广播广告文案

×××酒

(二人转《小拜年》音乐起)

男:翠儿,快走啊,给你爹拜年去!

女:这不来了嘛?

(唱)

男:正月里来是新年儿啊,

女:姑爷去给丈人拜年啊……

(说口)

男:别唱了,

女:咋地啦?

男:光说拜年也得带点啥呀,

女:带老村长!

男:啥? 带我爹!

女:一提老村长,就寻思你爹,我说的是×××酒!

男:那哪儿行啊,×××酒便宜喽嗖,拿不出手!

女:我爹说了,他喝过多少种酒,顶属×××酒好。粮食酒不伤人,口味正、不上头、还贼拉便宜。你要是带×××酒,我爹准高兴。

男:那咱就买两瓶儿……

女:啥?

男:四瓶……

女:嗯?

男:八瓶,八瓶×××酒。

(唱)

男:左一瓶啊右一瓶,

女:都是那个×××酒,哎呀都是那个×××酒。

(旁白)

×××酒,你也来两口儿!

▲茶室广播广告文案

静源茶阁

[音效]

(优雅的古筝,使人如置身烟绕雾氲的修林茂竹之间)

[男声](仿佛正手捧茶杯不经意间道出心语,蕴藏其间那宛若闲云野鹤般的感慨,引人驻足谛听)虽然同在一个城市,但大家似乎又离得很远,总说忙,其实时间还是有的,像现在,

[音效](呷一口茶,品若陶然状)大家聚在一起,喝茶,聊天,品味温馨的往事,结交有缘的新朋。

[男声](如同向亲朋好友推荐同时又禁不住有些为自己先得此乐而沾沾自喜一般)静源茶阁,左望西湖,右依植物园,静谧雅致徐徐来,源源幽情心中生……

[女声](混响)静心静气地邀请——静源茶阁!

××路×号 订座电话:×××××××××

(音乐渐止)

▲特快专递广播广告文案

中国邮政特快专递——生日篇

(钥匙开门声、脚步声)

女儿:妈,我回来了。

母亲:下班了?

女儿:妈,这是给您买的生日蛋糕。

母亲:这么漂亮的蛋糕啊!

女儿:还有生日礼物呢,看看,喜不喜欢?

母亲:又乱花钱了是不是!

女儿:妈,今天您过生日,爸爸出门在外,一定忘了!

母亲:没忘!和你爸说好了晚上七点通电话,呦,时间快到了!

(按门铃声)

女儿:我去开门。

(脚步声)

邮递员:您好!我是邮递员,这是给您家的邮包。

女儿:妈,这是爸爸给您寄的生日礼物!

(电话铃声响起)

母亲:喂,是他爸呀!

(出歌曲)

(男)中国邮政特快专递,把您的爱心准时送达!

(男)中国邮政特快专递

第四节 电视商业广告文案

一、写作要点

(一)名称解释

电视商业广告文案,又称电视商业广告脚本,是通过电视技术来传递有关商品或者服务信息的文书。

（二）主要特征

1. 具象性

电视商业广告画面与声音并呈，带有很强的现场感。文案是这一具象的“蓝本”，通过解说、演示、实验等方式准确、具体地传递信息，给人以直观的印象。

2. 审美性

电视商业广告是一种大众视听艺术，在文案中不仅勾勒生动逼真的画面，还设计适当的音响和解说，有很强的审美意蕴。

（三）种类划分

1. 按播出方式分

有冠名或者特约播映广告文案、报时广告文案、字幕广告文案、插播广告文案、广告节目文案、电视购物广告文案等。

2. 按格式分

有分栏式广告文案、不分栏式广告文案。

3. 按长度分

有 60 秒以下广告文案、60～120 秒广告文案、60～180 秒广告文案等。

4. 按形式分

有解答式广告文案、推荐式广告文案、演示式广告文案、证明式广告文案、故事式广告文案、歌曲式广告文案、曲艺式广告文案、卡通式广告文案等。

（四）基本结构

1. 标题

有单标题和双标题两种。其中，单标题的写法有主旨式、事由式、感叹式等，如《神州行》《思念》《益达酸甜苦辣》。很多电视商业广告在文案中拟题说明是哪个广告，但播出时无题。

2. 正文

大体说来，电视商业广告文案正文的表现形式有以下三种：一是画外音。又称旁白，随着画面的变化进行解说。可以用第一人称的口吻一一道来，也可以从第三人称的角度客观述说。二是语言。主要是通过人物语言介绍商品或者服务，有时也用拟物的方式通过动物、植物的语言介绍，具体方法包括独白、对白。三是字幕。就是直接把文字显示在荧屏上，大多是字幕与画面、语言配合，有时荧屏上只有字幕。此外，还有音乐、音响、场景、表情、动作等的补充说明。以上表现形式要根据不同的内容和文体及文种恰当处理。

3. 随文

写在正文后，受众熟知的商品或者服务可以省略此项。

4.广告词

写法和位置比较灵活，一般打出字幕。

（五）注意事项

1.声画兼具

要有很强画面感的听觉，恰当处理声画合一、对位、错位等各种情况，用蒙太奇手段将一个个镜头衔接起来，并且根据表现主旨的需要运用精练的语言来补充和丰富声音和画面。

2.方法恰当

要采取虚实、疏密、文眼、悬念、波澜等章法和对比、衬托、象征、渲染、联想等技法，提高表达效果。

二、范文阅读

▲分栏式电视广告文案

南方黑芝麻糊

时间：约20世纪30年代的一个晚上。地点：江南小镇街巷。

人物：小男孩、挑担卖芝麻糊的妇女、妇女的小女儿。片长：30秒。

镜号	景别	镜头运动	画面内容	广告词(台词)	音乐效果	画面设计
1	全	下移	卖芝麻糊的妇女，挑担向街巷深处走去，她的女儿跟在其后 芝麻糊担子上的油灯有节奏地摇动 男孩从门内跑出	妇女叫卖声：“黑芝麻糊哎！” 男声“小时候，一听见芝麻糊的叫卖声，我就再也坐不住了”	民谣似的音乐	略
2	特		女孩用木棍搅动芝麻糊锅 芝麻糊担子	妇女叫卖声：“黑芝麻糊哎！”		
3	近		妇女从锅中舀芝麻糊			
4	近	右摇	锅里芝麻糊翻滚 男孩搓手、舔唇，迫不及待的样子			
		拉中	勺提起老高，往碗里倒芝麻糊			
5	特		小男孩埋头猛吃，碗几乎盖住了脸			

镜号	景别	镜头运动	画面内容	广告词(台词)	音乐效果	画面设计
6	特	下移	磨芝麻的小姑娘好奇地看他 妇女接过碗,小男孩大模大样地将碗舔得干干净净 小姑娘捂嘴笑		民谣似的音乐	略
7	特		卖糊母亲爱怜地又给他添上一勺,轻轻抹去他脸上的芝麻糊残迹			
8	特	摇	小男孩抬头,露出羞涩的感激			
9	特	下移	包装精美的黑芝麻糊的商标、商品名、厂名	左下角叠字幕:“南方黑芝麻糊”		
10	特			叠字幕:“一股浓香,一缕温暖” 男声:“一股浓香,一缕温暖。南方黑芝麻糊”	音乐止	

▲不分栏式电视广告文案

××集团

(画面以鲁能足球切入)在中国有一个家喻户晓的品牌(字幕:山东鲁能泰山队中超联赛冠军 足协杯冠军)他带给人们的是激情、沸腾、呐喊,他给人们的印象是团队、拼搏、力量、勇敢。

这就是××。这个品牌的所有者就是——

××集团。

××集团是一家以房地产为核心业务的大型企业集团。依托强大的资本和品牌平台,××集团站在城市运营发展的高度,将价值和梦想融入住宅地产和商业地产开发,倡导品味生活。

建筑是凝结在大地上的音符,××集团以跃动心灵的篇章赋予生活更丰满的质感和价值期许。

历经数载,××集团在中国多个重点中心城市和资源条件优越地区布局(字幕:北京、三亚、海口、重庆、济南、大连),开发了优山美地、鲁能领秀城、鲁能星城、海蓝椰风、海蓝福源等知名产品。

在北京,鲁能以恢宏体量和领先理念让生活诗意栖居。

优山美地,“中国北京中央别墅区代表之作”,美轮美奂,如歌如画;

拉格斯小镇，紧紧把握京城中东部“两城两带多中心”的发展脉络，以京城第一生态别墅大盘，奢想文化大宅意境；

顺义新城，未来北京东部发展带上的复合中心(字幕：政治、文化、商务、商业中心)，以滨水、生态、宜居为蓝本擘画，创造生活新梦想。

在重庆，以国际智慧和当地人居特色相融，邂逅生活的无限美好。

鲁能星城，跨渝北、江北、北部新区三区，汇聚七万人口，堪称城中之城；

鲁能茶园，重庆南岸茶园新区风景绝佳的核心地带，特有的中式别墅社区，是鲁能入渝十年跨江巨制。

在济南，以得天独厚的山体资源、深厚底蕴的人文气质，缔结国际人居生态城。鲁能领秀城，400万平方米，可容纳十万人居住。

在海口，于繁华与海景之中寻找生活的最佳结合点。海蓝椰风、海蓝福源，集海岸线、海湾、半岛等稀缺资源于一身，是中国最美的海景休闲地产。

在三亚，用美丽创造度假与生活的完美平衡。三亚湾新城位居海岸线核心地段，紧依“椰梦长廊”；美丽MALL、高尔夫与游艇别墅相得益彰，尽显国际一流的主题文化休闲区魅力。

在大连、在宜宾……鲁能以一个个镶嵌于大地之上的杰作，用心构建生活的美好未来。

(此处以镜头语言形成圆润过渡)

鲁能商业地产以国际视野整合优势资源，携手国际著名酒店管理公司(画面：洲际、万豪、温德姆的logo)，运营多家五星级酒店，以优质的服务赞美生活。

山海天酒店，位于三亚大东海国家旅游风景区，以浓郁的热带海岛度假风情礼遇四海宾朋。

皇冠假日酒店，地处济南泉城广场商业区，坐拥豪华，闹中取静。

东尊华美达酒店，五岳独尊的泰山脚下，泰安首家五星级国际酒店。

在商业零售行业，××集团拥有自主品牌“贵和”，以持续优化的商业平台，汇聚人气，缔造价值。

(字幕：贵和购物中心，国际化、高品位的大型商业中心，消费潮流的引领者)

天高广袤，敏思践行，××集团以不断创新的理念勉力前行，秉承国际化运作思路，鼎力引进国际知名品牌(画面：澳大利亚威秀集团和新加坡悦榕集团的logo等)，着重开发领先潮流的大型商业综合体、度假村项目，探索建立鲁能度假休闲自主品牌，提高商业地产品质，让价值与梦想璀璨出万般可能。

××集团，循环经济、低碳生活的倡导者。以环保、先进技术，涉足新能源、矿产开发新领域。

从新疆天山脚下(字幕：新疆)到内蒙古大草原(字幕：内蒙古)，从丝绸之路(字幕:甘肃酒泉)到“海上三峡”(字幕:江苏东台)、燕赵之地(字幕:河北张家口),××集团在风资源条件富集的地区,运营、建设多个风力发电场,投资运营风电总容量40多万千瓦。(字幕:清洁能源,点亮未来生活)

鲁能,在山西,拥有中国最大的使用国产矿石生产氧化铝的企业(字幕:鲁能晋北铝工业基地山西省忻州市),是亚洲第三大氧化铝生产基地。(字幕:环境行为被评为绿色环保级)在山东菏泽运营两座现代化煤矿。(字幕:郭屯煤矿、彭庄煤矿)

当时光映照企业持续跨越的历程,鲁能没有忘记感恩和回馈。(字幕:累计纳税230亿元)

这一切努力都是让更多的人分享生活的喜悦,共同创造和谐与美好。(字幕:累计捐资公益事业1.8亿元)

引领全新时尚生活理念,与世界顶尖品牌资源在研发、设计、技术、管理等领域展开多层面合作,缔结最精致的产品与服务。

这就是××集团。

配音要求:

1.语速节奏明快,要动感,富有现代化气息。

2.语气庄重大方,声音对文字的美化要自然,不要有吹嘘的感觉。

3.语音不要高亢,重音不要落在比如“大型”“现代化”“高度”等形容词上。

第十章　经济纠纷诉状

第一节　经济纠纷诉状概述

一、写作要点

（一）名称解释

经济纠纷，又称经济争议，是指平等主体之间发生的以经济权利义务为内容的社会纠纷。诉讼，俗称打官司。从法律上看，所谓诉讼是指国家司法机关在案件当事人和其他诉讼参与人的参与下，办理刑事、民事、行政案件所进行的一种活动。本章所述的是经济纠纷诉讼，一般属于民事诉讼范畴。

诉状，俗称状纸、状子，是指一方当事人为维护或者实现自身的权益，依法向人民法院提出某种诉讼请求，并陈诉有关事实和理由，或者另一方当事人针对一方当事人的诉讼请求和理由提出抗辩的法律文书。诉状的种类很多，本章所述的是经济纠纷诉状。

（二）主要特征

1. 依凭性

经济纠纷诉状以书面形式提出，成为经济纠纷诉讼活动的重要工具，发挥着依据和凭证的作用，有利于保护当事人的合法权益、维护经济秩序。

2. 程式性

经济纠纷诉状依照法律、法规、规章、规范性文件的有关规定而编制，在内容、格式、语言、表达方式等方面形成了模式化，具有规范、简便的优点，可以提高诉讼活动的效率。

（三）种类划分

1. 按主体分

有公民之间经济纠纷诉状、法人之间经济纠纷诉状、其他组织之间经济纠纷诉状、公民和法人以及其他组织之间经济纠纷诉状。

2.按性质分

有起诉状、上诉状、申诉状、答辩状、撤诉状、反诉状等。

（四）基本结构

1.首部

由以下几个项目构成：

标题。大多是性质或者事由加文种，如《民事上诉状》。有时只写文种，如《撤诉状》。

编号。包括组织代字、审级、案件性质、年度、顺序号等。

诉讼当事人基本情况。包括个人的姓名、性别、年龄、民族、籍贯、职业、工作单位、住址；诉讼代理人的姓名、职务；组织全称、所在地以及法定代表人的姓名、职务等。

2.正文

包括以下几项：

案由。这是导语部分，交代当事人具状的原委。一般使用比较固定的句式，如“原告人……为……一案，提起诉讼于下”；也可以用短语概括，如“债务纠纷”。

诉讼请求。这是诉讼目的的集中体现。写明要求另一方当事人解决什么问题、承担何种责任、赔偿多少损失或者法院变更、撤销原审的判决、裁定等。

事实与理由。这是请求事项的支柱。要讲事实、摆道理，务求充分有力。

在各种经济纠纷诉状中，请求和理由的前后位置也不完全相同。在写法上，可分为列小标题式和概述式两种。

3.尾部

有下列项目：

致送法院名称。先用“此致”领起，然后写所送达的人民法院全称。

具状人。包括有关组织全称和法定代表人的姓名、印章以及个人的姓名。

诉讼代理人。包括代理人的所在单位、职业、签字。

具状时间。标出具体年月日。

附项。分别说明本状副本的份数和证据的种类、名称、份数以及证人的姓名、地址等。其中，用作证据的材料包括当事人的陈述、书证、物证、视听资料、电子数据、证人证言、鉴定意见、勘验笔录等。附项一般放在具状时间后，有时置于正文下方。

（五）注意事项

1.以事实为根据

无论是起诉还是应诉，前提条件是事实必须真实。因此，要尊重客观事实，切忌主观片面，诉讼当事人及其诉讼代理人应该出示确凿的认定事实的证据，并由人民法院审查属实才能作为定案的根据。

2. 以法律为准绳

要正确运用《中华人民共和国民事诉讼法》以及合同、商标、专利等相关法律、法规来解决经济纠纷。一方面，诉讼当事人及其诉讼代理人自觉运用法律维护自身的合法权益，不可目无法律、强词夺理；另一方面，人民法院也要以法律为客观尺度来分清是非，不能以言代法、以权代法。

二、范文阅读

▲经济申诉状

民事申诉状

申诉人：××市×××科技有限公司 地址：××市××区×××路×××号 法定代表人：×××，总经理

被申诉人：×××，女，××××年××月××日生，汉族，住××市××区×××路××号××幢×××室

申诉人因买卖合同纠纷一案，不服××市中级人民法院(20××)×民二终字第××××号民事判决书，依法向贵院提起申诉。

申诉请求：

1. 请求依法对本案进行再审，撤销××市中级人民法院(20××)×民二终字第××××号民事判决书；

2. 请求驳回被申诉人要求申诉人赔偿延期交付电梯损失的诉讼请求；

3. 本案全部诉讼费用由被申诉人承担。

基本案情：20××年5月17日，被申诉人向申诉人购买电梯一台，约定：价格为15.5万元；7月5日前安装完毕，7月10日前发证到位；如迟交货一天(以质监部门发证为准)，应赔偿每天的迟交货金800元等。在合同的履行过程中，由于被申诉人未能及时提供安装电梯所需的三相四线电源，电梯运到现场后搁置了半个多月才安装完毕。申诉人向质监部门委托验收期间，由于酒店仍在装修过程中，电梯外围相关报警和防护措施未能及时跟上，所以验收工作一直拖到10月15日才结束。被申诉人根据合同7月10日前发证到位的约定，要求申诉人赔偿损失77600元。原一、二审法院全然不理会被申诉人种种导致申诉人不能及时安装和不能通过验收的客观事实，径直判决申诉人支付77600元违约金。申诉人不服，依法再次向上级法院提起申诉。

事实与理由：

一、××市中级人民法院认定申诉人“未能在约定的时间安装并交付电梯”错误

1. 申诉人在原一、二审时，一再强调申诉人将电梯运到安装现场后，搁置了将近半个月，被申诉人才将安装电梯所必需的三相四线电源接通。被申诉人聘用的电工

×××在一审法院对其做的调查笔录中对此做了证明(证七:法院调查笔录)。

2.申诉人于7月11日书面向质监部门委托检验验收,7月19日质监部门向被申诉人送达检验意见通知书(证八),要求被申诉人对电梯未预留对外联络报警装置线路、进入机房通道无照明、爬梯无护栏、无降温措施和地面防尘措施等存在问题进行整改。

3.××××电梯制造公司在一审庭审中陈述并证实(一审卷宗第103页):电梯在20××年7月10日前已安装完毕,并于当日出具产品检验情况表。而二审法院竟然以申诉人与××××签订的合同中"货款支付后发货"的约定来做出"××××公司应当是在20××年7月17日收到电梯款后发货"的推定。7月11日都已委托检验了,7月19日都已通知整改了,7月17日后才发货的推定未免太不通情理、太不负责任了。

综上,电梯未能及时安装和通过验收是因被申诉人不及时提供三相四线电源、不及时提供电梯外围的安全防护措施等自身原因所致,与申诉人无关。

二、××市中级人民法院判决申诉人支付迟延违约金无事实根据和法律依据

1.如上所述,申诉人并无迟延交货的违约行为,因此并不负违约责任。

2.电梯是10月15日通过验收的,而被申诉人的酒店是在11月1日才开业的(证九:被申诉人提供的酒店承包人×××的书面证明、证十:花店的收据、被申诉人一、二审庭审自认)。

3.二审法院询问申诉人是否要求调减违约金的数额,申诉人曾明确声明:申诉人并无违约行为;即使有违约,一审判决的违约金过分高于法律规定不得超过合同金额30%的规定,是不合法的。而二审法院居然以"上诉人在庭审中未要求对违约金数额调减"的认定,判决维持了一审判决。

4.申诉人与被申诉人在合同中仅对迟交货造成对方损失的赔偿计算方法作了约定而未约定支付违约金条款。根据"无损失即无赔偿"的法律原则,申诉人提供的电梯是在被申诉人酒店装修期间、未开业之前交付的。而二审法院认定"给被申诉人造成租金和经营损失"的事实显然无事实根据和法律依据。

三、一、二审两级法院对申诉人申请调查的由一审法院做的×××的调查笔录不进行质证,甚至在判决书中只字不提,在程序上反映了一、二审法院对申诉人极大的不公正

综上所述,由于二审判决以推定的方式来认定申诉人交货迟延,而不理会现有证据和当事人庭审自认所证明的客观事实,导致认定事实和适用法律严重错误,且程序违法。依照《中华人民共和国民事诉讼法》第179条之规定,申诉人特向人民法院提起申诉,请求人民法院重新审理本案,撤销原判决,驳回被申诉人要求申诉人赔偿延期交付电梯损失的诉讼请求,以维护申诉人的合法权益。

此致

××省高级人民法院

申诉人：××市×××科技有限公司

20××年×月×日

附：1. 本诉状副本×份（略）

2. 书证×份（略）

▲经济反诉状

反诉状

反诉人：×××百货大楼 地址：××市××路×××号 电话：×××××××× 法定代表人：×××，总经理

委托代理人：×××，××律师事务所律师

被反诉人：××××热水瓶厂 地址：××市×××路××号 法定代表人：××，厂长

被反诉人起诉反诉人拒付货款，反诉人认为被反诉人不按合同规定质量标准供货，以次充好，损害了反诉人的商业信誉，特提起反诉。

反诉请求：

1. 反诉人未售出货物全部退还被反诉人；

2. 被反诉人赔偿反诉人违约金××××元；

3. 反诉人已售出货物按合同规定支付货款。

事实与理由：

20××年5月12日，反诉人与被反诉人签订一份买卖合同，反诉人向被反诉人订购××牌××型热水瓶300只，价值6万元。反诉人售出被反诉人所供货物后，不断有顾客向反诉人投诉商品质量问题，并要求退货（证据一）。于是，反诉人将合同封存样品与被上诉人实际供货样品送×××质量检验所检验，检验结果表明：合同封存样品基本达到国家有关部门规定的质量标准，而被上诉人实际供货样品则有四项指标不合格，质量确实存在严重问题（证据二）。反诉人是××市最大的商业大楼之一，有着良好的商业信誉。为维护消费者的合法权益，维护反诉人良好的商业信誉，反诉人多次函电要求被反诉人派人前来处理此事（证据三），被反诉人置之不理。反诉人在此情况下才不得不通知银行拒付货款，被反诉人却向法院提出诉讼，起诉反诉人拒付货款违约。为此，反诉人以产品质量纠纷提起反诉，起诉被反诉人违约，不按合同规定质量标准供货。

综上所述，被反诉人不按合同规定质量标准供货，以次充好，违反了《中华人民共和国合同法》第×条和《中华人民共和国标准化管理条例》第×条的规定，损害了反诉

人良好的商业信誉。为此，特向你院提起反诉，请求依法判决。

此致

××市人民法院

反诉人：×××百货大楼

法定代表人：×××

20××年××月××日

附：1. 本诉状副本×份(略)

2. 书证×份(略)

第二节　经济纠纷起诉状

一、写作要点

（一）名称解释

经济纠纷起诉状，是公民、法人或者其他组织作为经济纠纷案件的原告在自己的权益受到侵害或者与他人发生争议时，为维护自身的权益，依据事实和法律，向人民法院提起诉讼并请求依法裁判时使用的文书。

（二）主要特征

1. 起诉性

制作经济纠纷起诉状是第一审普通程序的第一个步骤，目的在于向人民法院提起诉讼使自身的合法权益不受侵犯，一经人民法院受理就意味着解决经济纠纷的开始。

2. 限定性

起诉原告是与本案有直接利害关系的公民、法人和其他组织；有明确的被告；有具体的诉讼请求和事实、理由；属于人民法院受理民事诉讼的范围和受诉人民法院管辖。只有符合以上条件才能写经济纠纷起诉状。

（三）种类划分

1. 按主体分

有公民之间经济纠纷起诉状、法人之间经济纠纷起诉状、其他组织之间经济纠纷起诉状、公民和法人以及其他组织之间经济纠纷起诉状。

2. 按内容分

有要求损害赔偿起诉状、追索劳动报酬起诉状、债务清偿起诉状、履行合同起诉状、产权归还起诉状、给付赡养费起诉状、继承遗产起诉状等。

(四)基本结构

1.内容

经济纠纷起诉状应记明下列事项：

(1)原告的姓名、性别、年龄、民族、职业、工作单位、住所、联系方式，法人或者其他组织的名称、地址和法定代表人或者主要负责人的姓名、职务、联系方式。

(2)被告的姓名、性别、工作单位、住所等信息，法人或者其他组织的名称、地址等信息。

(3)诉讼请求和所根据的事实与理由。

(4)证据和证据来源，证人姓名和住所。

2.结构

(1)首部

标题。性质或者事由加文种，如《民事起诉状》；有时只写文种，如《起诉状》。

编号。根据情况考虑是否设此项。

诉讼当事人基本情况。分别说明原告、被告。具体写法是：自然人要列出姓名、性别、年龄、民族、工作单位、住址。法人或者其他组织要列出名称、地址、法定代表人或者负责人姓名、职务。填写要准确，特别是姓名(名称)栏不能有任何错字。地址要尽量详实，具体到门牌号。最好注明邮编及通信方式。

(2)正文

案由。简括当事人之间讼争的法律关系及其争议，如要求损害赔偿、债务清偿、履行合同、产权归还。

诉讼请求。交代请求解决经济纠纷的权益和事实，以及请求人民法院依法解决原告一方要求的有关经济纠纷的具体事项。凡涉及财产的一定要有数据，以便确定诉讼标的。

事实与理由。这是经济纠纷起诉状的核心。一般分段先写事实、后写理由。事实部分，叙述发生纠纷的时间、地点、人物、事件、原因、结果，着重写被告侵权或者违法行为所造成的后果以及当事人争执的焦点和实质性分歧；还有提供充分的人证、物证、书证及其他足以证明原告起诉有理的证据，在列举时用圆括号夹注说明“见证据×”。理由部分，根据事实和证据写明认定被告侵权或者违法行为的性质、后果及应承担的责任，同时阐述提出请求的政策和法律依据。有时用“为此，特向你院起诉，请依法判决”“综上所述……，请法院依法判决”等语句作结。

(3)尾部

致送法院名称。先用“此致”领起，然后写送达的人民法院全称。

具状人。先写“起诉人”，有时写“具状人”。诉讼当事人是自然人的要由本人签字，是法人或者其他组织的由法定代表人或者负责人签字并加盖公章。

诉讼代理人。包括代理人的所在单位、职业、签字。

具状时间。准确填写年月日。

附项。包括副本，按照被告人数提出；证据，包括证人姓名、住所和书证、物证的来源及由谁保管等。

例 10－1：经济纠纷起诉状示意

民事起诉状

原告：________________________________

被告：________________________________

案由：________________________________

诉讼请求：________________________________

事实与理由：________________________________

____

____

此致：

________人民法院

起诉人：________

______年____月____日

附：本诉状副本____份

其他证明材料____份

（五）注意事项

1. 叙事清楚

应当明确提出诉讼请求，然后围绕诉讼请求来叙述事实，以严肃的态度反映事实的真相，用精练的语言勾勒事实的概貌。

2. 说理充分

通过剖析事实、列举证据、援引法律，从不同的角度论述原告起诉的合法性、被告侵权的非法性，做到以理服人。

二、范文阅读

▲借款起诉状

民事起诉状

原告：××，男，××××年××月××日出生，现住××县×××路××号××幢×××室，身份证号码××××××××××××××××××××××

被告：×××，女，××××年×月××日出生，现住××县××街×号××幢××室，身份证号码××××××××××××××××××××××

案由:归还借款

诉讼请求:

1.要求被告×××归还向原告××三次所借的人民币壹拾贰万元整(120000.00元);

2.要求被告×××支付原告××约定的借款利息××××元;

3.要求被告×××承担本次诉讼形成的所有诉讼费用。

事实与理由:

被告于20××年×月××日,以急需付购房款为由,向原告借款人民币伍万元整(50000.00元)。原告收到被告亲笔所写借条一份。

被告又于20××年××月×日,以急需周转资金配货为由,向原告借款人民币肆万元整(40000.00元),原告收到被告亲笔所写借条一份。

被告又于20××年××月××日,以急需周转资金付会为由,向原告借款人民币叁万元整(30000.00元),原告收到被告亲笔所写借条一份。

因被告的丈夫×××与原告既是老亲又是多年的朋友,所以原告对于被告的借款行为和信誉深信不疑。三次累计借款给被告人民币壹拾贰万元整(120000.00元)。

原告与被告在借款时口头约定,当原告急需要钱的时候,提前十五天告知被告,被告将按时归还所借的钱款。

原告因经营资金紧张及归还他人借款的需要,于20××年××月××日向被告提出归还所借的人民币壹拾贰万元整(120000.00元),并支付相应的利息××××元。原告与被告双方约定20××年××月××日归还。

到期后,原告多次要求被告按时归还借款。被告均以过几天就还甚至说没钱为由,不予归还。严重违背了诚实守信的为人原则。

为此,特向你院起诉,请依法判决。

此致

××县人民法院

起诉人:××

20××年××月××日

附:1.本诉状副本×份

2.还款告知书×份

3.借条复印件×份

▲履行合同起诉状

民事起诉状

原告：

范××，男，汉族，××××年×月×日出生，身份证号××××××××××××××××××，现住××市××区××村××组××号

何×，男，汉族，××××年××月××日出生，身份证号××××××××××××××××××，现住××市××区××路×××号×幢×××号

彭×，男，汉族，××××年×月×日出生，身份证号××××××××××××××××××，现住××市××开发区××号

被告：××市××实业投资有限公司，地址：××工业区×××号，法定代表人：×××

案由：合同违约

诉讼请求：

1. 依法判定被告双倍返还原告押金及赔偿原告投资损失合计人民币500万元；

2. 本案诉讼费用全由被告自行承担。

事实与理由：

原告(原告三人之间的关系为自然合伙人，合伙人略有变动，有相关合法变更手续证明)于20××年6月10日与被告签订了《××客运站租赁合同》。截至今日这段时期内，原告屡次强烈要求被告严格按合同履行自身义务，被告却置之不理，严重损害了原告的经济利益，被告的行为已属严重违约。原告不得不向人民法院陈述事实，主张自身的合法权益。其中，被告严重违约事实主要体现在如下几方面：

1. 交付的建筑物及附属物问题严重。根据诚实信用、等价有偿的原则，被告交付给原告经营使用的建筑物应该是合法合规合标的。时至今日，被告交付原告使用的建筑物主体工程及附属物均未合格验收，主体工程合格验收证仍迟迟未见下达。车站在原告连续经营长达一年后，被告的施工人员依然驻守在车站，还经常进行相关项目的施工和整修，连消防许可证也是不久前才审批。与此同时，被告拥有车站物业相关的资料和手续只有部分与原告沟通或移交过。截至目前，原告全然不知车站的建筑物及附属物究竟还有多少手续仍未办理完毕或合格验收。

2. 协助办理的营业执照与合同约定大相径庭。“××汽车客运站”与事实上由被告协助办理的“××市××汽车客运站有限公司”完全是两码事。根据《中华人民共和国道路运输条例》《道路旅客运输及客运站管理规定》《××省交通厅实施〈道路旅客运输及客运站管理规定〉办法》规定，等级、简易站的站名为“地名＋标志名＋(汽车)客运站”，如“××××汽车客运站”，配客点的站名为“地名＋配客点名称＋(汽车)客运配客点”，如“××××汽车客运配客点”，而以范××为法人注册的“××市

××汽车客运站有限公司”营业执照，其经营范围为客运站(配客点)，而合同上所签约的“××汽车客运站”，只有等级和简易站才能配有该名，而目前经营范围上明确规定为(配客点)的××客运站，按照法律规定只能配用“××市××汽车客运配客点”这一名称，而不是现注册的“××市××汽车客运站有限公司”这一名称。显然合同上所签署的“××汽车客运站”跟实际营运的“××市××汽车客运站有限公司”在法律规定和实际经营范围方面完全是南辕北辙。

3. 核心经营租赁物迟迟未实际履行。《××客运站租赁合同》明确提出:“乙方承包甲方出资成立的××客运站及××市××镇公共汽车有限公司、××市××客运有限公司”。而事实上，原告现经营的“××市××汽车客运站有限公司”是由原告出资成立(法人代表为范××)的，被告只是充当一个协助办理的角色。可想而知，就连原告租赁的核心经营标的物，被告从一开始就未交付，也未交付任何由其出资成立的公司给原告实际经营使用，难道不是蓄意欺诈和有意违约吗？同时租赁期间，合同约定由被告出资成立的××市××客运有限公司，虽未明确什么时间成立、如何成立等问题，但原告经营车站长达一年之久后，被告对××市××客运有限公司的成立没有任何反应和作为，甚至闭口不谈或敷衍了事。而××客运站实际经营的需要，客运有限公司的成立已是迫在眉睫。如果客运有限公司成立不了，原告根本就无法以客运公司的名义向政府部门申请相关营运线路的经营权，也就是说在客运有限公司未成立之前，原告根本无法正常开展自身的线路业务，致使原告进驻车站长达一年之久依然连续巨额亏损，蒙受了巨大的经营压力和经济损失。被告的不作为和违约行径，严重有悖原告承包车站经营的初衷，原告就连一个核心业务的客运有限公司都没有，拿什么去谈车站实际性的经营和润利呢？

4. 其他违约事实。《××客运站租赁合同》第十三条“其他约定”中的第四款:“该客运站可先以临时配合点名义进行营运，并开始报验，一年后政府部门方可按客运站的营运情况进行验收，达到标准后方授予三级站的资格”。其文字中的“配合点”按规定应为“配客点”，不知被告是有意为之还是故意混淆视听，以此来逃避法律事实。同时，一年之后，××汽车客运站虽经相关部门验收后，但因主体工程未合格验收和消防资料不齐等原因，三级站资质迟迟未见审批，被告却对这一约定视而不见。《××客运站租赁合同》第十三条“其他约定”中的第八款:“甲方应负责与××镇政府沟通，确保所有途径××、并在××境内经营客运的车辆务必进入××汽车客运站，由乙方统一管理”。合同规定被告必须履行义务，商请××镇政府及相关部门进行协调等。而事实上，被告对这一约定没有任何积极作为的表现，直至20××年7月15日，在原告自己投诉和上访政府各主管部门后，才有了目前车辆初步进站的事实。

5. 实际损失金额。原告实际投资和经济损失折合人民币500万元(见损失清单)。

综上所述，被告已严重违反合同多项约定，损害了原告的切身利益，致使原告蒙受了巨大的经济损失。根据《中华人民共和国民法通则》和《中华人民共和国合同法》的相关规定，被告行为已属严重违约。同时，被告的违约事实确凿清楚，证据充分肯定。原告现依法向你院提请诉讼，请求秉公依法办理和审判。

此致

××市人民法院

起诉人：范××

何×

彭×

20××年××月××日

附：1. 本诉状副本×份（略）

2. 其他证明材料×份（略）

第三节　经济纠纷上诉状

一、写作要点

（一）名称解释

经济纠纷上诉状，是经济纠纷案件的当事人对地方各级人民法院做出的第一审判决或者裁定不服，按照法定的程序和期限，向上一级人民法院提起上诉时使用的文书。

（二）主要特征

1. 上诉性

诉讼当事人不服第一审的判决或者裁定依法向上一级法院提起诉讼，经济纠纷上诉状的递交可以启动第二审，再次提供维护合法权益的机会。

2. 规定性

上诉必须在第一审的判决或者裁定发生法律效力前进行。诉讼当事人不服地方人民法院第一审判决或者裁定的，在判决书送达之日起 15 日内或者裁定书送达之日起 10 日内向上一级人民法院提起上诉。经济纠纷上诉状应通过原审人民法院提出，当事人直接向第二审人民法院上诉的则第二审人民法院在 5 日内将该状移交原审人民法院。

（三）种类划分

1. 按主体分

有公民之间经济纠纷上诉状、法人之间经济纠纷上诉状、其他组织之间经济纠纷上诉状、公民和法人以及其他组织之间经济纠纷上诉状。

2. 按内容分

有要求损害赔偿上诉状、追索劳动报酬上诉状、债务清偿上诉状、履行合同上诉状、产权归还上诉状、给付赡养费上诉状、继承遗产上诉状等。

(四)基本结构

1. 内容

经济纠纷上诉状包括：

(1)当事人姓名、法人的名称及其法定代表人的姓名或者其他组织的名称及其主要负责人姓名。

(2)原审人民法院名称、案件的编号和案由。

(3)上诉的请求和理由。

2. 结构

(1)首部

标题。性质或者事由加文种，如《民事上诉状》；也可以只写文种，如《上诉状》。

诉讼当事人基本情况。分别说明上诉人和被上诉人。写法参见经济纠纷起诉状。

(2)正文

案由。说明原案由、原审人民法院全称、做出第一审判决或者裁定的时间、案件编号，表示提出上诉，常用句式有“上诉人因……一案，不服……人民法院××××年×月×日(××××)×××字第×××号民事判决(或者‘裁定’)，现提出上诉”等。

上诉请求。写明对原判决或者裁定全部或哪一部分不服，是请求撤销或者变更或者请求重新审理。

事实与理由。这是经济纠纷上诉状的主体。它是针对原审判决、裁定而言，而不是对方当事人。包括以下几个方面：认定事实不清，主要证据不足；原审确定性质不当；适用实体法不当；违反了法定程序。有时用“综上所述……请依法……以维护上诉人的合法权益”“因此，特向你院提出上诉(或者‘特上诉你院’)，请依法审理……”等语句收尾。

(3)尾部

包括致送法院名称、具状人、诉讼代理人、具状时间、附项，写法参见经济纠纷起诉状。其中，具状人大多称为“上诉人”，也可以写“具状人”。

例 10—2：经济纠纷上诉状示意

民事上诉状

上诉人：________________________________

被上诉人：______________________________

上诉人因____________一案，不服________人民法院______年____月____日（______）____字第______号民事判决（或者裁定），现提出上诉。

上诉请求：________________________________

事实与理由：____

____

____

此致

________人民法院

上诉人：________

______年____月____日

附：本上诉状副本____份

其他证明材料____份

（五）注意事项

1.有的放矢

要针对第一审判决或者裁定，围绕所认定事实和证据以及运用法律不当的地方来叙议，抓住症结，不可闲谈。

2.反驳有力

经济纠纷上诉状主要采用反驳法，把原审认定的事实、证据以及所用的法律分别与客观事实、确凿证据、适用法律进行对照，从而明辨是非。

二、范文阅读

▲债务纠纷上诉状

民事上诉状

上诉人：××建筑工程有限公司 地址：××市××区××镇××路××号 法定代表人：×××

被上诉人：××市政工程有限公司 地址：××市××区××路××号 法定代表人：××

××建筑工程有限公司C项目经理部 负责人：石××

上诉人因××市政工程有限公司诉拖欠工程款纠纷一案，不服××市××区人民法院（20××）××××字第×××号民事判决，现提出上诉。

上诉请求：

1. 撤销一审判决，将本案发回重审或依法查明事实后改判驳回××市政工程有限公司对上诉人的诉讼请求；

2. 本案一、二审诉讼费用由被上诉人承担。

上诉理由：

一、一审判决认定被上诉人××市政工程有限公司与石××所签订的销售协议属于职务行为错误

构成职务行为要求行为人必须是以法人的名义对外从事活动。从行为人的对外名义来看，如果行为人不是以法人名义从事的活动，则不能认为是职务行为。但是本案中原告与石××之间签订的销售协议并非是以上诉人的名义所签订的，该协议上既没有上诉人的公章，也没有上诉人的法定代表人签字，甚至连××建筑工程有限公司的字眼都根本没有出现。另外，行为人石××与××市政工程有限公司并不存在职务隶属关系，行为人的行为目的也是为了个人工程利益，涉案货物的交付及货款结算均是建立在××市政工程有限公司与石××之间。由此可见，涉案的销售协议是建立在××市政工程有限公司与石××之间的合同，一审判决违反合同相对性的原理，将××市政工程有限公司与石××之间的买卖合同关系错误地认定为上诉人的债务，违背了本案基本事实，涉案法律关系系石××与××市政工程有限公司之间的买卖合同纠纷，上诉人不应承担责任。

二、一审立案及实体审理程序错误

××市政工程有限公司将××建筑工程有限公司C项目经理部作为被告之一进行起诉，违反了《中华人民共和国民事诉讼法》关于立案的规定，所谓的项目部仅仅是一个名义上的称谓，并不是一个实体上的法人组织或非法人单位，根据《中华人民共和国民事诉讼法》的规定及民事诉讼法理，作为被告要求必须"明确"、必须客观存在。而本案所谓的项目部根本无法作为被告参加诉讼，不具备诉讼主体资格，更不可能像一审判决中所提到的享有答辩、举证质证及辩论等诉讼权利，由于项目部并不具备诉讼的权能，不享有民事诉讼的权利及义务，根据《中华人民共和国民事诉讼法》规定，应采用裁定的形式驳回原告起诉，而不是用判决的方式驳回实体请求，人民法院应主动审查并行使释明权，本案应由石××作为被告。根据××市政工程有限公司的起诉状，可以得知其主张的是建设工程法律关系，诉求的是工程款债权，如果人民法院在审理过程中发现查明的案件事实与原告所主张的权利不符，应当行使释明权予以告知，由当事人自己选择取舍，但不应当超越当事人的主张，更改当事人所主张的法律关系，本案××市政工程有限公司主张的是建设工程债权，并非是基于买卖合同产生的债权，一审错误地不当干预了当事人的诉权。

三、一审判决认定项目经理任命书属于追认错误

根据《中华人民共和国合同法》第四十八条规定，行为人没有代理权、超越代理权

或者代理权终止后以被代理人名义订立合同，未经被代理人追认，对被代理人不发生法律效力，由行为人承担责任。也就是说只有以上诉人的名义对外从事的活动才有可能引起追认，但是本案当中的协议并非是以上诉人名义对外签订的，不符合追认的构成要件，若行为人以自己的名义与第三人进行民事活动，则不存在追认问题。同时，根据民事关于追认的法理，追认的对象必须要求特定、明确，追认权的行使必须有着明确的指向性，但是一审判决据以认定追认的项目经理任命书做出的时间是在原告与石××签订之后，任命书并不是对本案债务的追认。同时，××市政工程有限公司是将货物直接交付给石××，货款也是由石××支付给原告，由此可见交易主体是××市政工程有限公司与石××。

综上所述，一审判决认定事实不清，适用法律不当，请求二审法院依法重新裁定。

此致

××市中级人民法院

上诉人：××建筑工程有限公司

××××年×月××日

附：本上诉状副本×份

其他证明材料×份

第四节　经济纠纷答辩状

一、写作要点

（一）名称解释

经济纠纷答辩状，是公民、法人或者其他组织作为经济纠纷诉讼中的被告（或者被上诉人），收到原告（或者上诉人）的起诉状（或者上诉状）副本后，在法定期限内，针对原告（或者上诉人）在诉状中提出的事实、理由及诉讼请求，进行回答和辩驳时使用的文书。

（二）主要特征

1.应诉性

答辩是被告或者被上诉人面对起诉或者上诉所做的回应，通过辩护维护自身的合法权益，也有助于人民法院查明案情从而做出正确的判决或者裁定。

2.时限性

在第一审，人民法院应在立案之日起5日内将起诉状副本发送被告，被告应在收到之日起15日内提出答辩状；在第二审，原审人民法院收到上诉状，应在5日内将上诉状副本送达对方当事人，对方当事人在收到之日起15日内提出答辩状。

（三）种类划分

1.按主体分

有公民之间经济纠纷答辩状、法人之间经济纠纷答辩状、其他组织之间经济纠纷答辩状、公民和法人以及其他组织之间经济纠纷答辩状。

2.按内容分

有要求损害赔偿答辩状、追索劳动报酬答辩状、债务清偿答辩状、履行合同答辩状、产权归还答辩状、给付赡养费答辩状、继承遗产答辩状等。

3.按审理程序分

有第一审经济纠纷答辩状、第二审经济纠纷答辩状。

（四）基本结构

1.内容

经济纠纷答辩状包括：

（1）被告（或者被上诉人）的姓名、性别、年龄、民族、职业、工作单位、住所、联系方式和法人或者其他组织的名称、地址以及法定代表人或者主要负责人的姓名、职务、联系方式。

（2）答辩案由。

（3）答辩理由和提出答辩主张。

2.结构

（1）首部

标题。性质或者事由加文种，如《民事答辩状》；有时只写文种，如《答辩状》。

答辩人基本情况。写法参见经济纠纷起诉状。

（2）正文

答辩案由。常用句式有“因……一案，提出答辩如下”“答辩人现就……一案答辩如下”“答辩人因……一案，对上诉人×××不服×××人民法院（××××）×××字第×××号判决，提出答辩如下”等。

答辩理由。这是答辩状的重心，通常包括以下内容：就案件事实部分进行答辩；就适用法律方面进行答辩。

提出答辩主张。即对原告起诉状或上诉人上诉状中的请求是完全不接受，还是部分不接受，对本案的处理依法提出自己的主张，请求法院裁判时予以考虑。常用“综上所述……请……”收束。

（3）尾部

致送法院名称、具状人、诉讼代理人、具状时间、附项的写法参见经济纠纷起诉状。其中,具状人一般称为“答辩人”,有时写“具状人”。

例10—3:经济纠纷答辩状示意

民事答辩状

答辩人:________________________________

因________________________________一案,提出答辩如下:

____

____

____

此致

__________人民法院

答辩人:________

______年____月____日

附:本答辩状副本____份

其他证明材料____份

(五)注意事项

1.回答有据

要坚持实事求是的原则,如实反映该案件的相关情况,无论是事实、证据还是法律依据都必须确实可信。

2.辩驳有理

要针对原告或者上诉人的诉讼请求以及所依据的事实与理由加以辩解和批驳,抓住关键问题进行透辟分析,增强说服力。

二、范文阅读

▲第一审经济纠纷答辩状

民事答辩状

答辩人:钱××,男,汉族,出生于××××年×月××日,现住××市××镇××路×××号

被答辩人:××××物业有限公司 地址:××市××区×××路××号 法定代表人:王××

××××数据信息技术有限公司 地址:××市××区××路××号 法定代表人:陈×

赵××,男,汉族,出生于××××年×月××日,现住××市××镇××路×××号

答辩人现就被答辩人××××物业有限公司提起民事诉讼一案答辩如下:

一、20××年10月8日被答辩人××××物业有限公司、××××数据信息技术有限公司、个体户赵××三方经协商一致作为联合投资的乙方共同与××州黄金公司就××州××市×××乡××××金矿的投资、勘探、开采、加工生产等事项达成协议。签订了《××市×××乡××××金矿合作联营协议书》(以下简称协议书),并制定了《××市×××乡××××金矿股东章程》(以下简称章程)。协议书和章程明确规定被答辩人××××物业有限公司、××××数据信息技术有限公司、赵××三方作为一个合作的整体组成乙方。乙方的三方合作者作为一个整体才具有与甲方平等的民事主体,任何一方脱离乙方整体,没有独立主张权利的资格。答辩人在协议书中的地位仅作为乙方合作组成单位××××数据信息技术有限公司的代表人参加金矿的勘探、开采等工作。既不具备乙方合作整体组成单位的法人地位,也不是任何合作方的法定代表人。因此答辩人不具备协议书、公司章程民事约定下的诉讼主体资格。不是适格的被告,不能作为承担民事责任的对象,请求法院依法驳回被答辩人的诉讼请求。

二、协议书、章程明确约定:甲乙双方按照拟定的投资比例方式进行投资,承担风险责任和利益分配,由甲方代表×××,乙方股东代表王××、何××(被答辩人法定代表人陈×的丈夫)、赵××四人组成董事机构,共同制定决策该矿山的重大事项。合作方委派专人或自行出任承担矿山的生产管理职责。协议书第十条中明确约定:"任一合作方或合作人在合作有效期间,不得有损合作方共同利益的行为,未经合作方或代表人一致同意,任一合作者不得转让退出合作和其他人参股。"章程第三条、第四条明确规定:矿山总投资为100万元人民币。其中被答辩人出资30万元,参股比例为30%。协议书生效后被答辩人先后投资6万元,并提供一辆支付首期预付款项的××皮卡车(××××××)用于矿山的勘探、开采使用。在协议的履行和章程的执行过程中,答辩人作为投资参股方××××数据信息技术有限公司委派的代表人,在××市×××乡××××进行探矿,做了大量的地质勘查、开采工作,开洞六个,累计进尺600米。现有联营合作方××州黄金公司和××州国土资源局出具的证明材料、乙方与××市矿产资源监督管理站签订的协议书、××市安全监督管理局下发的整改指令书佐证。在此期间作为参股人的赵××不履行协议书和章程,不按时依约出资,造成整体出资不到位,致使开矿业务停止。××皮卡车(××××××)也因被答辩人拖欠车款于20××年被××公司扣走。现被答辩人不仅不承担因其违约给他方造成的经济损失,反而提起诉讼要求受害方答辩人返还投资款14万元,并承担损失1万元,这与理与法不能自圆其说。请求法院查明事实真相,依法予以驳回。

三、20××年4月20日被答辩人的代表人赵××以帮助答辩人审验车辆为名,将答辩人的私人车辆(××××××)开走,并将该车的行车证等手续一并拿走。其后又以到××出差为由不将车辆还给答辩人。此后,非法对该车改色过户,私自占为己有。答辩人得知这些情况后，立刻向司法机关报案。但不曾想到被答辩人为掩盖、逃避其犯罪事实，恶意提起民事诉讼，要求法院判令答辩人支付被其占为已有的(××××××)车的大修费用59544元及管理费6000元。试问，被答辩人私自将他人财物占为已有，财产所有人还应为其支付汽车修理费和其他各项费用支出吗？非法行为能得到法律保护吗？这种滥用诉权的行为难道不应受到法律制裁吗？

综上所述，被答辩人起诉的被告(答辩人)不适格，诉讼请求没有任何证据支持，起诉显系滥用诉权，人民法院应依法予以驳回。

此致

××市中级人民法院

答辩人：×××

20××年×月××日

▲第二审经济纠纷答辩状

民事答辩状

答辩人：兰×，女，汉族，××××年××月××日生，住址：××市××区××家园×幢×××室

被答辩人：××市××商贸有限公司，地址：××市××区××街×号 法定代表人：周× 总经理

李××，男，汉族，××××年×月××日生，住址：××市××区××路××号

张×，男，汉族，××××年××月××日生，住址：××市××区××路××号

答辩人与被答辩人返还原物纠纷一案，被答辩人不服××市××区人民法院(20××)×民初字第×××号判决，提出上诉。针对被答辩人的上诉，答辩人根据本案事实及相关法律规定，提出如下答辩意见：

一、答辩人是本案诉争房屋的合法所有权人，该事实明晰清楚、证据确凿充分，答辩人理应依法享有对该房屋的占有、使用、收益、处分的权利

(一)事实和证据表明，答辩人才是本案诉争房屋的合法所有权人

本案诉争房屋系答辩人于1986年向×××、×××购买所得，并由××市房屋交易所见证，订立了×房交字第××××、××××号房产买卖契约。2001年4月，答辩人又依法领取了该房的房屋所有权证。因此，答辩人是本案诉争房屋的合法所有权人。

1993年12月，答辩人买下××桥的对调房，但被答辩人××市××商贸有限公

司并没有买下答辩人的××路房屋。××路房屋的所有权人当然还是答辩人。虽然《房屋交换使用协议》没有约定房屋交换使用的期限，但是房屋交换使用的前提已经不存在了，不再是交换使用，而是有偿使用。2001年的民事调解书，对该房屋的有偿使用期限也作了明确约定，即房屋的有偿使用期限自2001年起再延长8年。也就是说，8年以后是让被答辩人李××、被答辩人张×继续居住还是收回房屋，完全是由答辩人决定的。被答辩人李××、被答辩人张×从来都不是该房屋的真正权利主体。

因此，答辩人是合法的所有权人，当然依法对自己的房产享有占有、使用、收益和处分的权利，这种权利排除他人对于其财产违背其意志的干涉，它是一种最充分、最完整的财产权和物权。

（二）答辩人作为该房屋的合法产权人，有权要求被答辩人李××、被答辩人张×立即搬迁让出，返还房屋。

《房屋交换使用协议》《民事调解书》都明确了被答辩人李××、被答辩人张×可以居住在诉争房屋的前提是需要向答辩人支付租金的。本案中，被答辩人李××、被答辩人张×10多年来一直未向答辩人支付租金，却霸占答辩人的房屋不走，就是侵权。单凭这一事实，答辩人有权要求其立刻停止侵权，搬迁让出，返还房屋。

至于被答辩人××市××商贸有限公司在上诉状中，引用了某些拆迁条例来强调被答辩人李××、被答辩人张×作为承租人的权利，这更是十分可笑的。首先，被答辩人李××、被答辩人张×10多年来从不向答辩人缴纳房租，根本不是真正意义上的承租人，双方也不存在实际租赁关系。被答辩人李××、被答辩人张×根本称不上承租人，称为侵权人更合适。且答辩人在2008年民事调解书约定，续租8年到期即向法院起诉，要求收回房屋，而该地块拆迁是在2010年才开始，故被答辩人李××、被答辩人张×在拆迁过程中，自然也不能享受承租人应有的权利。其次，被答辩人××市××商贸有限公司所引用的国务院《城市房屋拆迁管理条例》《××市城市房屋拆迁管理办法》均已经失效。

二、从公平原则角度，答辩人才是本案真正的受害者

1987年，为解决单位员工住房困难问题，被答辩人××市××商贸有限公司向答辩人提出双方换房使用的要求。答辩人为了帮单位解决两家职工无房居住的实际困难，同意用自己的房屋××路的一幢两层楼房与被答辩人××市××商贸有限公司的房屋（××桥的一单元房）交换使用。同时，答辩人还将被答辩人××市××商贸有限公司原先分配给答辩人的一个14平方米的房子，无偿交还给了被答辩人××市××商贸有限公司。答辩人处处体恤被答辩人××市××商贸有限公司，但被答辩人××市××商贸有限公司却毫不领情。

按照《房屋交换使用协议》，被答辩人李××、被答辩人张×需按月向答辩人支付租金。但自1994年起直至2011年，被答辩人李××、被答辩人张×就一直没有交过

房租。答辩人的房屋本是店面房，地段也不错，如一直对外出租的话，答辩人本可有一定可观的收益。如今，就答辩人租金方面的损失，早已超过10万元。

被答辩人××市××商贸有限公司、被答辩人李××、被答辩人张×多次强调答辩人已享玉湾桥的优惠购房待遇，从公平角度，就不能再享受完整的所有权人权利。但事实上，并非如此简单。1993年，答辩人购买××桥的房子时，房屋的总价不过1万多元，答辩人也支付了8433.12元房款，仅享受了几千元的优惠。答辩人在购买××桥房子后，也曾书面申请被答辩人××市××商贸有限公司购买自己××路的房屋，但其却置之不理。造成如今的局面，是被答辩人××市××商贸有限公司一手造成的。

上面也说过，被答辩人李××、被答辩人张×自1994年起就未支付房租，依据一般债法原理，作为权利人的答辩人本可随时收回房屋。但答辩人却仍遵守调解书内容，在8年期满以后才要求收回房屋，主张2001年以来的租金。而后来，为了早日解决诉争问题，答辩人还撤回了对租金方面的诉请，对三位被答辩人可谓仁至义尽。答辩人忍让了那么久，放弃了那么多的权益，如果最终连自己合法所有的房屋都不能收回，那国家依法保护房屋所有权人的精神何在！拥有房屋所有权，难道对答辩人就成了一纸空文吗?

另据一审法院查明，被答辩人李××、被答辩人张×在他处早就各有房产，却仍觊觎答辩人的私有财产，不交一分租金还长期霸占答辩人的房屋。他们甚至自称无房户、困难低保户，以博取法院和外界的同情，以最终得到国家补偿。而被答辩人××市××商贸有限公司为了逃避自己的责任，一再鼓动和放任被答辩人李××、被答辩人张×侵害答辩人的合法权益，应予以打击！本案中，答辩人才是真正的受害者。

三、2001年的民事调解书属于生效的法律文书，具有法律效力，三被答辩人应按照调解书的要求，积极履行自己的义务，向答辩人返还房屋

2001年，民事调解书做出后，答辩人曾凭该调解书要求被答辩人李××、被答辩人张×继续交房租。所以被答辩人李××、被答辩人张×其实早就清楚调解书的内容。民事调解书中也早已明确，房屋的有偿使用期限再延长8年，一旦遇到拆迁，拆迁利益将全部归答辩人。现8年时间已到，被答辩人李××、被答辩人张×应及时向被答辩人××市××商贸有限公司返还房屋，并由被答辩人××市××商贸有限公司再返还给答辩人。

作为被答辩人××市××商贸有限公司，本应按民事调解书的要求，积极配合答辩人收取房租，并及时向被答辩人李××、被答辩人张×收回房屋，返还给答辩人。被答辩人××市××商贸有限公司既然调拨房屋给被答辩人李××、被答辩人张×有偿居住，也自然有权利收回房屋。至于对被答辩人李××、被答辩人张×是补偿还是变更为其他，那也是被答辩人××市××商贸有限公司的义务，但这与答辩人无

关。本案被答辩人××市××商贸有限公司在此事件上的态度和各种做法，其目的就是为了逃避对被答辩人李××、被答辩人张×补偿的责任。

被答辩人李××、被答辩人张×理应认清孰是孰非，不该盲从。本案诉争房屋是答辩人的私房，并不是被答辩人××市××商贸有限公司的。如果权利确实受损，被答辩人李××、被答辩人张×应向被答辩人××市××商贸有限公司主张权利。但被答辩人李××、被答辩人张×并没有向被答辩人××市××商贸有限公司争取自己的权利，反而长期侵占答辩人的房屋不予返还，置国家法律于不顾，这种行为和认识根本就是错误的！

在此，答辩人提醒被答辩人正确面对本案事实，主动撤回上诉，服从一审人民法院的正确判决，不要再混淆事实，扰乱是非。若被答辩人仍坚持其无理请求，则请二审人民法院裁定驳回上诉，依法维持一审人民法院的正确判决。

以上答辩意见，恳请二审人民法院采纳。

此致

××市中级人民法院

答辩人：兰×

20××年×月××日

第十一章　经济新闻

第一节　经济新闻概述

一、写作要点

（一）名称解释

经济新闻，是新近发生、发现或者变动着的具有新闻价值的经济事实的报道。经济新闻有广义、狭义之分。广义经济新闻包括经济消息、经济通讯、经济特写、经济专访、经济调查报告、经济时事评论等；狭义经济新闻仅指经济消息。本章所述的是广义经济新闻。

（二）主要特征

1. 新颖性

经济新闻姓“新”，及时报道经济实践中的各种信息，比如新情况、新见解、新经验、新问题、新趋势，使受众了解新的信息、获得新的启发。

2. 真实性

真实是经济新闻的生命。经济新闻用事实说话，这些事实不仅是经济工作中确实存在的，而且合乎经济规律，因而它是一种本质的真实。

3. 舆论性

经济新闻对各种事实的报道和评价往往具有一定的代表性，能在很大程度上引导受众的意见走势，逐步达成共识，形成较为统一的社会舆论。

（三）种类划分

1. 按范围分

有国际经济新闻、国内经济新闻。

2. 按体裁分

有经济消息、经济通讯、经济特写、经济专访、经济调查报告、经济新闻图片、经济时事评论等。

3. 按结构分

有倒金字塔式经济新闻、时序结构式经济新闻、逻辑结构式经济新闻。

4. 按时间分

有突发性经济新闻、延缓性经济新闻等。

5. 按与受众关系分

有硬经济新闻、软经济新闻。

6. 按媒体分

有报纸经济新闻、杂志经济新闻、广播经济新闻、电视经济新闻、网络经济新闻等。

(四)基本结构

1. 标题

(1)形式。从形式上看,有单标题、双标题、多行标题三种。单标题,概括新闻事实的主要内容,如《通货膨胀使语言与美元一道贬了值》。双标题,有引题和正标题,如《东莞首创"四方联网" 3天业务20分钟搞掂》;正标题和副标题,如《谁来救救柑橘——来自永顺县柑橘滞销的调查》。多行标题,由引题、正标题、副标题组成,如《共和至玉树 国内首条高速化公路挺进三江源 草皮巧搬家 隧道穿冻土 施工无痕迹》。

(2)文种。从文种上看,经济消息、经济通讯、经济特写标题的拟法相近,经济专访、经济调查报告的标题一般从对象、时间、主旨、事由、文种中选取若干要素。

2. 消息头

主要有"讯"和"电"两种形式。"讯",是指通过邮寄、书面递交的方式向通讯社、报社、杂志社、网站等传递的消息;"电",是指通过电报、电传、电话、网络等形式向通讯社、报社、杂志社、网站等传递的消息。

3. 署名

写在标题正下方、正文前或者正文后。

4. 正文

(1)内容。经济新闻一般包括如下内容:

新闻事实。这是经济新闻中最有价值的部分。或者是新闻事件,或者是某个新闻人物的谈话内容,或者是一个人、一个群体新近的行动和生活,也可以针对现实生活中重大问题、新闻事件直接发表意见、阐明观点。

背景。它是用来对新闻事实进行解释的所有材料。按照不同的标准,背景可以划分很多类。按学科分,有历史背景、自然背景、社会背景、经济背景、文化背景、政治背景等;按在文章中的作用分,有烘托主旨的背景、说明来源的背景、说明相关事物的背景、引起联想的背景等;按写法分,有对比性背景、说明性背景、注释性背景。

其他事项。有些经济消息、经济通讯补充采访手记和相关链接；经济专访对涉及的某些专业术语有时作注释。

(2)结构。主要有以下几个部分：

前言。在经济消息中称为导语。侧重点及写法各有不同。一般说来，经济消息注重交代最新鲜、最重要的新闻事实；经济通讯、经济特写既可以交代最新鲜、最重要的新闻事实，也可以交代背景和描写人物、景物以及其他场景。

主体。或者与背景结合，对新闻事实进行叙写和拓展；或者按照类别、材料的内在逻辑关系把事实和观点逐一表述。

结尾。一般说明补充事项，如解释专业术语、介绍被访单位情况、采访手记；有的展望前景。也可以不单设结尾。

(3)写法。概括起来有三种写法：

倒金字塔式。把最重要的新闻事实放在开头，比较重要的随后安排，一般的再后移，最不重要的放在最后。这种结构便于写作、编排和阅读。

时序结构式。以时间的延续为基本线索，先后有序地组织在一起。这种结构更接近事物的原始形态，也符合受众的认知习惯。

逻辑结构式。按事物的内在联系、问题的类型来安排结构。其常见的形式有并列式、递进式、因果式、总分式等。这些结构有助于反映事物的内在联系，揭示事物发展的规律。

(五)注意事项

1. 主旨集中鲜明

经济新闻的主旨是通过事实来表达的，直接或者间接地说明作者的观点。因此，既要围绕主旨选取和安排材料，又要在叙写时集中鲜明地表达主旨。

2. 语言准确通俗

经济新闻以语言为载体向社会传递经济信息，遣词造句必须准确无误，还要力求通俗易懂，便于受众理解。

3. 勇于创新写法

尽管经济新闻体式比较规范，写作手法带有某种程式化，但也应按照“大体须有，定体则无”的写作规律，根据实际需要勇于创新，以增强吸引力。

二、范文阅读

▲消息

“成都，都成！”

本报成都5月29日电（记者梁小琴、王明峰）成都市区人民南路的路牌灯箱上，一只卡通大熊猫正站在讲台上发言：“欢迎莅临成都，参加2013财富全球论坛。”此时，距离 2013 成都财富全球论坛召开不到 10 天。成都是继上海、香港、北京之后，中国第四个举办有“全球经济风向标”之称的财富全球论坛的城市。

不沿边、不靠海的成都凭借产业倍增战略，积极承接发展高端产业和产业高端，大规模、成建制、全链条地承接国际国内重大产业转移。

近年来，成都集中引进了联想、戴尔、英特尔等全球知名 IT 品牌商、制造商和一汽大众、沃尔沃等知名汽车品牌，一大批重大项目相继落户，加速融入全球产业分工体系。截至目前，落户成都的世界 500 强企业已达 238 家，居中西部第一。

去年，成都地区生产总值达到 8138.9 亿元，跃居全国副省级城市第三。今年一季度，成都市规模以上工业增加值增速列副省级城市首位。

成都产业发展又好又快，高效的政务环境功不可没。“一站式审批”，每季度召开的“外商投资企业座谈会”，受到企业好评。据不完全统计，这几年，企业通过座谈会共反映问题、建议近 2000 件，最终办理满意率达 95%以上。

体制机制创新成为经济发展加速器。成都构建涵盖技术成果转化全过程的“发现、筛选、撮合、投入”的专业化服务体系，在国内率先设立成都市创业投资风险补助基金，推动形成了以政府为引导、市场为主体的多元化创业投融资新格局。

“成都，都成！(Can Do！Chengdu!)”英特尔中国执行董事××在成都芯片封装测试厂第 10 亿颗芯片下线时的这一句感叹，已经广为流传。成都因此被誉为“财富之城、成功之都”。上海美国商会今年 2 月发布的《2012—2013 中国商业报告》显示，成都已成为 2013 年计划拓展业务美国企业的“首选城市”。

（本文引自《人民日报》2013 年 5 月 30 日）

▲通讯

村若船形，颇有龙舟出海之势
千年水墨龙川村

××

安徽，宣城，绩溪。绩溪是古徽州一府六县之一。从县城出发，东行 11 公里，便进入了依山傍水的瀛洲镇龙川村。

“八分山水一分田，一分道路和庄园”，眼前的龙川村，位于开阔的河谷盆地，典雅精致，清灵秀美。村东龙峰耸立，村西凤山对峙，北有登源河蜿蜒而至，南有天马山奔腾而上，村中龙川水穿行而过，便是村名的由来。登高俯瞰，村落宛若船形，颇有龙舟出海之势。

龙川是一个有着 1600 多年历史的古村落。村里人介绍，公元 337 年，镇守歙州的胡焱游华阳镇至此，“羡其山水清丽，便赴龙川之口荆林里，聚族而居”。

时值冬日，天气渐寒，但千年古村仍是树木葱茏、泉水淙淙。走进这里，竟让人一时恍惚，无法将眼前的景象和印象中冬日的萧瑟苍凉联系到一起。沿着龙川河漫步，走在弯弯转转的水街上，北岸横铺着麻石条，南岸直铺着青石，蒙着淡淡水晕的鹅卵石星星点点，被村民形象地称为“龙鳞”。

细看村里的建筑，粉墙、黛瓦、马头墙，巷道交错，疏落有致。屋堂巷宇间，流水潺潺，穿越亭坊街宅，让人一路紧紧跟随；老树盘根，深扎在石头泥土里，见证着村子的古老与沧桑。这清新雅致的景色，颇像一幅水墨画，一幅古徽州人居与山水相融相依的和谐画作。

关于龙川河，龙川村村支书×××讲述了一个神奇的故事。每年黄梅季节，河水猛涨，登源河水位会超过龙川河，但登源河水始终不会倒灌龙川河。人们会看到登源河汹涌澎湃，但龙川河依然是流水潺潺，可谓一道奇观。村里的老人说，这是有龙神在保护着龙川村。只见那河口处，两河交汇，树影婆娑，倒真像是两龙相遇。

千年古村龙川，历来崇文重教。这里文风昌盛、人才辈出，在古徽州是有名的“进士村”。其中以当地的胡氏家族最为著名，明朝户部尚书胡富、抗倭名将兵部尚书胡宗宪、清朝红顶商人胡雪岩等一批显赫的名人均出自龙川，有“奕世两尚书，一门三进士”的美誉。村里始建于宋朝的胡氏宗祠，祠堂装饰精美，庄严大气，各类巧夺天工的木雕引人驻足，被称为“徽派木雕艺术宝库”。

除了胡氏宗祠，龙川水街两岸的文物古迹还有很多——气势雄伟的奕世尚书坊、饱含徽派气息的徽商胡炳衡故居、“徽州第一家”胡宗宪尚书府、灵山庵等，如同一道道时光隧道，诱惑着来者情不自禁地跨过门槛，寻访历史的踪迹。

冬日里，当空气都凝着安静的因子，尽力地营造着肃宁时，龙川溪水却欢快而清脆地奔腾，让人温暖愉悦。溪水旁偶有浣衣的妇女、打闹的孩童和劳作的村民，不时抬眼向行人粲然一笑。500米的水街慢慢踱下来，意犹未尽，徜徉在美好的日光里，享受着葱翠的绿色，心里漾开了花儿。龙川，就像施了魔法一样，赠予了每一个来到这里的人一份好心情。

（本文引自《人民日报》2014年1月6日）

第二节　经济消息

一、写作要点

（一）名称解释

经济消息，是用概述的方式和简明的文字迅速报道新近发生或者发现有价值的经济事实的短篇新闻。

（二）主要特征

1.时效性

“当天的新闻是金子，隔天的新闻是银子，过时的新闻是废纸”。经济消息重在紧密配合形势，及时反映经济工作和经济活动的发展变化。

2.简明性

经济消息经常采用一事一报的形式快速传递经济信息，它篇幅短小、主旨集中、表达直接、语言精练。一般在四、五百字以内，有些简讯在百字以内甚至一句话。

3.模式性

经济消息有相对固定、特殊的结构形式。基本上由标题、消息头、署名、正文组成；正文的结构形式主要是倒金字塔式，其他的形式统称为非倒金字塔式。

（三）种类划分

1.按范围分

有国际经济消息、国内经济消息。

2.按内容及写法分

有动态消息、经验消息（又称典型报道）、综合消息、述评消息（又称新闻述评）等。

3.按篇幅分

有长经济消息、短经济消息、经济简讯、一句话经济新闻、标题经济新闻等。

4.按结构分

有倒金字塔式经济消息，时序结构式经济消息，逻辑结构式经济消息。

5.按媒体分

有报纸经济消息、杂志经济消息、广播经济消息、电视经济消息、网络经济消息等。

（四）基本结构

1.标题

（1）类型。从类型上看，有引题、正标题和副标题。引题，又称肩题、眉题，往往交代背景、揭示意义、烘托气氛，以引出正标题；正标题，又称主题、母题，是对基本事实和主旨的概括；副标题，又称辅题、子题，一般用来补充说明信息的来源、依据或次要的事实。

（2）形式。从形式上看，有单标题，如《粮食生产的中国纪录是如何创造的》《广东“腾笼”五年换来一批“好鸟”》；双标题，如《改造提升传统产业 加快发展新兴产业 张家港：转型发展启新航》《公交一卡通有望通全国　2016 年底前大中城市初步实现互联互通 2020 年基本实现全国互联互通》；多行标题，如《知否 知否 应是贱“肥”贵“瘦”　爱吃瘦肉者，请你多付钱　本省十几个县市调整猪肉各品种之间的差价》。

2. 消息头

这是经济消息的标志，如果稿件是通过自身新闻渠道获得的本埠消息，一般写"本报（或者'刊''网'）讯"；如果稿件是从外埠寄来的，应该标明发布消息的时间和地点，如"本报（或者'刊''网'）北京×月××日讯"等；通过电报、电传、电话、网络等形式传递的稿件，一般由传递者、地点、时间加"电"构成，如"新华社上海×月××日电"。

3. 署名

大多把作者姓名写在消息头后或者正文后，外加圆括号；有时在标题正下方署名。

4. 正文

（1）内容

不同的经济消息各有侧重点。动态消息着重报道新情况、新成就、新变化、新趋势，要一事一报，客观表述，不作解释和评析；综合消息着眼于反映一个阶段带有全局性的情况、成就、趋势、动向或者问题，具有综合性、宏观性、典型性；经验消息注重经验的典型性和指导性；述评消息在报道新闻事实的同时还发表评议，边述边评，它的叙述不像其他经济消息那样详尽，评议也不如其他评论那样展开。

（2）结构

导语。用最精粹的文字交代最重要、最新鲜的经济事实及其意义，这是经济消息中最有价值的部分。主要有七种写法：一是叙述式，把最具新闻性的经济事实置于前言。二是描写式，对主要经济事实的某一场景、有意义的某一情节或者侧面加以简练而又极具特点的描绘，能给受众以强烈的现场气氛和情绪渲染。三是评论式，在叙述经济事实的同时对所报道的新闻加以评论，揭示内涵和意义，多用于报道一些重大的、不平常的事件和某方面取得重要成就的信息。四是提问式，提出相关问题，接着简要回答，以引起人们的注意。五是比较式，通过对比、类比等方式彰显个性特征，从而突出主旨。六是引语式，引用别人或者其他文章的话，自然过渡。七是结论式，起笔写事件的结果，多用于报道新成就、重大的发明创造等情况。

主体。紧接导语后，是经济消息的重要组成部分。它有以下功能：一是为导语展开丰富的材料，二是解释证明导语中提出的观点，三是满足受众了解新闻详细内容的欲望。

结尾。又称结语。经济消息的结尾宜顺势而行，紧扣主旨，力求简洁、有余味。主要有六种写法：一是评论式，对所报道的经济事实加以评论，可以直接议论，也可以转述有关的评价。二是总结式，一些内容比较复杂的经济消息，可以在结尾总括上文。三是希望式，在新闻事实已表达清楚的基础上，再引导人们进一步联系现实、认清责任，提出希望。四是展望式，对新闻事实的发展方向和结果做出预测。五是引用式,引用相关人物或者文章的话来做收束。六是补充式,补充新闻导语和主体部分未提及的相关内容,使报道更加充实、可信。有时不单设结尾,文章自然收束。

此外,经济消息的结构还包括背景。背景,即信息产生的历史条件、环境条件及其他相关资料,可以丰富内容、深化主旨、增加知识性和趣味性。背景有三种类型:对比性背景,对事物进行今昔、正反、左右等对比,从而突出特征;说明性背景,介绍有关政治、历史、地理、人物等情况,以说明事物出现的原因、条件、环境,帮助受众更好地理解内容;注释性背景,对受众不易理解的名词术语、专业知识、新的提法、缩略词组等加以适当解释。背景的位置比较灵活,可以一次或者多次穿插,也可以写一段话、几句话甚至一句话。

(3)写法

倒金字塔式。把最重要的材料放在导语,接着按由重到轻的顺序逐一叙说。

时间顺序式。以时间的延续为基本线索,循序渐进。

并列式。分述若干个具体的新闻事实,或者围绕几个不同的侧面形成若干层次。综合消息和经验消息较多运用这种写法。此外,主要层次之间呈现彼此对照关系的对比式是一种特殊的并列方式。

因果式。各个层次之间呈现因果联系,可以由因到果,也可以由果及因。

悬念式。前面的层次埋下伏笔引起受众的高度关注,后面的层次中通过照应揭开谜底,有较强的吸引力。

散文式。借鉴形散神凝等文学笔法安排结构,构思巧妙,章法灵活。

(五)注意事项

1.捕捉敏锐

要写出好的经济消息,必须练就一双慧眼,善于捕捉蕴藏在经济实践中有新闻价值的事实。这与较高的理论修养、较深的采访技能、较强的观察和思维能力是分不开的。

2.剪裁合理

对拟选用的材料要根据表现主旨的要求和文体及文种特点作一番梳理,做到先后有致、主次分明、疏密相间、伏应适当。

3.表达恰当

经济消息的表达直截了当、高度概括,不追求蕴藉繁丰;以叙述、说明为主,偶用描写、议论,抒情也是点到为止。

二、范文阅读

▲动态消息

2013年主营业务收入首次突破20万亿元
机械工业规模稳居世界第一

本报北京2月17日电(记者 左娅) 记者今天从中国机械工业联合会获悉:去年我国机械行业实现缓慢回升、温和增长和平稳发展,机械工业增加值同比增长10.9%,改变了2012年低于全国工业平均增速的局面。主营业务收入首次突破20万亿元,达20.4万亿元,同比增长13.8%。机械工业规模稳居世界第一,预计2014年产销和利润增速将在12%左右,出口增速预计可达8%。

机械工业去年全年累计实现利润总额1.41万亿元,同比增长15.6%,增速比上年加快10余个百分点,经济效益增速回升快于产销。但主营活动效益上行艰难,主营业务成本同比增速持续上升且始终高于主营业务收入增速,主营活动利润率比上年下降0.41个百分点。与此同时,行业分化进一步加剧,企业亏损面达10.9%,比上年上升0.47个百分点,亏损企业亏损额增长15.2%。

民营企业发挥了更大活力,去年实现主营业务收入11.6万亿元,增长15.4%,占机械工业总产值的比重提高到56.74%;实现利润总额为7585亿元,比上年增长14.6%,所占比重已达到53.6%。

(本文引自《人民日报》2014年2月18日)

▲经验消息

调动市场主体有效利用社会资源解决储粮难题——
“粮食”进“银行”保质又保值

×××

“这办法好！粮食放‘银行’,企业储得好,避免浪费,还可以啥时想卖啥时卖。”2013年,针对储粮难题,吉林榆树市试点推行的一种以粮食为载体、政府为媒介、农户为单元、企业为终端的“粮食银行”存销商业新模式,取得了农户、企业各方多赢的好效果。

榆树市号称“天下第一粮仓”,连年摘得全国产粮“状元县”桂冠,全国每200斤粮就有1斤产自榆树。但丰收过后,因存粮不当,造成粮食生霉变质、虫蚀鼠咬现象时有发生。存粮困难成为让农民、种植大户、合作社负责人感到棘手的普遍性问题。

事实上,粮食储存难,在储存环节损失,也是一个全国粮食主产区普遍存在的问题。有资料显示,中国农户因储粮不当每年损失粮食约为几百亿斤。探索有效措施降低农村储粮损失,开发“无形良田”,具有确保国家粮食安全战略意义。

去年底召开的中央农村工作会议，针对此问题，提出了“要搞好粮食储备调节，调动市场主体收储粮食的积极性，有效利用社会仓储设施进行储粮”。

榆树市的“粮食银行”就是在探索实践中对此给出了一个颇具可行性的操作方式。

据介绍，“粮食银行”的主要做法和程序是：农民在收获后，将粮食直接运往企业保管（最高不超过100吨），企业根据当日粮食挂牌价付给农民10%的预付款。送粮截止日期为当年的12月31日。粮食在企业至少存放7日，其余粮款可在送粮后180日内或到下一年的8月31日前进行结算。

在此期间，农民可以按照自己的需要，自选销售日售粮。如果农民选择的卖粮日粮食价格高于送粮日价格，那就按卖粮当日高价结算。如果粮食降价，也就是结算日挂牌价格低于送粮日时，那就在结算日价格基础上给予10元/吨的补差价，但不得高于送粮日价格。

企业不收取粮食的保管费用。农户将粮食送到企业后，企业承担除烘干费外的一切费用和风险，农户零费用，低风险。粮款采取银行卡结算的方式，农户凭采购凭证到企业结算，企业将粮款直接打到农民的银行卡内。

这种新的存销商业模式一方面可以防止以往存粮过程中由于保管不当造成的粮食生霉变质、虫蚀鼠咬等粮食减产问题，另一方面农民可以随时关注市场粮食价格，在最佳时机卖个好价钱，既降低了存储成本、又增加了收入。同时，对企业来讲，用10%的预付款就采购到了大量的玉米，减少了90%的玉米收储资金压力，同时企业也放心地收购了本地优质玉米，减小了收购劣质玉米的风险和损失。

据介绍，2013年是榆树市“粮食银行”存销模式试行的第一年，共签订了9万吨的供销协议。经测算，为试点企业中粮榆树公司缓解了1亿元的资金压力，农民则避免粮食受损减少损失300余万元，加上粮食价格上行因素可增收900万元，农民可累计增收1200余万元。

（本文引自《人民日报》2014年2月21日）

▲综合消息

“五一”小长假全国旅游市场呈火爆态势　秩序井然有序

中新网5月3日电　综合报道，“五一”小长假今日进入第三天。在过去的两天，全国假日旅游市场呈现出火爆的态势，“人山人海”的中国式旅游再度涌现。全国热门景区根据游客流量情况，及时做出合理安排，旅游市场秩序井然有序。

热门景区“人山人海”情景再现　专家吁分流管控

国家旅游局2日在其官方网站发布消息称，北京市重点监测的23个景区共计接待游客92.6万人次，比1日客流量增长23%，与去年同期持平。其中，北京动物园接待11万人，同比增长21.6%；八达岭长城接待7.98万人，同比增长19%。

上海2日各主要旅游景区迎来大批市民和游客。上海动物园接待游客超4万人次，为应对游客入园高峰，部分场馆实行了限流措施。

有媒体报道说，无锡动物园·太湖欢乐园今年的5月1日是自动物园开业以来最火爆的一天，去年5月1日的客流量是8000人，今年超过25000人，增加两倍多。

网友"@张××"逛完南京红山动物园以后，在微博上吐槽说，"今天到红山看动物，留下印象最深的动物就是人了，不但种类繁多，形形色色，而且数量巨大，几乎占了所有动物比例的99.99%……"

针对中国式"人山人海"旅游再现这一情况，有媒体分析称，"人山人海"的背后实则是"扎堆休假"，其本质是全民带薪休假尚没有完全推广落实。想要真正挡住人潮，分流管控尚需更加"精细化"操作。为了让游客不再"只见人潮不见景"，中国各地试水景区限流政策。专家建议，想要真正挡住人潮，仍需"精细化"分流管控，以及进一步完善全民带薪休假制度。

多地加大旅游综合保障　景区秩序井然有序

为确保假日旅游安全，国家旅游局日前发出通知强调，假期将进一步加大旅游安全保障压力，坚决防范重特大旅游安全事故发生；公安部交管局此前也发布了小长假交通安全警示。

2日，世界自然遗产地张家界武陵源风景区迎来"五一"小长假旅游最高峰。除百龙天梯一部电梯出现故障正在抢修外，武陵源核心景区其他各游览线秩序保持良好，景区交通工具也保持正常运行，未出现游客滞留景区现象。

山西旅游质量监督管理所发布的"五一假期出游提示"称，游客要提前了解旅游目的地信息；根据自己的情况，妥善安排出行方式；文明旅游，尊重当地民俗风情；理性消费、正确维权，如遇跨省市等重大旅游纠纷案件，可进行投诉等。

武汉节前率先出台全国首个旅游环境承载量标准规范，保障景区游客不再超载。标准规定，景区游客量一旦接近最大承载量，景区和旅游部门要采取分流、疏导；若超过景区规定的最大承载量，必须限制游客入内。

江苏省旅游局每天分四次发布重点景区实时游览指数，方便游客及时调整线路。

在洛阳龙门石窟景区里，由于游客众多，几乎所有工作人员2日都是在加班加点、超负荷工作。

针对迅猛增加的游客量，以及自驾游升温的情况，黄山风景区采取错峰、提早运营等措施。此外，黄山对食品安全、景点票价等进行集中专项整治，游客若权益受到侵害，可及时拨打相关电话投诉：有关工商可拨打12315，有关质量监督可拨打12365，有关食品药品可拨打12311。

▲述评消息

稳出口　还要出新牌

×××

刚刚闭幕的广交会传来消息，出口成交额同比下降12.6%。一些参会企业尽管使出了浑身解数，可到手的订单仍不尽如人意。令人不解的是，为什么世界经济复苏加快、外需有所改善的这些利好未能在广交会上体现呢？

去年下半年以来，世界经济连同国际贸易回升较快。世界银行预测，2014年全球经济增速将从2013年的2.4%上升到3.2%，发达国家增速将从1.3%上升到2.2%。另据世界贸易组织预测，今年全球贸易增速可达4.7%，将比去年高出一倍多。然而，近期我国外贸出口却未能与外部环境的改善相同步，一季度甚至出现了较大的负增长。这也是令人大为不解的。

外贸出口不仅关系一大批企业的生存发展，而且关系上亿人的“饭碗”。在过去许多年份，它还是拉动我国经济增长的“快马”。近些年出口增速虽然由20%多降至10%、再降至8%左右，“快马”变成了“慢马”，但“慢马”也是“马”，无论对稳增长还是扩就业都不可或缺。

综合分析，在近期外贸出口异常的背后，有正常因素也有非正常因素。正常因素如这几个月世界经济回升幅度不够大，尚不足1个百分点；回升快的主要是发达经济体，新兴经济体仍增长乏力；外需回升在外贸出口上完全体现需要有一个时间差。非正常因素则主要在于，去年3月内地对香港的异常贸易垫高了基数，单月增速陡升92.9%，今年3月这个异常贸易因素消除后骤降43.6%，由此直接导致整个外贸出口负增长。如果剔除非正常因素的影响，一季度出口就是正增长。尽管如此，我们仍然不能低估出口形势的严峻性。

稳出口是一个重要选择。这既要优化外贸结构、提高贸易便利化水平、改善融资服务、进一步加快出口退税进度，为出口企业发展营造更好环境，还要顺应国际市场的新变化，着力打出“新牌”。

譬如，打优势产业“牌”。我国在高铁、水电、通信等很多产业上都是有“硬本领”的，在国际上大有市场，只要措施得当，就能转化成出口的新增长点。有关方面应出台更有利于货畅其流的贸易便利化新举措，健全质量效益导向型贸易促进体系，推动中高端产品大踏步“走出去”。

又如，打电子商务“牌”。跨境电子商务是近年来我国出口的新亮点，也是世界贸易发展的潮流。去年全国跨境电商交易额已超过3万亿元人民币，增长势头强劲。外贸企业要利用好互联网这个营销新媒介和贸易新平台，在补齐国际营销网络“短板”上下功夫；有关部门也应加大力度推动跨境电子商务发展，落实好税收优惠等支持政策。

再如，打贸易合作“牌”。目前，美国主导的自贸区谈判正如火如荼进行，这对全球贸易影响很大。对此，我们不能“落后”，要统筹多双边和区域开放合作，积极参与高标准自贸区建设。同时，针对美欧经济复苏加快，外贸企业也要有重点地加大出口营销力度，金融部门特别要做好服务创新工作，为符合条件的出口企业大开融资“绿灯”。

综合各方面情况可以基本判断的是，随着外部环境好转和外需状况的改善，再加之政策措施得力，特别是“新牌”打得好，今年出口增长稳定在7%～8%完全有可能，预计明年的情况比今年还要好一些。

（本文引自《经济日报》2014年5月7日）

第三节　经济通讯

一、写作要点

（一）名称解释

经济通讯，是以叙述、描写为主要表达方式，具体而生动地报道经济人物、事件、风貌、工作的一种新闻体裁。

（二）主要特征

1. 翔实性

在内容上，经济通讯和经济消息、经济调查报告等文体或者文种一样要求确凿无误，但它比较详尽地叙写人物思想和行为的变化、事件的发展、风貌的表现、工作进程及成效，因而显得更加丰富。

2. 形象性

在表达上，经济通讯可以综合运用表达方式和表现技法，有时使用文学语言来刻画人物、描述事件、展示风貌、介绍工作，以增强报道效果。

（三）种类划分

1. 按范围分

有国际经济通讯、国内经济通讯。

2. 按对象分

有人物通讯、事件通讯、风貌通讯（又称概貌通讯）、工作通讯等。

3. 按表现形式分

有常规形式经济通讯、特殊形式经济通讯。

4. 按媒体分

有报纸经济通讯、杂志经济通讯、广播经济通讯、电视经济通讯、网络经济通讯等。

(四)基本结构

1. 标题

单标题。主要有四种写法：一是对象式，如《两个舟曲女人的灾后一年》。二是主旨式，如《为了一千一百七十六名旅客的安全》。三是事由式，如《心系世博千千结 世博电信窗口用心服务亮点多》。四是提问式，如《为什么受伤的总是湿地》。

双标题。有两种：一是引题和正标题，引题揭示意义、渲染气氛，正标题说明主旨或者事实，如《常州环球动漫嬉戏谷让高科技给文化产业插上翅膀 无限风光在创新》。二是正标题和副标题，正标题揭示主旨或者意义，副标题交代对象、事由、文种，如《做点能改变现状的事——昔日上海知青×××重返第二故乡黑龙江带领百姓致富的故事》。

2. 消息头

是否设此项，酌定。

3. 署名

一般写在标题正下方，有时写在消息头后或者正文后。

4. 正文

(1)内容

不同的经济通讯各有侧重点。人物通讯在体现时代精神和社会风貌的同时，着重写先进人物鲜明的性格特征和典型事迹；事件通讯记述事件的发生、发展、结果，既有较强的情节性，又揭示思想意义；风貌通讯展现国家、区域、地区、行业、组织、部门的新气象、新面貌；工作通讯报道工作中的显著成效、典型经验、突出问题。

(2)结构

前言。有两种写法：一是直起式。开篇直述其人其事，直接抒发感情或者直接发表见解，为全篇定基调。二是侧起式。通过描写场景和引用典故、诗文名句等方式为下文做铺垫。

主体。在结构上，主要有以下两种：一是时间顺序。按照时间的推移介绍人物、事件、工作以及采访经过，易于了解进程及始末。二是逻辑顺序。或者用因果式，反映其前因后果；或者用并列式，围绕主旨把有关事实分项述说；或者用递进式，围绕主旨逐层深入地叙议。在写法上，在叙述、说明的基础上，灵活运用描写、抒情、议论等多种表达方式，并且适当运用表现技法和修辞手法来描摹和渲染。具体说来，人物通讯直接叙写或者托他人之口、借景刻画，在生动的细节中展现人物性格；事件通讯运用叙事与写人相结合的方法，事由人生，人因事显，不以突出人物的思想及性格为主，重在对事件进行叙述和评析；风貌通讯以“巡礼”“见闻”“访问记”“散记”“纪行”“走笔”“扫描”“掠影”“拾趣”等方式予以表现，勾勒概貌，显现特点；工作通讯以叙述事实为主，辅之点评，将概括介绍与精辟分析融为一体。以上形式可以根据实际情况恰当处理。此外，还有以下几种特殊形式：侧记，从一个或者几个侧面记叙；特写，选取经济事实中最富有特征和表现力的片断，通过多种表现手法刻画，具有强烈视觉及情感效果；速写，作者采写新闻事件，快速捕捉、简笔勾勒；小通讯，又称新闻故事、小故事，通过叙述一件小事或者某个片段来反映经济实践，内容单一，情节生动。

结尾。主要有两种写法：一是点睛式，深化主旨或者解释意义，使主旨得以升华。二是补充式，对上文补充说明，丰富内容，增加韵味。如无必要，可以不单设结尾，事毕篇终。

（五）注意事项

1. 体现时代精神

经济通讯对经济工作具有较强的引导和教育作用，要求作者站在时代的高度，善于发现那些具有个性特征和普遍意义的典型人物、事件、风貌、工作，并提炼富有时代精神的主旨。

2. 手法灵活多样

经济通讯不仅叙写事实，还要描摹形象。因此，应该恰当选用表达方式、表现技法、修辞手段进行立体描述和细节刻画，运用生动活泼的群众语言，以增强感染力。

二、范文阅读

▲人物通讯

×××的铮铮誓言
“井是我的命，油是我的魂”

××

×××个子不高，声音洪亮。他敢打敢拼，信念如铁、意志如铁、干劲如铁，是名副其实的“铁人”。

“井就是我的命，油就是我的魂”，这是×××作为一名共产党员、一名石油工人的铮铮誓言。他把弘扬大庆精神、铁人精神作为一种追求、一种品格，融化进了血液里。

守住“传家宝”

2004 年 2 月 2 日，××××队井场上处处洋溢着喜悦欢庆的气氛，还有 1000 多米，××××队就要突破总进尺 200 万米大关。下午两点，×××发现井架上一股汩汩流动着的黑色泥流。“不好，立管油壬刺漏了！”还没等钻工们反应过来，他已快速冲上钻台。

油壬刺漏就像人的动脉血管被拉开了口子，如不及时修复，钻井液就会大量流失，进而可能造成严重的钻井事故。

冬季的大庆，零下三十几度，寒风刺骨，人站在 20 多米高的井架上，一会儿就会冻得直打哆嗦。×××和井架工每迈一步，都格外小心，他们扣好安全带，双腿盘住井架，抡起十多斤的大锤一锤锤砸向油壬。可是，平时在地面上驯服的油壬，在20多米的高空中变得格外难弄，10多分钟过去了，就是砸不上。

×××急了。井架上空间小，使不上劲，他就让井架工先下去，自己一个人砸。戴手套使不上劲儿，他就甩掉手套，一只手抓住保险绳，一只手抡大锤，硬是在刺骨的寒风里连砸了20多分钟。险情排除了，可×××的双手几乎被冻僵，浑身也冻透了。

抓传承、炼作风一直是××××队的老传统。一次，一向温和的×××，一脸凝重地把一个油桶放到了桌子上："开会前，我想跟大家说说黄油的事儿。"黄油？在钻井队，黄油主要用来润滑设备，一管黄油十多块钱。大家一下子面面相觑，这黄油还能有多大的事儿？原来，×××发现场内有几支没挤净的黄油皮，很显然，这是钻工随手扔的。

随后的一个多月，×××每天都去捡黄油皮，慢慢收集了有半袋子。他当着大家的面，把黄油皮一个个用刀割开，再把黄油一点点刮出来，竟装了将近半桶。

拎着这半桶黄油，×××跟大家算了一笔账："一管黄油十几块钱，跟××××队每年六七千万元的产值比，沾在管壁上的这点黄油，的确算不上啥。可今天你丢的是一点黄油，明天你丢掉的就是勤俭持家的好作风，就是××××队艰苦奋斗的传家宝！"

融合每块铁，锻造特种钢

×××常说，××××队是标杆队，要融合每块铁，锻造特种钢。业务上手把手地教，生活工作上耐心细致地帮，目的就是不让任何一个人掉队。

在×××的眼里，只要是和钻工有关的事，就没一件小事。夜班饭是井队很关键的一顿饭，吃不好，不但干不动活，还会影响钻工情绪。有一次，×××发现两名钻工吃得很少，就侧面了解了一下。原来，钻工每天总吃米饭馒头没胃口，想吃手擀面。

×××把这事放在了心上。炊事班人手少、忙不过来，×××夜里10点多忙完井上的事，就去炊事班帮炊事员做手擀面，还调着样地做卤。××××队第二十任队长×××说，队里夜班饭花样越来越多，特别是×××发明的蘑菇白菜卤，至今还让大家津津乐道。×××的"有心"背后，是他对人的真心、真意、真情。

"喊破嗓子，不如做出样子。"铁人精神，很多时候，都是有形的。

在苏丹打井时，当地常有劫匪出没。为了安全，×××把一个集装箱改成避难所，里面放上水、饼干、手电、药品。因为劫匪可能从窗户往房间里打枪，×××让大家把营房的窗户都焊死，里边再焊上一层10毫米厚的钢板，却在自己的窗户上留了一道缝，以便瞭望。这相当于把一个巨大的危险留给了自己。

2007年一个晚上，×××突然听到动静，赶紧从窗缝往外看，几十名武装分子端着枪，直奔井场冲来，他迅速组织大家跑进集装箱，在里面待了一天一夜才脱险。

当地大多数雇员都是穆斯林，天天要做祈祷，×××就想方设法做安排，专门为雇员腾出祈祷时间，还特意为他们设立了祈祷室，每逢斋月特意减少他们的工作量。每次从国内倒班回来，他的包里都装满电子表、T恤、小工艺品，送给雇员当礼物，东西不大，但雇员们总是特别感动。

钢铁硬汉，赤子之情

“因为怕亲人担心，好多队友不敢告诉家人自己是在海外哪个国家工作。”×××说，母亲快80岁了，眼睛不好，原来不爱看电视，自他出国后，每晚都要看完国际新闻，才能睡觉。

×××是个孝子。每次回国休假，他每晚都要打盆热水给母亲洗脚。一次，看着蹲在面前给自己洗脚的儿子，老人慢慢念叨：“外边乱，可得小心啊！妈老了，还能活几年？你们哥几个数你走得最远，妈就惦记你啊！”听到这话，×××头一低，眼泪掉进了水盆。

×××也是个柔情的汉子。爱人××是大庆××中学的老师，既要照顾年迈的婆婆，还要照顾孩子。“他刚出国时，由于通讯不畅，十天八天往家里打一次海事卫星电话，常常说不上几句，就掉了线。我们约好，平时没事就不打电话了，只要没有电话，就是平安无事。”××说。

因为怕家里人担心，×××总是报喜不报忧，从不说国外钻井工作的艰苦和危险，××是从表彰会上才第一次知道×××从事的工作。从1990年参加工作至今，×××在井队一干就是23年，是××××队历史上扎根最久的人。22年来，×××只在家里过了5个春节，只在妻子生孩子的时候请过3天假，只参加过一次儿子的家长会。

“时势造英雄！大庆涌现出的三代‘铁人’，各自具有鲜明的时代特色，其中传承不变的是爱国、创业、求实、奉献的‘精神DNA’。”大庆油田党委书记×××说。

×××带过的××××钻井队，传承了“三老四严”“苦干实干”的精神，每年的钻井进尺是其他井队的两倍以上，是全国唯一连续15年每人每年交一口井的队伍。到今年6月，××××队钻井2078口，总进尺突破258万米，这相当于钻透了292座珠穆朗玛峰，成为全国打井最多的钻井队。

（本文引自《人民日报》2013年6月25日）

▲事件通讯

青藏铁路：世界屋脊上的钢铁大通道

××　×××　××　××

“我们要穿越的是海拔5072米的唐古拉山口，这是世界上海拔最高的车站……”K917次列车在青藏高原上飞驰。车窗外，蓝天白云下，莽莽雪山，清清湖水，点点牛羊，构成一幅壮美的画卷。车窗内，来自世界各地的旅客不断举起相机，不舍得错过世界屋脊上最美的风景。

这是一条神奇的天路——从西宁出发，过格尔木到拉萨，穿越世界上最大的"生命禁区"，翻越唐古拉山，蜿蜒成近2000公里的钢铁大道。

这是铁路建设史上的奇迹——青藏铁路全长1956公里，其中海拔4000米以上路段960多公里，是世界上海拔最高、线路里程最长、所处环境最为恶劣的高原冻土铁路。

今年7月1日，青藏铁路格拉段（格尔木到拉萨）通车运营5周年。5年来，这条铁路不分昼夜地运送着旅客和物资，成为雪域高原的运输大动脉。一条青藏铁路，穿越历史和未来；一条通天路，寄托梦想与期待。

一条科技路

现代化铁路展魅力

青藏铁路建设领导小组办公室常务副主任×××对记者说，"修建青藏铁路面临着三大世界性工程难题：一是多年冻土，二是生态脆弱，三是高寒缺氧。比如，冻土对温度变化十分敏感，其融沉冻胀易使铁路路基变形，影响线路、桥梁、隧道等工程结构的稳定性，影响铁路运营安全。建设者们经过5年的顽强拼搏，挑战极限，勇创一流，依靠自主创新，在这三大难题攻关方面取得重大突破，建成了世界一流的高原铁路。通车运营以来，旅客列车的运行时速在冻土区为100公里/小时，在非冻土区为120公里/小时，创造了旅客列车在高原运行时速的世界纪录。"

青藏铁路公司调度所内，一个巨大的电子显示屏实时显示着列车、线路的运行情况，调度人员的电脑上，红蓝色的线路标志出青藏铁路上客货车的运行状况。调度所副主任×××告诉记者，"青藏铁路全段共45个站，其中7个有人值守站，我们在这里可以实时监控列车的运行，客货车运行全部实现了电脑控制运行。现在每天运行6对客车、4对货车、1对行包车。"

青藏铁路使用的是CTC运输调度集中指挥系统，该系统实现了运输调度指挥和管理的远程化、信息化、智能化。基于先进技术的保障，无人车站的列车会让、道岔转换，只需在西宁的调度所轻点鼠标操作即可完成。"这里的设备是最先进的，最大限度保证了列车运行的安全高效。"调度所值班主任××兴奋地说。

5年来，青藏铁路公司线路设备稳定性及各项技术指标逐年提高，全线线路优良率连续达到96%以上。

一条生态路

生态保护再创佳绩

生态脆弱是青藏铁路建设和运营中需要破解的难题。在青藏铁路的建设过程中，首次实行全线环保监理制度，用于环保工程的投资占到青藏铁路总投资的4.7%，这在我国铁路建设史上是绝无仅有的。

在青藏铁路沿线，草色已返青，高山、湖水、牦牛，织成一幅人与自然和谐相处的画卷。“为保护藏羚羊、野驴等野生动物，青藏铁路沿线预留了野生动物通道。这几年，藏羚羊等野生动物越来越多，这个季节经常能见到藏羚羊。”青藏铁路公司拉萨车队党总支书记×××说。

5年前，×××担任西宁开往拉萨首列火车的列车长，见证了青藏铁路保护生态环境的努力。他告诉记者，跑青藏线的客车全部采用全封闭车体，不仅能弥漫式供氧，而且还设有先进的压缩式垃圾收集系统和污水收集系统，生活垃圾、污水等收集后，再清运至市政垃圾处理场。

西宁站枢纽改造工程建设指挥部副指挥长××曾参与那曲物流基地的建设。他颇有感触地说，“青藏高原生态脆弱，今天一铲子挖下去，草皮可能几年都长不好，大家已经把保护环境当成一种责任。”

青海玉峰铁路维护公司雁石坪工务维护车间，担负着格拉段雁石坪—唐北段125公里冻土线路的养护维修任务。该公司党委书记×××说，公司专门成立了垃圾清运队，把垃圾集中后运到格尔木处理。公司还定期对全线各站点污水水质排放进行监测，并委托西藏自治区环境监测中心站和青海省格尔木环境监测站进行二次监测。去年，他们投资100万元试种草籽，并实现植物防沙，“前几天我去看，草已经长到20厘米高了！”

青藏铁路的建设者和管理者按照“宜乔则乔、宜灌则灌、宜草则草”的原则，种草植树，造林成活率达到85%以上，在风沙戈壁滩形成了一道“绿色长廊”。目前，青藏铁路绿化长度已达675公里，绿化面积560万平方米，占总里程的31%，成为一条“绿色天路”。

一条幸福路
拉动经济发展新引擎

在拉萨市八廓街上的珠峰购物中心，藏族姑娘××正热情地销售旅游纪念品。她的家在青海省海南州，说到青藏铁路通车带来的变化，××笑得很舒心，“非常好，现在回家特别方便。”××来拉萨打工几年了，以前回家坐汽车，走青藏公路要两天两夜，单程得花800元左右。青藏铁路通车后，一天一夜就能到家，单程路费只要224元。来往方便了，生意也越来越红火。“这几年，游客不断增加，以前一天能卖1000多元就不错，现在高峰时能突破万元。”

据统计，5年来，青藏铁路公司累计运送旅客4100多万人次，运送货物1.8亿多吨。客、货运送量由2006年的640多万人次、2400多万吨增长到2010年的970多万人次、4800多万吨。

西宁机务段机务司机×××常年在青藏铁路线上跑车，他最直接的感受是，“我在青藏线上每个月至少跑4个来回，运送的都是支持西藏发展的物资，做一个铁路职工非常自豪！”青藏铁路的开通给西藏带来了新的发展机遇，这些年基础设施建设不断加快，在×××眼里，“拉萨的路越来越好了，楼越来越漂亮了，商店也越来越多了。”

青藏铁路公司党委副书记×××告诉记者，青藏铁路全线通车运营，大大缩短了雪域高原与外界的距离，方便了人民群众出行，促进了旅游业发展。2006年青藏铁路开通，当年即实现了西藏旅游人数的大幅攀升，突破200万人次。2010年，西藏旅游接待海内外旅游者超过600万人次，乘坐铁路进藏旅游者占总人数的比例也从2006年的26%增加到2010年的42%。在旅游业的带动下，西藏第三产业实现了较快发展。

青藏铁路的全线开通，对改善西藏的生产生活条件发挥了积极作用。拉萨站党委书记、站长×××说，“铁路是国民经济的大动脉，6月到10月是黄金生产运输期，车站全体干部职工发扬挑战极限、勇创一流的青藏铁路精神，确保铁路安全运营。”

运输成本的降低使大量质优价廉的商品进入西藏，让当地群众得到实惠，特色优势产业得到快速发展。西藏名、特、优产品不断进入内地市场，柴达木盆地的盐化、石化资源得到循环开发，西宁、格尔木、那曲、拉萨等一批综合物流园区相继建成并迅速发展，进一步促进了当地资源优势向经济优势转化。

统计数据显示，青藏铁路全线运营以来的2006—2010年间，青海省GDP由641亿元增长到1342亿元，西藏自治区GDP由342亿元增长到500多亿元，年增长均在10%以上。青藏铁路“引擎”作用明显，在当地群众心目中成为一条名副其实的“幸福路”。

“青藏铁路已成为青藏两省区经济社会又好又快发展的经济线、团结线、生态线、幸福线。”西藏自治区党委书记×××这样评价。目前，拉日（拉萨至日喀则）铁路正在加速建设，“天路”将向日喀则延伸，雪域高原将构筑起现代交通网络。

（本文引自《经济日报》2011年7月8日）

▲风貌通讯

边城新记

×××　××　×××

老公姓×，老早就跑到贵州打工去了。小叔子和弟媳妇六七年前也去了宁波，在一家服装厂，一个给老板开车，一个在车间里做衣服，家里就剩她和年逾古稀的婆婆，还有两个侄女。

说话间，两个侄女儿放学归来。姐姐××上六年级，12岁，乌溜溜的眼睛，小脸晒得微黑，让人想起翠翠，《边城》里那个和外祖父相依为命的女孩。妹妹××上四年级，和姐姐一样好看，一样沉默。姐妹俩挤坐在一起，问她三句，答上一句，和年龄不相称的寡言，叫人看了心酸。父母离家六七年，每年顶多回来一趟，她们最近一次见到爸爸妈妈还是前年春节呢。让姐妹俩找张全家福出来给我们看看，“没有”，姐姐低下头，半天答道。

见有客人，奶奶也过来坐下。老人家说儿子隔两个月会寄700块钱回家，平时大儿媳看米粉摊，她照顾家里几亩地，种点苞谷，种点菜，挑粪浇地都还行，生活不成问题，就是太冷清。

“想儿子吗?”

“想也是空的了!”老太太摇头。

听说北京的记者到了村里，支部书记和村委会主任赶了过来。原来小村叫“××”，248户人家，1280口人。400多劳动力，一半在外打工，像小××家这样只有老人带着孩子在家的占了三四成。

“我们心疼啊，也在想法子。可是不出去行吗，人均五分地，比联合国提出的耕地极限还要低，都守在这里咋个办?”已经58岁的村支部书记××，连干了六届村委会主任的×××，最着急就是肩上这副担子今后谁来担，最盼望就是村里人在离家不远的地方就有活干，有钱赚。

寂静的边城渴望梦想。有梦的边城也走过弯路。

××支书告诉我们，清水江两岸盛产锰矿，人称“锰三角”，而无序开采乱排乱放，让环境遭了殃，那时的河水，“拿毛笔蘸蘸，就能写出墨字来”。

醒过味儿来的边城人，更加稀罕绿水青山。“现在从县里到镇上都在推旅游牌，××村也不能坐着等啊。”说到这个，村委会主任×××兴奋起来，今年村里想方设法筹集100多万元成立了旅游服务公司，现在清水江里的游船，就是××村承包的。

悄悄调转船头的边城招来越来越多的目光。黄永玉老人来了，牵着黄狗的翠翠雕像就立在河心小岛上。沈鹏先生来了，领着102位来自全国各地的书法名家，一人一段，将一部《边城》书写下来，镌刻墙上。小小边城还引来更高的关切。中央主要领导先后四次批示，湘黔渝三地携手治污、携手开发，“三不管”变“大边城”，清水江中又见游鱼……前两天遇到镇党委书记、边城景区管委会主任，主任说了句话，让×××心头热乎乎的，“主任说，大边城，大旅游，最要紧就是让每个村民的利益和景区发展捆绑起来，一同受益。”

告别边城，重新上路，不远处青山间一桥飞架。司机说，那是湖南省重点建设的吉（首）茶（峒）高速，年底就要通车。

边城不边。清水江会有梦想的勇进，也会有滋润的乡情!

（本文引自《人民日报》2011年9月5日）

▲工作通讯

“大思维”求解“小微”融资难

×××　××

解决中小微企业融资难需要“大思维”,这个“大思维”的核心是创新。作为金融改革试验区,天津恰恰可以在金融创新方面先行先试。

本市目前已成立了60多个专门面对中小企业、小微企业的信贷机构。由政府出资的中小企业信用担保机构发展到10家,累计担保户数1400余户,累计贷款担保额近百亿元。

龙年伊始　融资到账

1000万元。在龙年上班的第一天,如果有1000万元的款子齐刷刷地趴到了一家正急需资金运转的中小企业的账户上,那感觉会怎样呢? 这一点,不妨问问天津××蛋白质有限公司的人们。

“好比一场及时雨。我们是一家坐落于宝坻区的国内最先开发猪血蛋白深加工产品的高科技中小企业。在公司产品市场占有率节节攀升但流动资金却日渐紧张的时候,天津××农商行的这次‘输血’,使得我们可以在龙年市场上放手搏击。”天津××蛋白质有限公司的相关人士昨天喜滋滋地告诉记者。

市场中人喜欢讨个好彩头。新的一年公司开门就有资金,那感觉绝对是——特给力。与天津××有相同感觉的,还有天津×××××、天津××××、×××等众多中小微企业。大家都喜获融资,只不过融资的类型各不相同,有间接融资,也有混合融资、直接融资等。比如天津×××××科技有限公司这已经是第二次从大连银行天津分行获得贷款了。“刚开业时我们就得到了金融业的大力支持。大连银行天津分行两年前以知识产权质押的形式首次为我们发放了1090万元的项目贷款支持新厂区建设,公司的产能因此进展神速;之后他们还牵线搭桥,为我们争取到了1900万元的股权投资;龙年的这笔总额1000万元的融资属于流动资金贷款,用于后期研发和流动资金需求。如此混合融资让我们企业的发展后劲儿更足了。”天津×××××的×会计对记者说。

直接融资市场又是怎样一番风景呢? 记者登录了天津股权交易所的交易平台,发现新年第一个月,在节假日时间占去三分之一的情况下,仍有××农机、××科技、××矿业、×××4家中小企业在此挂牌,天津股交所的挂牌企业数因此达到了133家。看来本市直融市场也迎来了“开门红”。

采访中记者发现,在本市,“金融为实体经济服务”“金融支持中小微企业”不是束之高阁的官样文章,而是扎实地付诸一个个中小微企业的生产经营活动中,春风化雨般影响着许多普通人的工作与生活。在国际国内经济形势相当复杂的大背景下,金融服务的这份熨帖与细致,显得格外平实和温馨。

2012年天津金融工作的主题之一——构建具有天津特色的中小企业融资服务体系，在龙年浓浓的节日气氛中逐步展开。

先行先试　破解世界性难题

中小微企业数量之大，涉及就业人数之多，对经济全局影响之深，已是不争的事实。而中小微企业融资难，却并不是中国现阶段特有的现象，而是长期存在的、世界性的难题，被形象地比喻为“慢性病”，这与中小企业规模小、财务不健全、信息不对称、未来发展具有不确定性，以及其“短、小、频、急”的资金需求特点密切相关。因此不仅中国，世界各国都在探索解决之道。

“解决中小微企业融资难需要‘大思维’。”中国社科院研究员×××在接受本报专访时坦言，“这个‘大思维’的核心是创新。对于金融机构而言，服务于中小微企业与服务于大企业肯定不一样，需要下更大的功夫，这一点要学习美国社区银行——工作要扎实，经营要灵活。必须改变观念，提高创新意识和社会责任感，如创新信贷产品和制度，设立小微企业专门信贷机构或部门，进行单独考核和管理，健全相应的激励约束机制等。”

作为金融改革试验区，天津恰恰可以在金融创新方面先行先试。“牢牢抓住这一难得的历史机遇，牢牢把握发展实体经济这一坚实基础，推进天津金融改革创新再上新台阶”，已成为本市金融界从上到下的共识。

本市目前已有20多家商业银行成立了60多个专门面对中小企业、小微企业的信贷机构。各家银行根据各自的特点，积极创新金融产品，探索并成熟了多种中小微企业金融服务合作模式，实现了银企双赢。其中的某些金融服务模式已成为业界处理类似业务时的“标准答案”。

据统计，截至2011年底，本市小微企业贷款余额1708亿元，增加392亿元，增长30%。

市委金融工委负责人士告诉记者，2012年，本市将继续扩大对中小微企业的金融支持，鼓励和引导商业银行专门建立一套面向中小微企业的支持政策措施。例如，商业银行对中小企业适当放大不良贷款容忍度或不良率，承担更多的社会责任。对中小微企业探索更加灵活的信贷机制，对于缺乏贷款担保物的科技型中小企业，银行机构将探索通过专利权、商标权的质押等，让企业及时获得贷款。

资金是企业的血液。此前本市建立了多项扶持资金，包括中小企业发展专项资金、科技型中小企业创新资金、名牌产品奖励资金、科技创新资金、企业技改贴息资金、高新技术产业化资金等，推进中小企业技术创新，加快产业升级和结构转型。

中小企业融资难的“软肋”之一是征信难，如何为之提供信用担保就成了不可回避的话题。本市的做法是充分发挥财政资金引导示范作用，鼓励担保机构为中小企业提供担保，扩大金融机构对中小企业的信贷规模。目前，由政府出资的中小企业信用担保机构发展到10家，注册资本总额3.85亿元，累计担保户数1400余户，累计贷款担保额近百亿元。去年秋天，中国信用担保业的领军者——中投保公司又落户天津，这艘信用担保业的“航空母舰”今年的动作尤其值得期待。

直接融资　多渠道快速“输血”

许多中小微企业出现资金短缺甚至资金链断裂的主要原因是融资渠道单一，只能依靠银行贷款，一旦银根收紧或发生金融危机，企业势必受到较大甚至致命性的打击。今年初召开的第四次全国金融工作会议明确提出：要提高直接融资比重，发挥好股权投资等直接融资工具的重要作用，引导更多社会资本进入股权投资领域，促进实体经济发展。

大力发展直接融资，使之为中小微企业快速“输血”，也是“构建具有天津特色的中小企业融资服务体系”的题中应有之义。

中小微企业获得直接融资的数量近来呈明显上升态势，今年必会强势上扬。以直融平台——天津股交所为例，2010年的挂牌企业数61家，2011年的挂牌企业数129家。一年时间，挂牌企业数量翻了两番多！据不完全统计，天津股交所为旗下的挂牌企业实现各类融资高达60多亿元，使得88%以上的挂牌企业业绩得以同比大幅增长。算上天津股交所——据《2011天津工商行政管理白皮书》——截至去年底，本市累计注册各类交易所26家，注册资本18.57亿元，数量和规模居全国之首。这份《白皮书》还注明，本市现在注册股权投资基金企业2396户，注册资本4409.51亿元，已成为全国股权投资企业最多、注册资本最高的城市，是国内最具影响力和引领作用的股权投资基金聚集地。这样的金融生态势必降低中小微企业直接融资的成本和风险。

股权投资基金荟萃，为各类企业的投融资储备了可观的“弹药”。每年一次的融洽会以及以天津股交所为代表的天津各类产权交易市场和其他金融服务平台，以其制度优势、信息网络优势、所掌握企业的资源优势、人才优势等，在一定程度上增加了中小微企业股权的流动性和变现渠道——在我国多层次资本市场体系尚未建立、PE等的退出通道尚不畅达的大格局下，天津股交所等所提供的颇具影响力的股权流动和变现渠道显得格外难得。

“大家深切地意识到‘民营即民生’，惠及中小微企业其实就是‘惠民生’。构建具有天津特色的中小企业融资服务体系，时不我待——所以，就从新年的第一天开始努力吧。”为天津××蛋白质有限公司提供金融服务的天津××农商行的项目经理×××说。

（本文引自《天津日报》2012年2月2日）

第四节 经济专访

一、写作要点

(一)名称解释

经济专访,是采访者就经济领域内具有一定新闻性和代表性的地区、组织、人物或者事件、问题等进行专门访谈,记录访谈过程并穿插相关背景材料的一种新闻体裁。

(二)主要特征

1. 专门性

经济专访不是简单地报道经济新闻,而是专门从受众普遍关注或者疑惑不解的问题中选取话题,通过访谈回答这个经济新闻是怎样发生的、说明了什么,有一定的广度和深度。

2. 访谈性

经济专访是以访谈的形式完成的,它选定恰当的访问时机和场合,由采访者与被采访者交谈,令人感到真实可信。

(三)种类划分

1. 按范围分

有国际经济专访、国内经济专访。

2. 按内容分

有地区专访、组织专访、人物专访、事件专访、问题专访等。

3. 按媒体分

有报纸经济专访、杂志经济专访、广播经济专访、电视经济专访、网络经济专访等。

(四)基本结构

1. 标题

单标题。大多点明文种、对象、主旨、事由,如《专访林毅夫:政府与市场应各得其所》《对话英雄农民工 向冷漠说不》。有时用事由式,如《“海鸥手表”三场国际官司的启示》;提问式,如《每天 70 吨的地沟油哪里去了?》。系列经济专访有总标题和分标题,如《学界泰斗谈改革》之一《专访吴敬琏》。

双标题。由正标题和副标题组成,其中正标题说明主旨、事由、意义,副标题常用“访×××”“专访×××”“×××访问记”“×××答记者”“×××答记者问”“××

×作答”等词语交代文种、对象，如《“老马识途”——访马×教授》。

2. 署名

大多在标题正下方写采访者姓名。

3. 消息头

根据情况考虑是否设此项。

4. 正文

(1)前言

交代访谈的时间、地点，指出令人关注的经济新闻事件或者问题，简介采访者和被采访者的基本情况。有时用“×××接受了×××××的专访”等提起下文。

(2)主体

在形式上，大体说来主体由采访者提问和被采访者回答两个部分构成。采访者提问分为三种：一是观点采访。由采访者向被采访者提出某些问题，然后由对方表明态度，阐述自己或者所代表机构的立场和主张，侧重于思想观点的揭示。二是信息采访。采访者围绕新闻事件本身及影响来提问，以求透露更多的信息，侧重于提供新情况，或者披露新闻事件发生的原因以及发展趋势。三是个性采访。采访者的落脚点在对方的个人工作、生活、娱乐等方面，力求通过展现人物的个性来全面地反映被采访者的情况，最成功的个性采访大多朝着探究个人内在精神与外在行动统一化的方向发展。与其对应的，被采访者回答也分为三种：一是观点回答。被采访者大多是知名人士，他们发表的意见不仅代表某一领域、某一流派、某一阶层的观点，而且还有一定的社会影响。二是信息回答。被采访者可以是当事人或者知情人，也可以是能对事件发表看法的人，他们的回答从多侧面、多角度地披露有关情况，在全方位报道中能产生一定影响。三是个性回答。通过回答有助于显示独特的人格魅力。

在层次上，有以下两种：一是分部式。多用于篇幅较长的经济专访，按照逻辑关系划分几个部分，每个部分列序数、拟小标题或者序数加小标题。二是分段式。多用于篇幅较短的经济专访，用若干自然段前后衔接。

在写法上，有两种方式：一是直述式。又称问答式，直接写采访者与被采访者的对话。二是转述式，被采访者是知情人不是当事人，有时用采访者的语言叙述。

(3)结尾

主要有三种写法：一是采访者对此次访谈做小结并对被采访者表示感谢；二是被采访者强调主旨、做出预测、提出对策；三是补充其他有关信息，比如对文中所涉及的专业术语加注释。有时不单设结尾。

(五)注意事项

1. 事先做好“功课”

一方面，精心选择对象，根据特定的写作目的选定被采访者；另一方面，做好访前准备，收集并研究话题以及被采访者的情况。

2. 掌握提问技巧

在营造融洽、和谐的访谈气氛的前提下，采访者应尽可能控制谈话提问的方向；也要换位思考，了解被采访者和受众的心理；提问要具体而且有新意和深度。

3. 注意回答纪实

经济专访是以被采访者回答问题为主，无论是直接引语还是间接引语，都要符合实际，不能随意修改更不能歪曲；还要保留谈话风格，体现鲜明的个性特征。

二、范文阅读

▲报纸经济专访

专访××××××大学“京津冀蓝皮书课题组”

××

■阅读提示

京津冀协同发展战略，在这个春天迅速趋热。有专家将其解读为“中国经济改革新程的一号工程”。

热切目光的背后，更需要一份审慎。“城市病”与贫困区并存，利益藩篱与经济潜力同在，环境挑战与发展诉求两难……在一张地图上共同规划京津冀三地的发展绝非易事。如何疏解北京这座超大城市的功能，通过产业布局和市场带动区域发展，是京津冀首先要解答的问题。

首都怎么“减肥”？带着这一问题，本报记者专访了××××××大学“京津冀蓝皮书课题组”的三位专家。

【访谈专家】

祝××：××××××大学城市经济与公共管理学院教授，2014 京津冀蓝皮书主编

张××：××××××大学城市经济与公共管理学院教授，2014 京津冀蓝皮书副主编

叶××：××××××大学城市经济与公共管理学院副教授，2014 京津冀蓝皮书副主编

先把非核心的首都功能转移出去

新闻纵深：在今年的北京市“两会”上，北京提出年内将启动城市修订总体规划，并且提出“做减法”的概念。北京的“大城市病”已喊了很多年，为什么今年格外重视？

祝××：10 年前，北京出台的城市总体规划制定的人口规模是到 2020 年为 1800 万人，但截至 2012 年底，北京市常住人口是 2069.3 万人。下一步北京要想发展，根本出路是在一个更大的区域范围内寻求发展空间和动力，很重要的就是要“减肥”，把

一些非核心的首都功能转移出去，否则就会影响到首都核心功能的正常发挥。

新闻纵深：这些年北京治理“大城市病”的措施为什么成效甚微？

祝××：成效不明显有很多原因。根据我们对城镇结构的分析，京津冀区域最突出的问题是大城市过大，小城市过小。大城市吸纳力很强，但承载力弱。小城市在承载空间上有潜力，但吸纳力弱。北京功能难以疏解，跟周边小城市承接能力不足有关系。要缩小这种差距，一方面北京周边中小城市要加快自身发展，另一方面北京必须继续通过功能疏解带动周边城市的发展，在拓展的过程中缩小城市间差距。

新闻纵深：北京要控制人口规模，很重要的一个手段是“以业控人”。北京到底应该转移什么样的产业？

叶××：北京在一般城市的基础上又附加了首都的职能，因此现有的功能过多，一些功能不仅满足北京自身和首都的核心功能，而且面向的是全国需求。比如高校、医院、一部分科技企业和行政单位等。这些功能都是可以转移的。关键是要有一个判断机制，区分哪些功能是面向全国的，哪些是主要为本地居民服务的，但前提是资源要均衡。如果最好的资源还全部集中在某一个地方、某一家或某几个机构，那就会造成新的不公平。

祝××：哪些产业要迁出，需要具体分析，它的直接成本、间接成本，近期效益、远期效益，都要平衡。因此还是要以企业为主体，按照市场经济的规律进行产业转移，完全由政府来主导未必能达到预期的效果。

新闻纵深：北京希望转移一些相对低效益、低附加值的产业。但是这些未必是周边城市想要的，这个矛盾怎么解决？

张××：北京希望优先疏解能吸附大量人口的产业，比如批发市场，这是从近期考虑的。从中长期角度来看，京津冀协同发展有了一定的基础，体制机制都比较完善之后，肯定会有北京的高端产业向外溢出。所以北京和天津、河北在产业转移上并不是没有共振点，只是现在有一个轻重缓急的问题。

从创新型经济切入引导产业转移

新闻纵深：北京一方面需要城市功能和产业疏解，另一方面却又面临人口的大量涌进，什么因素造成这一困局？

祝××：现在北京并不是一个宜居的城市，但是依然有大量的人在不停地向这里聚集，这是因为北京有一个最大的优势，就是宜于创业，这是一个城市最重要的吸引力。北京现在一方面在转移人口，另一方面也在集聚全国的优质资源。

新闻纵深：目前来看，京津冀一体化是否主要通过政府间的沟通协调来推动？

祝××：京津冀城市群是一个十分特殊的区域。它的行政力量比较强，国有企业比重大、重化工业和战略性新兴产业比较发达，而民营企业的比重比较低，因此政府的引导作用很重要。我之前调研发现，一些地方引进了大项目之后，本地的中小企业却很难进行配套，因为这种大项目的门槛很高，中小企业在技术和资金上很难达到要求，就无法形成产业链的带动、整合。北京的科技创新主体很多都是中小企业，中关村科技创新型企业95%以上都是中小企业，如果我们能够从创新型经济切入，把现有的科研力量同新兴产业、现代制造业对接起来，再营造一个有利于中小企业发展的政策环境，同时政府在遵循市场规律的前提下进行引导，那么这种状况很可能会发生改变。

新闻纵深：放眼世界，有没有超大城市产业转移可资借鉴的经验？

祝××：比较成熟的做法是在特大城市周边建设新城，我们也在学习这方面的经验，但是效果并不明显。当初北京在周边建设若干个大型居民区，比如回龙观、望京、天通苑等，一个居民区的人口就四五十万，相当于国外一个大城市的规模。但这些都不是真正意义上的新城，因为它的功能十分单一。我们现在要建设具有综合功能的真正意义上的新城，所以产业转移功能疏解一定要和公共服务建设共同推进。

张××：核心城市的阶段跃升给周边城市带来了机会，河北应该从宜居、宜业两方面去加强自身的建设。现在北京有很多大学生愿意到河北创业，因为成本相对低，同时又可以利用北京的各种资源。河北要利用好首都的这种人才资源，首先要完善自身的公共基础设施建设，培养比相邻地区更强的竞争优势，从而吸引更多的生产要素。

叶××：根据我们的测算，一个新建小区的周边设施完全配套起来需要10～20年，产业转移也是这种情况。这跟器官移植是一个道理，配型和移植都很成功，并不代表就能在异体很好地发挥作用，还需要一个磨合期。如果产业承接地能事先把公共服务配套好，产业过去以后“成活”和起作用的概率就大。

财税体制改革是一体化的制度前提

新闻纵深：公共服务建设需要一个过程，尤其对于河北来说，这个过程可能会更长？

祝××：公共服务均等化确实是一个较长的过程，但京津冀一体化这次上升到国家战略的高度，强调顶层设计、制度配套，建立科学长效的机制，这就为瓶颈的突破带来了可能性。我们认为京津冀一体化要在财政税收、投融资体制上出台配套政策，这就有可能带来财政税收的改革，比如探讨建立首都经济圈的投资基金，对京津冀区域内跨省市的项目进行利益分享的制度设计和政策安排，探索有效的地区间税收分享和产值分计。这种财政税收的改革就为推进京津冀一体化创造了制度性的前提条件。如果没有这些制度性的突破，现有的步子就很难迈开，各地很难承受功能疏解带来的巨大成本。

新闻纵深：现阶段的重点工作是不是要三地先把制度和政策一起设计出来？

祝××：要有顶层设计的推动。完全靠自主协商，在制度性的层面可能很难有大的突破。但京津冀的协调完全靠中央也不可能，这次我们提出要探索建立横向协商和纵向协调相结合的协调机制。横向上，要建立常态化的地方政府联席会议制度；纵向上，要由国务院牵头组建京津冀城市群发展委员会，主要对区域交通体系建设、生态环境建设、市场体系建设、社会保障制度等进行统一规划和矛盾仲裁。

新闻纵深：可以说京津冀一体化是迫于种种现实困境，才终于凝聚起了巨大共识。那么我们应该怎么看待改革对于京津冀一体化发展的作用？

叶××：京津冀的发展跟各领域的改革都有密切联系，有典型性，能适应十八届三中全会的改革要求，可以说是最好的样本；包括财税体制改革、环境方面的生态补偿、户籍制度改革等很多好的理念，都能在这里进行实践。京津冀就是我们国家面临很多问题的一个缩影，表现得还特别突出，如果把这个区域发展好了，借鉴这些改革的措施，全国很多地方的问题都可以解决。

■相关

用好首都新机场建设机遇……

（本文是《京津冀微访谈·专家篇（上）》，引自《河北日报》2014 年 4 月 8 日）

▲杂志经济专访

专访厉以宁：宏观调控应以微调和预调为主

×××

早在 1991 年，经济学家厉以宁与其学生孟晓苏（企业家）、李源潮（现任国家副主席）、李克强（现任国务院总理）等人合作创作的《走向繁荣的战略选择》一书问世（排名以参与创作的章节顺序为序）。

时至今日，83 岁的厉以宁又有新书《中国经济双重转型之路》问世。十八届三中全会召开后，标志着中国经济社会再次迎来重大改革契机。为此，本刊特约记者近日对厉以宁进行了专访，畅谈中国双重转型之路。

《陆家嘴》：“中国经济双重转型之路”中“双重转型”是指什么？

厉以宁：从 1979 年起，中国进入了双重转型阶段。双重转型是指体制转型和发展转型的结合或重叠。体制转型就是从计划经济体制转向市场经济体制。发展转型就是从传统的农业社会转向工业社会。

两种转型的结合或重叠是没有先例的，也是传统的发展经济学中没有讨论过的。在第二次世界大战结束之后，一些新独立的发展中国家，由于过去不曾实行计划经济体制，所以只出现发展转型，即从传统的农业社会逐步转向工业社会。而 1979 年以后的中国则不同，一方面，要摆脱计划经济体制的束缚，以市场经济体制代替计划经济体制，这就是体制转型；另一方面，要从传统的农业社会转向工业社会，使中国成长为一个现代化的国家，这就是发展转型。

《陆家嘴》:1979 年至今,您认为中国在双重转型之路上积累了哪些经验?

厉以宁:我总结了八点,其中体制转型是双重转型的重点。

第一,在双重转型中,重点是体制转型,即从计划经济体制转向市场经济体制,并要以体制转型带动发展转型。这是因为,计划经济体制对中国经济的束缚和限制是全面的,既包括城市,又包括农村;既包括工业,又包括农业;既包括城市居民,又包括农民。如果不打破计划经济体制的束缚和限制,中国不仅不可能实现从传统农业社会向工业社会的转变,而且中国转型的目标(使中国成为现代化国家的目标),也是无法实现的。

第二,在双重转型准备阶段,必须解放思想,清除计划经济理论的影响,否则改革与发展都寸步难行。

第三,产权改革是最重要的改革。在双重转型中,必须把产权问题放在改革的首位。在计划经济体制下,产权模糊、投资主体不确定、投资方的权利和责任不清晰是改革的主要障碍,也是发展的巨大阻力。对广大农民来说,土地权益需要确定,住房产权也需要确定,而且确权工作应当落实到户,这既有利于保障农民的合法权益,也能使农民获得财产性收入,用于改善生活、扩大再生产和创业。

第四,在经济增长的同时改善民生。在双重转型中,一定要在经济增长的同时改善民生。改善民生是缩小城乡居民收入差距和缩小地方收入差别的重要途径。在宏观经济政策目标中,就业是重中之重。同时,由于新的工作岗位是在经济增长过程中涌现出来的,所以经济需要保持一定的增速。经济增长率过高当然不行,如果经济增长率偏低,则会产生更大的就业压力。再者,扩大内需同改善民生是紧密结合在一起的。唯有扩大内需才能使中国经济增长逐渐转入良性循环的轨道。

第五,必须不断自主创新、产业升级。在双重转型中,要不断提高企业的竞争力,而提高企业竞争力的核心是鼓励自主创新。如果自主创新不足,产业迟迟未能升级,企业的竞争力不足,在日趋激烈的国际市场竞争中,中国必将丧失自己的市场份额,或者又会回到过去依靠资源出口、初级产品出口以获取外汇、进口必需的生产资料和生活资料的境地,这就难以实现现代化的目标。

第六,必须不断提高经济质量。相对于较早实现工业化、现代化的国家而言,环境压力在中国显得更为突出。中国在双重转型中,必须重视经济和社会的可持续发展问题。

第七,城镇化是今后若干年内最有潜力的投资机会。

第八,大力发展民营经济。

以上八项经验说明了中国双重转型之路是怎样一步步走过来的。总的来说,这些经验表明了这样一点:中国有中国的国情,不根据国情进行转型,什么经验都不会产生,也不会有“中国道路”。

《陆家嘴》:双重转型中的宏观调控应以微调和预调为主,您这么说是基于什么样的考虑?

厉以宁:问题首先在于政府职能的正确定位。政府不可能是万能的,政府调控经济的作用在任何情况下都带有局限性。一般来说,政府总是在不完全信息的条件下做出决策的。这就是政府在宏观调控中不可避免的局限性之一。

政府在宏观调控中的另一个不可避免的局限性是:政府的博弈对手是公众,政府在同公众的博弈中通常处于被动的地位。这是因为,政府只有一个,而公众则有千千万万;公众的千千万万双眼睛都盯着政府,政府却无法把眼睛盯着千千万万的公众。于是就必然形成了如下的格局,即政府有政策,公众有对策,或者说,上有政策,下有对策。公众人数众多,每个人,无论是投资者、消费者,还是储蓄者,都根据自己的预期选择自己的对策,从而抵消了政府政策的效果。这表明,来自方方面面的公众的预期和对策,会使政府趋于被动。

政府在宏观调控中还有一个不可避免的局限性,这就是:由于政府总是在不完全信息的条件下做出决策的,以及由于政府政策的推行总是处于同公众博弈中的被动地位,所以政府的宏观调控措施往往会力度过大,矫枉过正,因此造成了"一管就死,一放就乱"的局面。

在双重转型中,这种时紧时松、时"死"时"乱"的现象之所以一再发生,既由于市场机制尚未完善,又由于政府职能未能正确定位。

由此得出的结论只能是:在双重转型已经取得一定成效的基础上,政府职能更应正确定位,切不要再像过去那样认为政府是万能的。政府要遵循市场规律,不要打乱投资者、消费者、储蓄者的正常预期,宏观调控不宜大升大降、大紧大松、大起大落;否则,会导致经济中出现大量泡沫,经济中的泡沫甚至会突然破裂。这些都会使经济遭到伤害,并使公众对宏观调控失去信心。

经济运行中会出现运行不正常的预兆,即使政府掌握的信息始终是不完全的,但通过筛选,仍会发现经济运行不正常的预兆。所以今后政府的宏观调控应当重在微调,并且要尽可能少采取总量调控措施,而要以结构性调控措施为主。与总量调控措施相比,结构性调控措施所引起的震荡较小,效果会更显著。

今后在宏观调控中,除了应当重在微调外,还应当采取预调措施。宏观调控起始时机的选择是十分重要的。过去,宏观调控起始时机往往滞后,宏观调控结束时机更可能滞后。这两种滞后都会给国民经济造成损失,也会给后续一段时间的经济运行增加困难。

在中国,宏观调控滞后的主要原因在于政府不仅所掌握的信息不完全,更重要的在于政府没有对自己掌握的信息进行认真筛选,从而易于被各地区、各部门报喜不报忧的假象所迷惑,而经济运行中的许多真实情况却不一定能被政府所掌握,这样宏观调控的时机往往滞后。在今后的宏观调控中，政府应当汲取以往的教训，要尽可能掌握经济中的真实情况，并把预调放在重要位置上，做到预调和微调并重。

《陆家嘴》：无论在20世纪90年代的著作中，还是在《中国经济双重转型之路》这本书中，您都谈到了价格问题。在宏观调控之下，限价政策局限性体现在什么方面？

厉以宁：既然我们要继续体制转型，那就必须懂得限价政策的局限性，因为这是破坏市场机制发挥作用的手段。加之，在经济生活中，商品价格总是相互影响的，也是互为成本的。在宏观调控中，有时为了控制某种商品价格的上涨而采取对该种商品限价的政策。经验表明，限价政策只能短期有效，但给经济带来的损害却是不可低估的，因为限价政策实行的结果是，结构失调现象必然更加突出，更加严重。

资源价格的管制所造成的后果是同样的。从土地资源、水资源、矿产资源角度来考察，不能完全按市场需求来制定使用和分配规则，政府在必要时可以实行配额管理。但配额管理的利弊并存，不能随意使用，否则对经济运行不利。配额管理的弊病中还包括了“寻租”活动的盛行。

当然，资源产品的价格有特殊性，为此应当考虑到资源有限供给的现实性。配额在这种条件下可以起到一定作用。除了要贯彻“公平、公正、公开”三原则，还应看到配额管理的长期效应，即配额制会导致双轨价格制的长期存在，甚至会导致正常的产业链断裂，扭曲结构现状，甚至使结构失调更严重。对于资源产品价格不合理之处，最有效的对策是推进资源价格体制的改革。只有通过这一改革，使资源定价趋向合理，才能避免资源价格不合理所造成的不良后果。

这再一次证实了体制转型在双重转型过程中的首要作用。

此外，还应当强调，在双重转型过程中，政府应当以有效管理为目标，市场应当以有效运行为目标。有效的政府是指：政府应当做自己该做的事情；有效的市场是指：市场应当做自己可以做的事情。凡是市场做不了或做不好的事，由政府去做。这样，政府和市场之间的关系就协调了。

（本文引自《陆家嘴》2014年第1期）

第十二章　经济论文

第一节　经济论文概述

一、写作要点

（一）名称解释

经济论文，是经济学术论文的简称，是探讨经济学及相关领域各种问题并描述研究过程及其成果的学术性文书。

（二）主要特征

1.科学性

经济论文实事求是地反映经济实际，揭示经济规律，探求经济科学。主要表现在：论点的科学性，即立论正确，与实际相符，而不是主观臆造；论据的科学性，即无论是实地调查、从实验中得来还是从文献中摘引的论据都确凿有力；论证的科学性，即经过周密的思考，进行合乎逻辑的论证，做到层次严整、推理严密、措辞严谨。

2.专业性

经济论文是建立在经济学及相关学科理论上的专业性很强的文书。它主要对经济学的问题进行研究，作者和受众多是相关专业的研究、管理、技术人员以及大学生，所论述的内容与经济学及相关学科联系密切，而且较多地使用经济术语。

3.创见性

经济论文写作是一项开拓性的脑力劳动。是否有创见，是衡量经济论文学术价值和应用价值高低的重要标准。所谓创见，就是研究新事物、探讨新问题、提出新观点。因此，要求作者勇于创新，积极开拓创造性思维，在文章中彰显自己的创见。

（三）种类划分

1.按学科分

有国民经济学论文、管理经济学论文、数量经济学论文、技术经济学论文、商业经济学论文、财政学论文、会计学论文、审计学论文等。

2.按范围分

有宏观经济论文、微观经济论文。

3.按目的分

有交流性经济论文、考核性经济论文，其中考核性经济论文包括学年论文、毕业论文、学位论文。

4.按写法分

有专题性经济论文、论辩性经济论文、综述性经济论文、综合性经济论文。

（四）基本结构

1.必备项目

（1）题名

又称标题，是以最恰当、最简明的词语反映经济论文中最重要的特定内容的逻辑组合。题名一般不宜超过20字。经济论文用作国际交流，应有外文（多用英文）题名，外文题名一般不宜超过10个实词。有以下两种形式：

单题名。常用的有两种写法：一是揭示中心论点，如《中国亟待建立新的国民经济核算体系》。二是说明课题，包括研究对象、时间、数量、区域、状态、条件、目的、方法等，如《中国经济发展运行轨迹的政治经济学思考》《合伙企业所得税制研究》。

双题名。包括正题名和副题名。其中副题名用于下列几种情况：正题名语意未尽，用副题名补充说明经济论文中的特定内容；经济论文分册出版，或者是一系列工作分几篇报道，或者是分阶段的研究结果，各用不同副题名区别特定内容；其他有必要用副题名作为引申或者说明。如《城市低碳发展水平的区域分异及其影响因素——基于中国GDP前110强地级以上城市的实证研究》《如何预防贫困的马太效应——代际收入流动视角》。

题名要力求精确、质朴、简洁、匀称。

（2）责任者

又称署名。如以组织、部门、课题组名义，多在题名正下方标出全称或者规范化简称，有时还在正文右下方写执笔者姓名；如以个人名义，在题名正下方署个人姓名。学术期刊上发表的经济论文还在个人姓名下方写出所在单位、部门以及单位的所在地、邮编。

（3）正文

由以下几个项目构成：

引论。又称引言、绪论，简要说明研究工作的目的、范围、相关领域的前人工作和知识空白、理论基础和分析、研究设想、研究方法和实验设计、预期结果和意义等。常用写法有：一是概述式。简要介绍论述的目的、意义、范围、方法，给人一个总括的印象。二是回顾式。对该课题的研究历史和现状作简要回顾，能突出对该课题进一步研究的重要性和研究成果的创新性。三是提问式。提出课题中没解决的问题、对某个课题的不同看法、某些争论的焦点，引出本文将要论述的问题。四是论点式。起笔揭示作者的基本看法，作为全篇的中心论点。

本论。这是经济论文的核心部分，占主要篇幅。层次安排的基本方式有：一是横向分论式。各分论点之间呈并列关系，横向齐排，共同完成对中心论点的论证。二是纵向推论式。各分论点之间直线推进，逐层深入，完成对中心论点的论证。三是纵横交错式。篇幅较长、内容较复杂的经济论文，各分论点之间并列关系与递进关系交错，或者是以一种方法为主穿插另一种方法，共同完成对中心论点的论证。此外，还有因果式、总分式等方式。

结论。是指经过严密推理做出的总体结论，也是作者研究成果的最终结论。主要写法有：一是总结式。对全篇所论述的问题加以归纳，提出自己对问题的基本看法。二是探讨式。提出建议、研究设想、仪器设备改进意见、尚待解决的问题等，提供他人研究参考。三是交代式。作必要的补充性说明，使文章更加完整、周全。结论应该准确、完整、明确、精练。

2.选择项目

(1)封面

封面是经济论文的外表面，提供应有的信息，并起保护作用。经济论文如作为期刊、书或者其他出版物的一部分，无须封面，只把责任者写在题名正下方；如作为预印本、抽印本等单行本时，可以有封面。封面上包括分类号；密级；题名或者分册题名；卷、分册、篇的序号和名称；版本；责任者；工作完成日期；出版项等。

(2)目录

又称目次页。较长的经济论文可以有目录。目录由经济论文的篇、章、节、附录的序号、名称和页码组成，另页排在封面或者序言后。

(3)摘要

摘要是经济论文的内容不加注释和评论的简短陈述。经济论文大多有摘要，为了国际交流还有外文(多用英文)摘要。摘要应具有独立性和自含性，即它是一篇完整的短文，可以独立使用，可以引用；内容应包含与经济论文同等量的主要信息，供受众确定有无必要阅读全文，也供文摘等二次文献采用。摘要一般应说明研究的目的、内容、方法、结论等，重点是结论。要求简短、精要、完整、不加评论、以第三人称口吻。中文摘要一般不宜超过200～300字，外文摘要不宜超过250个实词。

(4)关键词

关键词是为了文献标引工作从经济论文中选取出来用以表示全文主旨内容信息款目的单词或者术语。每篇经济论文选取3～8个词作为关键词，以显著的字符另起一行，排在摘要的左下方。要选专指词，如有可能，尽量用《汉语主题词表》等词表提供的规范词;避免离题或者重复。为了国际交流,应标注与中文对应的英文关键词。

(5)参考文献

为了反映经济论文的科学依据,尊重别人的研究成果,一般要列出参考的主要文献资料。要按照《文后参考文献著录规则》(GB/T 7714—2005)的有关规定处理。以专著为例。著录格式是"主要责任者.题名:其他题名信息[文献类型标志].其他责任者.版本项.出版地:出版者,出版年:引文页码[引用日期].获取和访问路径."如"余敏.出版集团研究[M].北京:中国书籍出版社,2001:179—193."

顺便提及注释。如果引用他人的学术成果,往往加注释。注释有夹注、脚注、章节注、尾注等。夹注,又称文中注,附在文中注释对象的后面,外加圆括号;脚注,又称页下注,写在页面底端,与正文之间隔一条横线;章节注,把每个章节的注释集中放在章节后面,多用于专著;尾注,又称文末注,把所有的注释放在文章后。有的注释与参考文献合一,有的注释置于参考文献前面。

(6)致谢

对下列方面致谢:国家科学基金,资助研究工作的奖学金基金,合同单位,资助或者支持的组织、部门及个人;协助完成研究工作和提供便利条件的组织或者个人;在研究工作中提出建议和提供帮助的人;给予转载和引用权的资料、图片、文献、研究思想和设想的所有者;其他应感谢的组织、部门和个人。致谢要诚恳、恰当。交流性经济论文大多把致谢写在结论项内,考核性经济论文常把致谢单独列为一项。

(7)附录

附录是经济论文正文的补充项目。下列内容可以作为附录编排在论文后:为了整篇经济论文材料的完整,但编入正文又有损于编排的条理性,这类材料包括比正文更为详尽的信息、研究方法和技术更深入的叙述、对了解正文内容有用的补充信息等;由于篇幅过长或者取材于复制品而不便于编入正文的材料;不便于编入正文的罕见珍贵资料;对一般受众并非必要阅读,但对本专业同行有参考价值的资料;某些重要的原始数据、数学推导、计算程序、统计图、统计表、注释、计算机打印输出件等。

此外,为计算机管理需要,由学术期刊编辑部制作该文的中图分类号、文献标识码、文章编号,放在关键词下面;为使受众了解作者的情况,有时附上作者简介,依次写明作者姓名、出生年月、籍贯、性别、民族、工作单位、职务、职称、学位、研究方向、主要著作等,多放在首页底端,也可以放在文章后。

(五)注意事项

1.恰当选题

选题是经济论文的第一步。应遵循以下两个基本原则:一是科学性。在客观上选择经济工作亟待解决、学术领域争鸣、纠正通说、填补空白等学术价值和应用价值大的课题。二是可行性。在主观上选择有浓厚兴趣、专业知识、充裕时间等课题。此外，选题还要注意大小适中、难易适度、角度适宜。

2.深入研究

研究是经济论文写作的基础。搜集资料尽可能充分，尤其注重搜集与课题关系最密切、最重要的资料。研究资料务必认真，运用科学的方法对资料进行去粗取精、由此及彼、由表及里的深入发掘，直至形成正确、深刻、新颖的论点。选用资料贵在求精，选择真实、典型、新鲜、充分的资料作有力论据。

3.认真执笔

执笔是经济论文成型的关键环节。一方面，精心布局。根据课题的实际情况安排结构、考虑先后、处理详略，使论点与论据置于一个合理的架构内。另一方面，妥当表达。根据表现中心论点的需要选择恰当的论证方式，运用准确、鲜明、生动的语言，提高表达效果。

二、范文阅读

▲产业组织论文

构建有效竞争的产业组织

××× ××

摘要：中国经济转型的目标是推进产业结构向高级化演进。在市场经济条件下，产业组织状态影响产业结构的重心转移和高级化进程，配置资源的有效性决定着产业结构调整的敏感度，竞争活力促进市场结构向更高层次转换。经济规模是创新投入的基础，适度地进入壁垒有利于技术创新以及高新技术产业成长。通过政策体系实现有效竞争的产业组织，才能促进资源合理配置，促进企业不断提高资源利用效率，带动产业资源重组，形成合理的产业结构。

关键词：产业组织；有效竞争；结构调整

在市场经济条件下，社会经济效率通过两个方面实现：一是在市场竞争的压力下，企业为了实现利润最大化，动态地调整组织形式和组织规模，形成符合市场环境要求的效率组织，这一过程称为企业的自组织过程；二是政府通过制定经济政策和相关法规，作用于市场调节机制，引导经济资源配置的方向和企业的资源利用方式，形成兼得内部经济和外部经济的产业市场环境。产业组织是企业自组织、市场组织和政府组织资源配置方式的综合表现。其中，企业组织资源并转换为产品和服务的过程，是产业经济运行的过程；企业规模和企业数量结构，是产业的组织状态。完全依赖市场机制的自组织，会由于市场异化而背离优化目标。因此，政府的产业组织政策就成为构建有效竞争环境、优化结构的必要手段。

一、产业组织与产业结构调整

社会经济体系的运行功能之一，是要把经济资源在各个产业之间进行分配，配置结果形成了相应的产业结构，决定了社会从特定配置结构中得到的满足度；功能之二是把经济资源在同一产业的不同企业之间进行分配，配置结果形成了企业规模结构；功能之三是选择经济资源的组合方式和利用方式，不同的生产组织方式及不同的要素组合方式，有不同的资源利用效率。后两个层面的配置决定了产业组织状态，产业组织不仅影响着能否形成合理的产业结构，而且影响着产业机构的动态调整能力。

1. 市场竞争与资源转移……

2. 企业规模与技术创新活动……

3. 产业进入壁垒与技术进步……

二、产业结构调整中的产业组织先行

实行市场经济的国家，都非常重视竞争机制对资源有效配置以及对推动技术进步的作用。在经济发展的不同时期，为了适应特定的环境变化，对经济政策进行调整，才能实现经济政策的最终目标，尤其在经济发展的转型时期，需要相应的产业组织政策重建企业竞争力和市场竞争活力的关系，通过构建有效竞争的市场环境，为产业结构调整铺平道路。

1. 转向工业化后期的产业组织调整……

2. 面向全球创新经济的产业组织调整……

三、中国基于经济转型和结构调整的产业组织政策

在经历了若干年的高速发展之后，我国大多数产业的集中度得到提高。但是，高新技术产业的企业平均规模仍然偏小；部分产业的退出壁垒高，产业生产能力严重过剩；企业间缺乏稳定的战略联盟关系，鲜见成功的技术合作范例；在我国手机、数码相机、医疗器械、精密加工机械等高技术产业市场上，跨国公司具有不可替代的优势地位。中国需要依据产业经济的中长期发展目标，制定有利于构建有效竞争环境的产业组织政策。

1. 实施积极的规模化促进政策……

2. 规制滥用技术标准及专有权利……

3. 激活行政垄断和天然垄断产业……

4. 促进小企业间的合作……

优化我国的产业组织环境，还必须完善市场的进入和退出机制，规范竞争秩序，提高我国产业市场竞争的有效性，兼得企业的内部经济和市场的外部经济，推进我国的产业结构升级。

参考文献：

[1]李平. 垄断与竞争[M]. 北京：企业管理出版社，2012.

[2]乔·蒂德,约翰·贝赞诗.创新管理[M].北京:中国人民大学出版社,2012.
[3]奥利弗·威廉姆森.经济组织的逻辑[M].上海:上海三联书店,1996.
[4]J.卡布尔.产业经济学前沿问题[M].北京:中国税务出版社,2000.
[5]多西.技术进步与经济理论[M].北京:经济科学出版社,1992.
[6]小艾尔弗雷德·D.钱德勒.企业规模经济与范围经济[M].北京:中国社会科学出版社,1999.

(本文引自《社会科学家》2013年第10期)

▲产业转型论文

在走向服务业主导中释放经济增长新动力

×××

在内外发展环境深刻变化的背景下,13亿人的潜在消费需求是我国经济增长最突出的优势:13亿人潜在消费需求释放的规模与速度,在很大程度上决定了经济增长的空间和速度;13亿人消费结构的升级和消费潜力的释放,在很大程度上决定了产业、城乡、社会等结构调整的动力;13亿人消费结构升级的方向和消费需求释放,在很大程度上决定了有效投资需求的规模和投资转型的方向;释放13亿人的潜在消费需求,既是我国增长、转型和改革的巨大挑战,又是决定增长、转型和改革的关键所在。因此,加快现代服务业发展、推进工业主导向服务业主导的转变,成为我国经济转型升级的大趋势。

服务业的快速发展是增长新的内生动力

消费的本质需求是服务。我国进入消费新时代,现代服务需求取代传统物质需求成为消费需求升级的大趋势,由此带动服务业成为国民经济的最大产业和吸纳就业的主体产业,为经济转型注入了持续动力。经过36年的经济快速增长,我国已成功跨越了以解决温饱问题为主要特征的生存型阶段,进入到以解决人的自身发展为重要特征的发展型新阶段,一个重要标志就是发展型消费需求逐步取代生存型消费需求成为城乡居民消费需求的主流,城乡居民消费结构沿着"生活必需品—耐用消费品—服务消费品"的次序不断升级,使得服务消费增长速度远远超过传统的物质消费。例如,1985—2012年,城镇居民人均消费性支出年均增长12.62%,其中医疗保健、交通通信、文教娱乐这三大类支出的年均增速为16.69%,超过人均消费性支出增速4个百分点以上。同期,农村居民人均生活性消费支出年均增长11.44%,医疗保健、交通通信、文教娱乐这三项支出年均增速为16.59%,超出人均生活性消费支出增速5个百分点。不仅如此,消费需求的满足也更加依赖专业化、便捷化、特色化甚至体验化的服务供给。主要特点是:第一,消费升级与服务升级直接融合,没有服务的升级,很难有消费本身的升级;第二,技术升级与服务需求直接融合,技术升级如果不能反映服务需求变化就很难有市场前景；第三，企业竞争力与服务质量直接融合，一个企业的竞争力主要取决于服务环节能否精细化、专业化。

从国际经验看，进入工业化中后期，有两大因素将促使服务业取代工业成为主导产业：一是发展型消费需求越来越有赖于生活性服务业的快速发展，由此带动生活性服务业比例的快速提高；二是传统农业和工业生产方式的改造和升级更有赖于生产性服务业的快速发展，由此带动生产性服务业比例的快速提高。我国已进入消费新时代，紧紧把握消费需求升级的大趋势，加快发展现代服务业，才能抓住发展新阶段的新机遇，释放新动力，从而赢得稳增长、促改革、调结构、惠民生、防风险的主动权。

确立服务业主导地位是产业转型升级的基本方向

消费成为经济增长的内生动力，不仅在于它是经济发展的目的，还在于它能够引领和推动经济结构由工业主导向服务业主导的转型，从而成为稳增长、调结构的原动力。第一，稳增长主要在于通过加大服务业领域的投资，确保消费与投资两旺的势头，抵销出口持续下降可能导致的增长快速下滑；第二，调结构主要在于通过加大服务业领域的投资，实质性提高投资效益和经济运行质量；第三，惠民生主要在于通过扩大服务业领域的投资，使经济增长能够体现在城乡居民最急需的教育、医疗、文化等服务业供给水平的提高上；第四，防风险主要在于通过加大服务业领域的投资，使经济增长摆脱对房地产和传统工业投资的过度依赖，使经济沿着更加均衡、健康的方向发展。

当前，经济转型的主要矛盾在于投资消费失衡，而投资消费失衡又主要表现在服务业领域的投资不足。例如，在制造业和房地产业出现明显过剩的情况下，2010 年和 2011 年，制造业和房地产业固定资产投资两项合计的比重分别高达 54.7%和 59.1%。教育、卫生、社会保障和社会福利业、文化体育和娱乐业这几大类服务消费需求增长在 2005—2010 年分别超过 15%和 32%，但这些领域的投资比重却长期徘徊在 4%左右。无论是经济增长难以反映民生需求，还是产能过剩、房地产泡沫、地方债务风险，都与投资结构与消费升级的结构不匹配直接相关。在投资与消费需求升级结构不匹配的条件下，投资收益率持续下降、经济运行系统性风险增大是难以避免的。

尽管 2013 年我国服务业占比达到 46.1%，首次超过第二产业，但这一比例不仅低于高收入国家（平均值为 68%）、中等偏上收入国家（平均值为 60.4%），而且低于中等偏下收入国家（平均值为 53.5%）。国家“十二五”规划要求，5 年内服务业在 GDP 中的占比提高 4 个百分点，到 2015 年达到 47.2%。按照目前的发展速度，到 2015 年服务业占 GDP 的比例将会达到 50%左右，超过原定目标 3 个百分点左右。考虑到服务需求的全面快速增长，以及经济转型的现实需求，建议在“十三五”规划中适度调高服务业的发展目标，将其占比提高 5～8 个百分点，争取 2020 年占 GDP 的比例达到60%左右。

加强发展服务业取决于市场开放与制度创新的程度

我国服务业供给瓶颈问题突出，难以满足社会需求，主要不在于国内资本短缺，重要的在于服务业市场开放滞后。我国工业部门80%以上是制造业，市场化程度比较高，而服务业的行政垄断特点仍然突出，市场开放程度较低。教育、医疗、文化、养老、金融、运输等众多服务部门的市场准入在现实中仍保持着一定程度的行政管制，难以通过充分的市场竞争提高供给能力、供给质量和供给效率。大力发展服务业，关键在于打破行政垄断与管制，激发社会资本的活力，实现服务业对社会资本全面放开。随着服务消费需求越来越个性化、差异化，服务业发展更有赖于发挥社会资本对市场需求反应灵敏的独特优势。这就需要抓紧出台加快服务业向社会资本开放的实施细则，在银行、证券、保险、电信、邮政快递等行业进一步放开市场准入；实质性打破教育、医疗、文化等公共服务领域对社会资本的投资限制；加快公共资源领域对社会资本放开；尽快在石油、电力、铁路、金融等垄断行业推出一批向社会资本开放的重大项目，实现非公经济参与国企改革的新突破。

由于服务业的对外开放滞后于工业，这一领域更难以利用外资带来的技术优势扩大有效供给，导致国内许多服务消费需求比如教育、文化等外流的矛盾比较突出。这就需要以中国(上海)自由贸易试验区为重点，积极推动建立负面清单制度和外商投资准入前国民待遇。建议实质性减少负面清单内容，凡国家法律法规未明令禁入的服务业领域，加快向外资开放；把教育、医疗、金融和文化娱乐作为加快服务业开放的重点；加快扩大双边和区域服务贸易协定；加快拓展与新兴经济体在金融、信息、物流等领域的开放合作。

应加快服务业领域的政策体制创新。尤为重要的是放开服务价格，在更多领域、更大范围实现服务价格由市场供求关系决定：在确保政府承担基本公共服务最终责任的同时，放开非基本的公共服务市场；将政府定价的范围主要限定在重要公用设施、公益性服务和网络型自然垄断环节；以政府购买公共服务为重点创新公共服务体制，加快事业机构去行政化改革，调动市场、社会组织的力量增加公共服务供给；在加快完成服务业领域营改增改革的同时，改变服务业用地价格高于工业用地的状况。

（本文引自《光明日报》2014年6月4日）

第二节　专题性经济论文

一、写作要点

（一）名称解释

专题性经济论文，是以直接论述的形式发表见解，从正面提出经济学及相关领域某一问题的学术性文书。

（二）主要特征

1. 专题性

经济学覆盖面广，种类多，每篇经济论文根据特定的目的选取一个具体课题，无论是理论性还是应用性的课题，都有很强的针对性。

2. 论述性

这种经济论文在写作中运用典型的理论论据和事实论据，通过严密的论证，从而确立论点，具有一定的说服力。

（三）种类划分

1. 按范围分

有宏观经济论文、微观经济论文。

2. 按内容和方法分

有论证专题性经济论文、考证专题性经济论文、调研专题性经济论文等。

（四）基本结构

1. 题名

单题名。主要有两种写法：一是揭示中心论点，如《中国外汇储备改革须设计顶层方案》。二是介绍课题，常用“研究”“比较研究”“实证研究”“基于……的研究”“论”“试论”“略论”“探讨”“探析”“探微”“初探”“再探”“谈”“漫谈”“琐议”“刍议”“解读”“管见”“管窥”“之我见”“思考”等词语，如《天然混交林资产评估方法研究》。

双题名。大多正题名揭示论点、意义，副题名说明课题，如《以开放促改革——对外开放理论的创新》；有时正题名说明课题，副题名交代对象或者论证角度等，如《企业并购财务风险研究——以吉利并购沃尔沃为例》。

2. 责任者

在题名正下方写组织、部门、课题组名称或者个人姓名。以组织、部门、课题组名义发表的专题性经济论文有的还在正文后写执笔者姓名。

3. 正文

引论。常用写法有概述式、回顾式、提问式、论点式等，根据实际情况安排。

本论。由于每篇的选题不同、角度各异，本论所载内容和层次安排也未尽一致。一般说来，篇幅较长的专题性经济论文大多横向分论与纵向推论交错进行，用序数、小标题、序数加小标题显示层次；篇幅较短的专题性经济论文从纵横中选一、以纵或者横为主，用序数加小标题、序数加段首主旨句、段首主旨句标明层次。

结论。有论点式、预测式、建议式、补充式等写法，要灵活运用。

需要说明，刊登在学术期刊的专题性经济论文大多设摘要、关键词、注释、参考文献，这里不加赘述。

（五）注意事项

1. 有新意

要精心选择具有原创性、关键性、延展性价值的课题，通过对大量资料认真分析产生体现时代精神和个性特征的论点，运用典型、新颖的论据加以论述，在结构、语言等方面也要求新。

2. 有力度

既要深入挖掘事物的本质，揭示经济规律，又要通过严密的论证来表达作者的精辟见解，让人信服。

二、范文阅读

▲所有制专题论文

积极发展混合所有制经济

×××

积极发展混合所有制经济，是深化国有企业改革、完善基本经济制度的必然要求。然而，实现混合所有制要面对不少具体而复杂的问题。对于如何“混”、怎么“混”，有必要进行深入研究。

一

混合所有制是国有资本、集体资本、非公有资本等交叉持股、相互融合而形成的所有制形式，兼具公有制和非公有制某些特点，能够更好适应现代社会化大生产的发展要求。改革开放以来，我国建立了公有制为主体、多种所有制经济共同发展的基本经济制度，公有资本和非公有资本相互融合，混合所有制经济逐步形成并不断发展。党的十五大报告在阐述基本经济制度时充分肯定了发展混合所有制经济的意义，此后的中央文件多次强调发展混合所有制经济。特别是党的十八届三中全会再次为“混合所有制经济”注入了新的内容，明确指出，国有资本、集体资本、非公有资本等交叉持股、相互融合的混合所有制经济，是基本经济制度的重要实现形式。显然，混合所有制经济已经成为新形势下深化国有企业改革、完善基本经济制度的必然要求。

我们还要看到，虽然改革开放30多年来我国经济取得了令世人瞩目的成绩，已成为世界第二大经济体，但我国仍然处于并将长期处于社会主义初级阶段这个最大国情没有发生根本性变化。这一基本国情决定，多种所有制经济共同发展，对于促进经济增长、提供就业岗位、推动技术创新、增加国家税收、提升居民收入、满足人民群众日益增长的物质和文化需要，具有不可替代的作用。同时，未来许多产品和服务将向个性化差异化发展，社会分工会更加深入与精细，为了满足日益多样与多元的社会需求，就需要根据不同的生产规模与水平建立多层次的所有制结构。因此，国有资本和非公有资本的长期并存是不可避免的，发展混合所有制经济将成为长期的任务。

积极发展混合所有制经济，首先需要对国有企业和民营企业的基本状况和基本特征作一些对比分析。国有企业：从行业角度看，目前多数大型国有企业是铁路、公路、航空、石油、电信、邮政、电力、电网、银行等垄断行业。从企业规模和效率上看，国有企业比民营企业有着明显的规模优势。国有企业不仅规模庞大，而且多以集团模式出现。从企业的融资状况看，国有企业有着较多的融资渠道和较低的融资成本。民营企业：改革开放以来，民营企业获得了长足发展，已经成为推动我国经济发展和市场化改革的重要力量。从产业分布上看，绝大多数民营企业仍然分布于各类竞争性产业领域。从企业规模和效率上看，绝大多数民营企业是小型的，其规模仍然与国有企业有很大差距。从企业融资状况看，目前一些中小微型民营企业融资难问题突出。

二

确定所有制“混”的形式并不难，难的是怎样“混”得好、怎样在“混”的过程中促进混合所有制经济健康发展。具体要做好以下几方面工作：

一是进一步明确和细化国有经济的分类改革。实施混合所有制与国有经济的功能定位直接相关。因此，在促进混合所有制发展时，需要首先明确国有经济的功能及其分类，需要进一步明确关于民营经济、民间资本准入的具体政策，以最大限度地为民间资本进入国有企业产权结构创造良好的政策环境。

从国有经济的功能和分类上看，大致可将国有企业分为三类：公益型企业、中间型企业和竞争型企业。公益型国有企业需要在经济增长和经济转轨实现的前提下，更多地满足于社会公共福利，实现社会公共福利的最大化。对于这类国有企业，应尽快把那些非公益性业务剥离出去，如果涉及竞争性业务，可彻底退出。同时，还应对这类企业的预算、资金来源、资金使用等细节实施严格管理。中间型国有企业应当明确其所具备的特殊功能，可以考虑通过规范其行为，明确政策应该如何支持，在产权关系方面特别是低层级企业的产权结构中可以逐步引入民间资本，向混合所有制模式过渡。由于这类国有企业所属领域是民营企业和民间资本最想进入的，因此它们应当是将来推进混合所有制的重点和难点。竞争型国有企业应完全由市场调节和约束,对于这类国企应大胆地推进实施混合所有制。而且针对这类国企改革的法律法规、政策比较完善,改革的成功案例也很多,因此它们在推进混合所有制时不会遇到太大困难。

二是将混合所有制企业确定为我国大企业的发展战略。在经济日益国际化的背景下,我们确实需要一批具有很强国际竞争力的大企业,有必要将混合所有制企业作为我国大企业战略的重要选择。目前,需要突破过去国有大企业实施的狭隘的"资本化"成长策略,及时将"资本化"与"民营化"结合起来,将那些仍处于竞争领域的国有大企业集团尽快改变成混合所有制企业。

三是努力消除民营经济、民间资本进入垄断产业的各种壁垒。民营经济、民间资本进入垄断产业的障碍或者壁垒主要来自于制度方面,因此应当围绕这些因素制定相应对策,废除一些不必要的制度和规定,完善法律制度,改革现行的行政审批制度,重塑监管模式。在强化政府监管独立性的同时,要着力遏制利益集团左右政府决策,以及出于小集团利益而故意阻碍民营资本进入的行为,为民营经济、民间资本构筑进入垄断产业的平台。尤其需要鼓励那些垄断性国企将属于竞争性的业务和环节拿出来,与民营经济、民间资本组成混合所有制经济实体。

四是改革国企治理结构,强化市场在要素配置中的作用。国企的治理结构,使得民营经济、民间资本在进入国企时"心有余悸"。应当在国企分类改革的前提下,对于那些竞争型和中间型国有企业的治理结构进行大胆改革。如果相关企业已经实行了公司制,首先要从董事会的改革入手,引入更多的独立董事,使得董事会具有更广泛的社会代表性。在此基础上,对经营层的选聘要更多地依靠市场,从而尽量减少党政机构的选聘权。国有企业只有在人员和权利配置方面更为公平、合理和透明,民营经济、民间资本才更加愿意进入。

（本文引自《经济日报》2014 年 5 月 22 日）

▲金融专题论文

物联网与金融模式新革命

×××　××

信息技术给社会及经济生活带来了深刻影响,如时下热议的互联网金融,而物联网的发展又会给金融行业带来怎样的变化呢?

我们认为,物联网以其全新的架构体系,让实体世界实现有组织、主动地感知互动,让虚拟经济从时间、空间两个维度上全面感知实体经济行为、准确预测实体经济的走向,让虚拟经济的服务和控制融合在实体经济的每一个环节中,这必将推动传统金融模式的一场新革命,并催生一种全新的金融模式——物联网金融。

物联网——主动、有组织地感知互动

我们知道，传感器采集信息、通信传输、中心进行处理的架构是传统智能化的测控系统。而物联网是以实体世界的感知互动为目的，以社会属性体系架构为核心的全新综合信息系统。如果把传感器比作人的鼻子、眼睛、耳朵的话，神经是传输系统，大脑就是指控中心，传统的测控系统是把系统比作一个人，物联网则是由这些“人”组成的团队、社会，“他们”有协同、有分工、有组织地去完成实体世界的感知互动。测控系统能完成人为的一些简单的测控场合，比如工业自动化。只有物联网的社会属性架构的高自适应的体系，才能满足纷繁复杂的实体世界的感知互动的要求。

物联网是信息技术发展第三次产业浪潮的推动者。以PC机为代表的信息处理推动信息产业进入第一次产业浪潮——智能化时代；移动通信、互联网为代表的信息传输推动信息产业进入第二次产业浪潮——网络化时代；物联网使信息获取产生革命性的变化，正推动信息产业进入第三次产业浪潮——社会化时代。

物联网面向实体世界，对实体世界进行追踪历史、把控现在、预测未来，改变的是实体产业的本身。比如，物联网让传统智能安防监控从事后追踪变革为事前预警；让传统智能交通的红绿灯控制车流量变革成车流量控制红绿灯；让传统基于RFID、条码、二维码的物流信息化被动管理变革成主动无遗漏环节监管等。物联网对传统产业的变革将远远超过互联网的影响。

物联网金融——虚拟经济、实体经济的交融

互联网金融实现了信息流和资金流的二流合一，是虚拟世界和虚拟经济的融合，却没有改变金融机构的现行信用体系存在的根本问题——缺乏对实体企业的有效掌控。

不同于虚拟世界的互联网，物联网的产生和发展是建立在实体世界已有的智能化、网络化基础之上的。物联网让虚拟经济从时间、空间两个维度上全面感知实体经济行为、准确预测实体经济的走向，让虚拟经济的服务和控制融合在实体经济的每一个环节中，推动金融模式的新革命——物联网金融。物联网金融实现资金流、信息流、实体流的三流合一，全面降低虚拟经济的风险，将深刻而深远地变革银行、证券、保险、租赁、投资等众多金融领域的原有模式。如果说互联网金融是平面的，物联网金融则是立体的；如果说互联网金融是普适性的，物联网金融则是差异化的。

物联网银行——缔造银行全新时代

在社会经济中扮演着“创新发动机”和“风险内化器”重要角色的商业银行，将可以依托物联网技术，变革银行的信用体系、防范经营风险、提升管理效能及改善客户体验等。

其一，银行信用体系更加客观化。银行业金融机构呆账坏账风险一直是令行业及监管机构头痛的难题。银行为降低放贷风险，只好提高放贷门槛。究其原因，正是

由于虚拟经济与实体经济严重脱节、银行业金融机构缺乏对实体企业有效掌控所造成的。在现行信用体系下，银行从业人员基本是通过调研企业运营情况，特别是财务数据以及信用记录等信息，给企业进行信用评级，再给予贷款、投资等融资支持。而通过物联网为银行建立起客观信用体系，将帮助银行打造全新的商业模式。比如，结合物联网先进的货物质押系统，将实现动产的全程无遗漏环节的监管。又比如，可以帮助银行实时掌控贷款企业的采购渠道、原料库存、生产过程、成品积压、销售情况，甚至用户使用情况，可按需贷款、按进度放款，并可帮助银行开展贷前调查、贷中管理、贷后预警，预防欺诈违约案件，提高风控水平。

其二，开启感知支付新时代。随着移动通信、互联网和近场通信技术的融合发展，支付手段从面对面的货币现钞支付演变成随时随地的电子支付，在此过程中智能卡、密码等安全手段被大量使用，这是通信支付时代。近期，利用指纹、虹膜、掌纹、掌静脉、声纹等进行个人身份鉴定的生物识别技术日趋成熟，密码支付正在向识别支付过渡。而物联网的快速发展，将推动感知支付时代的来临。未来，物联网在支付中应用后，会感知消费者的周边环境和自身状态，以确保支付者的资金安全、人身安全。物联网还可通过透彻感知，将支付行为与企业运营状态、个人健康、家庭情况的动态变化相关联，动态调整支付额度，控制银行的风险。

其三，大大降低动产质押的风险。传统基于RFID、条码、二维码的物流信息化的管理，需要用终端扫码或读取RFID的信息是一种被动的方式，而且也没有感知功能，这给银行带来极大的风险。比如，近期的钢贸事件，银行业为钢贸危机交上了一笔不菲的学费。物联网可实现对动产无遗漏环节的监管，极大地降低动产质押的风险。物联网让动产具备了不动产的属性，如在钢铁贸易中物联网可全过程、全环节地堵住钢贸仓单重复质押、虚假质押等一系列动产监管中的问题。物联网的动产质押将深刻改变供应链金融的模式，也将破解小微企业贷款难的问题。

物联网保险——风险随时可控

传统的保险是概率原理，出事的概率低，赔付总和小于投保总额，保险公司就营利。物联网让保险业对风险做到可控、可预期，部分甚至可预防，将大大降低保险的赔付成本。比如，针对汽车险的骗保问题，若在投保车辆上装上物联网终端，可对驾驶行为综合评判，可根据驾驶习惯的好坏收取不同的保险费；出现事故时，物联网终端可以实时告知保险公司肇事车辆的行为，保险员不到现场即可知道车辆是交通事故还是故意所为。

需要指明的是，物联网在金融中的应用和物联网金融是有本质差别的。比如，基于物联网的银行网点、金库的安防、高端客户个性化的服务、远程抄表的远程金融结算等，是物联网在金融中的应用，并未改变金融的模式，应称之为金融物联网。而物联网金融是指物联网和金融的深度融合，变革金融的信用体系，将带来金融模式新革命。物联网与资本的紧密结合,对传统产业进行并购、物联网化改造,可实现传统产业亟须的转型升级。

物联网同样会对金融租赁、典当、股市等金融领域产生深刻变革,应在今后进一步探索物联网银行、物联网投资、物联网保险、物联网典当等创新应用。

（本文引自《光明日报》2014 年 5 月 29 日）

第三节　论辩性经济论文

一、写作要点

（一）名称解释

论辩意即讨论分辩,也就是辩论的意思。

论辩性经济论文,是通过对经济学及相关领域中某些见解的不足或者错误进行反驳、对某些通说加以反思、对几种不同意见作比较分析从而论证自己新主张的学术性文书。

（二）主要特征

1. 反正性

反正即重新归于正道,论辩性经济论文的目的在于通过匡谬纠偏来阐述正确的立场和观点,从而促进学术研究的健康发展。

2. 辩驳性

论辩性经济论文最重要的特点就是辩驳,集中力量否定对方的意见,理由充分,令人信服。

（三）种类划分

1. 按内容分

有理论论辩性经济论文、事实论辩性经济论文。

2. 按论证方式分

有反驳论点经济论文、反驳论据经济论文、反驳论证经济论文。

（四）基本结构

1. 题名

单题名。使用较多的有两种:一是提问式,如《中国股票市场是否存在趋势?》。二是课题式,课题名称后面多加“质疑”“献疑”“商榷”等词语,如《投资银行的利益冲突及其监管:实证研究的质疑》《温州旅游形象定位献疑》。有时用论点式。

双题名。写法多样。用得最多的是正题名交代课题或者论点,副题名用“与××

×商榷”说明反驳的对象，如《对电子商务营销渠道的辨析——与〈莫把促销当渠道〉一文的作者商榷》。有时正题名提出问题，副题名说明论证的对象、角度、方法等，如《股权分置改革有效抑制了中小股东利益受损程度吗？——基于双重差分模型的实证检验》。

2.责任者

一般只署个人姓名。

3.正文

引论。交代课题并引出将要论辩的对象，有时起笔亮出作者的观点。这样不仅为论辩竖“靶”，还亮“剑”。

本论。包括以下三个部分：一是说明。先提供必要的背景资料、解释关键性的词语和观点，为论辩做准备。有时把说明放在引论。二是证明。主要任务在于通过陈列事实证据和深入分析，来证明自己的观点是正确的。三是反驳。根据实际情况选准对方论点、论据、论证中存在的不足或者错误进行反驳。其中，证明和反驳是论辩性经济论文的核心，证明是“立”、反驳是“破”，两者互相配合。在结构上，先“破”后“立”，即反驳放在证明之前效果更好；有时也可以先“立”后“破”，即证明置于反驳之前；当反驳与证明难以分开时就采用取边“破”边“立”的写法，反驳对方的同时也是阐明自己观点的过程。

结论。大多使用卒章显志的写法，归纳中心论点；有时提出进一步研究的方向并做出预测。

此外，刊登在学术期刊的论辩性经济论文大多标出摘要、关键词、注释、参考文献。

（五）注意事项

1.合理

以科学精神参与论辩，先肯定和采纳对方合理的论点，然后再去反驳其中不合理或者荒谬的部分，还要充分证明自己见解的正确性。

2.适度

在态度、择技、遣词等方面要把握分寸感，不能用自以为是的“真理”斥责别人，也不能用教训人的口吻说话。

二、范文阅读

▲国有经济改革论辩性论文

“国进民退”是否具有危害？

×××

部分学者认为“国进民退”对我国经济存在巨大危害，认为国有经济存在行政垄断，破坏市场竞争，不利于市场经济发展；国有经济效率低下，不利于社会资源的有效配置；国有经济职工收入高于非国有经济，不利于改善收入分配结构；国有经济存在的目的在于弥补市场失灵，因此应该退出竞争性领域；国有经济的存在容易滋生腐败以及发达国家国有经济在国民经济中比重较低等。实际上国有经济存在的所谓"巨大危害"与国有经济的产权性质并没有直接关系，即使全部都是私有经济，这些问题依然可能存在，并且可能更严重。

第一，关于垄断问题。垄断本身是一个经济学概念，即市场上能够随意调节价格与供给（不能同时调节）的经济主体。由此可见，垄断与市场力量、市场行为密切相关，而与产权性质无关。也就是说，即可能存在公有或国有的垄断，也可能发生私有制的垄断。而从全球看，由于对垄断的厌恶传统与"反垄断法"的广泛存在，完全垄断如同完全竞争市场一样很难找到合适的案例，绝大多数属于寡头垄断。但如果从产权性质看，以私有制为基础的垄断更普遍。当前，所谓的"行政垄断"的根源在政府，而不在企业的产权。即使将国有企业全部私有化，只要政府依然掌握大量资源或者政府行政权力可以自由支配资源，那么行政垄断就必然存在，只不过行政垄断转向私有企业而不是国有企业。因此，国有经济不是行政垄断存在的根源，而要解决行政垄断（且不论行政垄断是否一定有危害），根本途径是转变政府职能，减少政府支配资源的数量和能力，这显然与国有经济无关。

第二，关于国有经济效率问题。国有企业的产生并不是因为其微观经营绩效高于私有企业，更多的是出于安全、现代化等因素。因此，以经营绩效来苛责国有企业本身并不合理。此外，就国有企业微观效率低下的原因而言（如委托—代理问题、所有权与经营权分离等），在当前公司制企业中也普遍存在，只不过这些企业通过"激励相容"机制有效避免或降低了这种无效率的产生。实际上就企业生产效率而言，我国的国有企业并不比发达国家低。因此，当前改变国有企业微观经营绩效的关键是国有企业改革，即建立一整套有效的激励机制，而不是彻底将国有企业私有化。此外，只要国有企业生产利润不为负，也就是说不是绝对的浪费社会资源，那么国有企业的存在就会增进整体社会福利。

第三，国有经济与收入分配。国有企业改革就是要打破原有的平均主义分配制度，通过拉开收入差距调动企业的生产积极性。之所以国有企业收入问题成为关注焦点，并被指为拉大收入差距的原因，缘于近年来国有企业改革效果逐渐显现，国有经济不断壮大，盈利能力大幅增强，部分国有企业职工收入高于其他企业职工收入。但国有企业职工收入高并不应该是问题的关键，关键是这部分高出的收入是否合理。在某种程度上，国有与非国有经济收入差距不是国有企业职工收入太高了，而是非国有经济职工收入过低了。二者差距在很大程度上是由所在行业决定的。国有经济往往集中在资本、技术密集型行业，而非国有经济绝大多数属于劳动密集型行业，这种技术构成的差异必然导致二者之间存在一定收入差距。基于此，国有企业与非国有企业之间的收入差距反映的是行业差距，而缩小国有经济比重并不会改变行业状况，不能缩小行业差距。另外，我国收入差距扩大有多方面原因，既包括城乡收入差距、地区差距，也包括行业差距以及初次分配结构失衡等，其中收入差距最主要的组成部分依然是城乡收入差距，占总体收入差距的40%～60%；最值得关注的是初次分配中劳动收入占比逐年下降，相应的资本与税收收入占比过高。可见，近年来行业收入差距中的国有企业职工收入有所上升是拉大收入分配差距的因素之一，但减少国有经济也不能从根本上改善我国收入分配格局。从当前的具体情况看，所谓的国有经济拉大收入差距更准确地说应该是行业收入差距对收入差距具有拉大作用。而要缩小行业收入差距，就要打碎行业壁垒，促进资本与劳动力等要素在行业间的自由流动，从而拉平行业间的要素回报率，降低行业收入差距。竞争者特别是民营竞争者的存在，有利于市场经济与所有制结构的进一步完善。在国有经济收入分配问题中，更值得关注的问题应该是国有经济利润分配机制的构建。因此，解决国有企业拉大收入分配差距的问题，可以通过进一步完善多种所有制共同发展的社会主义初级阶段基本经济制度和确立国有经济利润分配制度来实现，而不是通过私有化国有经济才能实现。

第四，国有经济分布领域。首先应该指明，广泛流行的所谓应将国有经济限制在公共产品供给领域和弥补市场失灵是很模糊的判断。因为公共产品是严格按照非排他性和非竞争性定义的理论概念。在现实生活中由于种种限制，除国防、司法等属于纯公共产品外，绝大多数经济领域的所谓“公共产品”都是准公共产品。不仅如此，即使是准公共产品随着技术进步与时间的推移其范围也在不断发生变化。相应的市场失灵也是不断变化的，随着信息技术的发展与法律等制度的完善，市场失灵的领域不断转换，而且在市场失灵和政府失灵之间还存在中间状态，这种中间状态也不能通过政府或国有经济来弥补。因此，用公共产品或市场失灵等作为国有经济分布领域的判断标准既不具有操作性，也不具有科学性。此外，在实践中，发达国家也没有按照公共产品界定国有经济的分布。如经济合作与发展组织（OECD）国家的国有经济并非仅仅局限于公共品领域，而是广泛分布在不同领域。尽管公共品供给是国有经济的主要领域，但绝大多数国家都根据本国具体情况，在不同的竞争性产业领域保持国有企业。在主要的能源资源（如水力发电、石油、天然气和煤炭等）、邮政电信系统、主要的运输系统（铁路、航空）以及金融等“战略性”领域依然存在大量的国有企业。发达国家发展国有经济的初衷并不是要弥补市场失灵，更多的是为了实现经济现代化、经济安全以及快速发展等目的。由此，虽然弥补市场失灵和提供公共产品可以成为国有经济存在的依据之一，但绝不应该是限制国有经济领域分布的唯一标准。国有经济在哪个领域存在，判断标准是多重的，应根据具体经济、政治与社会环境的变化进行调整。就当前而言，发展依然是我国最主要的目标。因此，凡是有利于我国经济持续健康稳定发展的国有经济就应该存在，凡是不损害市场秩序、不浪费社会资源、不损害社会整体福利的国有企业就没有退出市场的理由。

第五，腐败是通过公共权力攫取个人利益的行为，与所有制结构没有直接关系。从1995年开始，由非政府组织“透明国际”公布的全球清廉指数排名中，中国排位总体上处于逐渐下降的趋势，而这一区间恰恰是国有经济大幅下降的时期。由此可见，国有经济下降并不能遏制我国腐败问题，即使将国有经济全部私有化，行政权力寻租现象也不会被根除，相反可能会愈演愈烈。因为私有经济一切以经济利益出发的特征必然驱使其与行政权力结盟攫取巨额利润。从横向看，2012年中国在清廉指数中排在第80位。金砖国家中南非和巴西比中国略好，排在第69位；印度和俄罗斯比中国更差，分别排在第94和第133位。发达国家中，意大利比中国略好，排在第74位，而希腊排在第94位，和印度相当。这些国家基本上都是私有制国家，国有经济在国民经济中的比重显然都比中国低，而排位比较靠前的德国(13)、新加坡(5)、瑞典(4)、芬兰(1)、新西兰(1)等国家的国有经济比重相应都比较高。可见，腐败的严重程度实际上与国有经济在国民经济中的比重并没有多少关系，而与一国的政治传统和法制化程度密切相关。因此，认为国有经济存在容易滋生腐败既没有揭示腐败产生的本质，也不符合各国发展的现实，更不可能通过减少国有经济改变腐败问题。

总之，对国有经济的种种批评，实际上与国有经济产权性质并没有直接关系，即使将国有经济全部私有化也不能从根本上解决这些所谓的国有经济存在的危害。而要彻底解决问题无疑需要继续沿着市场化方向深化改革，打破各种行政障碍，促进要素流动与民营经济发展；深化国有企业改革，提高国有经济整体质量与生产效率，建立健全国有经济监督与审核机制，改善国有经济形象；确定国有经济进出不同领域的判定标准，规范国有经济与政府行为，严格按照市场要求进行经济活动，完善国有与非国有经济公平、合理的市场竞争环境；推进行政体制改革，约束政府行为，建立健全法制监督权力的运行机制，真正把权力关进制度的笼子。

(本文为《对“国进民退”争论的三大问题的再认识》节选，引自《经济纵横》2013年第10期)

第四节　综述性经济论文

一、写作要点

(一)名称解释

综述，是文献综述的简称，是指对某一时期的文献资料加以汇总和分析，并阐述该学科领域内进展情况的研究成果。

综述性经济论文，是对一定时期内经济学及相关领域研究的动态、成果等进行搜集、整理、提炼，并作综合性介绍和评价的学术性文书。

（二）主要特征

1. 综合性

这种经济论文讲究纵横交错，既以某一专题的发展为纵线反映研究的历史、现状和趋势，又把该专题与其他相关专题、本地与外地的研究情况进行横向比较，在占有大量资料的基础进行归纳分析，向人们提供重要的综合性情报资料。

2. 述评性

这种经济论文重在"述"，要求客观、全面地叙述某一专题的研究情况。但"述"不是一般性动态报道或者资料的简单罗列，而是经过作者以自己的分析能力、研究水平和经验为基础，对文献资料做出带有倾向性的取舍、引用和评价，精当的"评"就成为"点睛"之笔。

（三）种类划分

1. 按内容分

有动态综述性经济论文、成果综述性经济论文、争鸣综述性经济论文等。

2. 按侧重点分

有简介式综述性经济论文、评论式综述性经济论文。

（四）基本结构

1. 题名

单题名。一般是交代课题。大多用"综述""评述"等显示文种，如《循环经济问题讨论综述》。有时不点出文种，只概括课题，如《国外开放式创新研究的十年回顾及其展望》《中国民营企业研究：1987—2012 年》。

双题名。一般正题名介绍课题、点明中心论点、揭示意义，有时还标出文种，副题名说明具体对象、论证角度、文种，如《中国社会主义市场经济热点问题探讨——第二届中国政治经济学年会专题综述》《信息系统用户满意度研究文献综述——以 ERP 系统为例》。

2. 责任者

大多以个人名义，在题名正下方署名。

3. 正文

引论。主要说明缘由、意义和目的。尤其要指出研究的必要性，强调所述课题具有典型意义。有时用"现将……综述如下"等语句提起下文。

本论。一般包括以下内容：一是历史发展。按时间顺序，简述该课题的来龙去脉、发展概况及各阶段的研究水平。二是现状述评。介绍国内外的研究现状，着重述评哪些问题已经解决、哪些问题尚待解决以及解决问题有哪些途径；目前各种争议的焦点，比较各种观点的异同，亮出作者的观点；阐述有创造性和发展前途的理论和假说，提供有力论据。三是前景预测。通过比较分析，评价该课题的研究水平，指出存在的问题，预测可能的发展趋势，提出进一步研究的路径。当然，每篇综述性经济论文都有具体选题，应该根据表达的需要确定内容及其侧重点。层次也有多种方式，比如以发展的每个阶段为序推移、按不同的问题并列表述、分几种论点逐一叙说，要灵活安排。

结论。大多对本论的主要内容加以概括，作总体评价，表明作者的见解。有时还进行展望、提出建议。

此外，刊登在学术期刊的综述性经济论文还设摘要、关键词、注释、参考文献等项目。

（五）注意事项

1. 做好文献处理

文献是综述性经济论文写作的基础。搜集文献应尽量全面，选择文献要注意代表性、可靠性和新颖性，引用文献要忠实文献内容并遵守有关著录规则。

2. 恰当表达观点

应该分清文献的内容和作者的观点，不能混淆；保证作者的观点是对文献进行全面而深入的研究所形成的，不得主观臆造；持论正确，用语准确。

二、范文阅读

▲旅游研究综述性论文

国内生态旅游研究综述

×××　××

1　研究背景

旅游业可能是当今潜在影响最大而且发展最快的行业之一，由社会和自然科学家倡导的“生态旅游”可能是有效保护目的地社会和自然世界免遭破坏的一种有效方法。我国的生态旅游兴起于 20 世纪 90 年代初，1994 年开始正式出现“如何开展生态旅游”的研究，方兴未艾的生态旅游直至 2000 年研究开始多起来。生态旅游是实现可持续旅游的有效方式之一，是未来旅游业发展的趋势，因此对生态旅游的研究具有很重要的理论和实践意义。

2　数据来源

国内权威的旅游学术期刊数量不多，《旅游学刊》是国内创刊最早的旅游类学术期刊，亦是国内最具影响力的旅游学术期刊，在一定程度上可以代表我国旅游研究的基本情况、反映了中国旅游研究的水平和发展动向。本文的检索范围是2002年1月1日至2012年5月1日的《旅游学刊》，使用的检索工具是中国知网(C NKI)数据库以“题名”作为检索项，“生态旅游”作为关键词，得到文献36篇，因本文是研究国内的生态旅游，所以排除研究国外的文章4篇，筛选后剩余有效文献32篇。本文主要对这32篇文献进行分析讨论。

3　国内生态旅游研究的内容分类

笔者对得到的32篇有效文献按研究内容进行分类，统计出对生态旅游的基础性研究、发展研究、相关评价体系研究三个方面的比例，如表1所示。

表1　研究内容分类比例表

研究内容	篇数	所占比例
生态旅游基础性研究	11	34%
生态旅游发展研究	19	60%
生态旅游相关评价体系研究	2	6%
总计	32	100%

从表1可以看出，目前国内对生态旅游发展方面的研究最多，其次是基础性研究，而对生态旅游相关评价体系的研究却很少。

3.1　生态旅游基础性研究

生态旅游基础性研究主要指对生态旅游的概念、内涵、特征、学科融合等方面的研究和探讨。对生态旅游概念的界定上至今还没有达成共识，致使生态问题的研究出现“宽”“泛”“乱”“浅”的局面。2007年，×××、×××等国内学者提出的概念也有近100种。但至今还没有令大多数人信服的统一的定义，这些概念的表述或层次不同，或出发点不同，或范围不同，或陈述的角度不同，或要达到的目标不同。业界基本认为生态旅游是以吸收自然和文化知识为取向，尽量减少对生态环境的不利影响，确保旅游资源的可持续利用，将生态环境保护与公众教育同促进地方经济社会发展有机结合的旅游活动。同时，有学者提出“对生态旅游的严格定义需要使用一些可测量的参数去界定什么是生态旅游”。

3.2　生态旅游发展研究

生态旅游发展研究主要是生态旅游的发展现状、经营管理、现今的开发模式、面临的问题以及基于生态旅游原理各个领域的发展现状、生态旅游景区环境承载力等。目前来看，生态旅游已经发展到“瓶颈”境地。2005年，×××认为，所谓生态旅游市场其实只是整体旅游市场当中的一个亚类或细分市场。对于如何估价我国旅游业生态旅游市场的现状和潜力(包括入境生态旅游市场和国内生态旅游市场)，到目前为止，似乎尚未见到这方面的统计和调研。例如，2004 年，×××认为，在生态旅游者与旅游目的地的责任关系上，将生态旅游者与生态旅游目的地置于同一协调的系统，构建生态旅游的双向责任模式。

3.3 生态旅游相关评价体系研究

生态旅游相关评价体系研究包含生态旅游区分区评价、环境质量评价、环境承载力评价、开发潜力评价、评价因素等，目前的研究不成体系、不够完善、不够科学或者建立的标准体系无法实际开展。2006 年，×××以生态系统平衡理论为基础，建立和分析生态旅游系统共生界面的结构关系和行为模式，揭示各利益相关者矛盾运动和利益冲突的焦点，在游戏规则框架下规范各参与主体的角色扮演行为是非常必要的。2007 年，×××、×××认为，标准的权威性极端重要，现有的生态旅游认证项目在我国的实施普遍面临旅游消费市场认知度不高和权威性不足的问题。现今，澳大利亚生态旅游协会制定的《国际生态旅游标准》，其中的生态旅游认证体系已在世界局部地域采纳。

4 现有研究的不足

4.1 研究广泛，内容失衡

从检索到的文献去分析，无论从研究内容还是研究的数量来看，学术界和业界对生态旅游的关注越来越大，尤其是在 2000 年以来研究的文献成果数量大增，研究的内容也涉及生态旅游的各个方面，如生态旅游的概念、内涵、生态旅游资源的归类评价、生态旅游的开发经营、环境承载力、指标体系建立、对生态旅游环境教育的阐述过多，而对其他基础性、专业性的问题，如生态旅游环境教育的理论基础、认证指标体系、生态资源等级评估等鲜有研究几乎处于空白状态。2002 年，×××认为目前就是对生态旅游认识不清、不深。具体讲，什么旅游产品是属于生态旅游的范围，哪些资源现在可以开发，哪些资源目前还不宜开发，对能够开发的资源应开发到什么程度等。对这些问题未能澄清，导致了我们片面追求经济效益，过度开发生态旅游资源，对生态环境造成了较大的破坏。

4.2 研究方法，定性偏多

从筛选得到的文献来看，专家学者对生态旅游的研究偏向定性研究，通过定量的研究少之又少。定性描述占 76 %，数理统计占 18%，采用模型构造和 3S(RS、GPS、GIS)技术的仅占 6%。如 2004 年××分析出，生态旅游发展过程方面，研究方法会定性研究—定位研究—实验研究—定量研究—定性定量相结合的历史过程。

4.3 指标体系，建立困难

认证标准是生态旅游认证项目的灵魂，目前流行的认证标准主要有两大类，即基于表现的标准和基于过程的标准。由于制定这两类标准时所采用的形式不同，从而导致了两种标准评估模式在成本、效果以及标识授予方面的差异。对此，无论是业界还是学术界一直是存在争议的。例如，2007 年×××指出，需要发挥对我国的生态旅游发展引导与规范的功能，这决定了不能盲目采用舶来发达国家的标准。只有将环境作为生态旅游的研究对象，将环境资源作为生态旅游开发的主要内容，从旅游动机、旅游目的、旅游市场出发进行研究，才能将生态旅游落到实处，才能在市场上具有可操作性，也才能使生态旅游真正实现可持续的目标。

5　未来发展趋势

综上所述，未来生态旅游的发展仍旧是业界和学术界关注的要点。目前，我国国内生态旅游发展与国外相比较为落后，也没有生态旅游示范点和能实际操作的认证体系。所以，对生态旅游定义、认证体系、生态旅游资源等级分类标准、生态伦理教育等方面的研究应该是今后生态旅游发展的主攻方向。

（本文引自《科技资讯》2013 年第 9 期）